大学生体能训练

主　编　雷　鸣
副主编　姜　涛　高　野　张小龙

国防工业出版社
·北京·

内 容 简 介

本书是关于大学生体能训练基本理论与实际操作方法的教材，全书共分十章，内容主要包括体育及体能训练绪论、力量素质训练的基本理论与方法、速度素质训练的基本理论与方法、耐力素质训练的基本理论与方法、柔韧素质训练的基本理论与方法、灵敏素质训练的基本理论与方法、体能训练的医务监督、体质与体质健康测试、大学生体能训练的实践运用研究、高校体能训练的运动营养。本书理论与实践紧密结合，详细介绍了发展体能的一般方法和具体方法，具有较强的目的性、针对性、实用性和科学性，内容丰富新颖，安排紧凑，文字简练，图文并茂，通俗易懂，具有较强的参考价值。

图书在版编目（CIP）数据

大学生体能训练 / 雷鸣主编. --北京：国防工业出版社，2025.1. -- ISBN 978-7-118-13562-6

Ⅰ. G808.14

中国国家版本馆 CIP 数据核字第 2024S1P385 号

※

*国防工业出版社*出版发行
（北京市海淀区紫竹院南路 23 号　邮政编码 100048）
北京虎彩文化传播有限公司印刷
新华书店经售

*

开本 787×1092　1/16　印张 14¼　字数 322 千字
2025 年 1 月第 1 版第 1 次印刷　印数 1—800 册　定价 38.00 元

（本书如有印装错误，我社负责调换）

国防书店：(010)88540777　　书店传真：(010)88540776
发行业务：(010)88540717　　发行传真：(010)88540762

编写委员会

主　编：雷　鸣
副主编：姜　涛　高　野　张小龙
编　委：李健兵　孙怀玉　马　红　王　英　李　建

前　言

习近平总书记在党的二十大报告中指出，"用党的科学理论武装青年，用党的初心使命感召青年""立志做有理想、敢担当、能吃苦、肯奋斗的新时代好青年"。这充分体现了党中央对青年大学生成长的高度重视和亲切关怀，也是今后一个时期高校落实立德树人根本任务的基本遵循和重要指南，深刻阐释了在新的历史条件下，青年大学生的责任使命、实践要求和价值取向，为新时代高校培养什么样的青年、怎样培养青年等作出了方向性、全局性和战略性的谋划，也把人才培养的规律性认识提升到了新的高度。体育教学是教育的重要组成部分，肩负着为社会培养德、智、体等全面发展人才的历史使命。改革开放以来，国家培养了大批优秀的体育人才。

然而，运动是把双刃剑，运动得当受益匪浅，运动不当有损健康。那么，哪种运动最合适自己？相信许多热爱运动又不懂运动规律的人都会问这样一个问题。其实，科学健身必须因人而异，不同体质健康状况、不同运动能力以及不同兴趣爱好的人，选择健身的项目、内容、时间、强度、频率都不尽相同。科学健身也必须因时而异，同一个人，在生命的不同时期，处于健身的不同阶段，其健身计划也不尽相同。无论进行哪种健身运动，选择合适的运动强度和运动量都非常关键。

体能训练是提升身体素质和健康水平的重要途径和方式，只有经过科学、系统的设计和实践，才能够取得理想的训练效果。当前，关于体能训练的研究比较多，但大多是从最基本、最广泛的角度来进行分析和阐述，缺乏创新；没有将当前社会的发展需要与体能训练有机结合起来，时代性较差；没有针对具体的目标群体作相应的调整，针对性较为欠缺，等等。鉴于此，我们特撰写了本书，希望能够为体能训练的进一步研究提供一定的依据和支持。

本书共十章，第一章对体育的形成发展及功能和大学生实用体能训练的概念、内容、价值等基本知识进行了阐述，可以使大学生对体能训练有一个基本的概念；第二章至第六章分别对大学生实用体能训练中的力量素质训练、速度素质训练、耐力素质训练、柔韧与灵敏素质训练进行了指导；第七章则对体能训练的医务监督进行了讨论，研究了运动性疲劳程度的判别、常见运动性疾病以及体能训练后恢复的措施等内容；第八章为体质与体质健康测试，阐述了体质概述、体质测量评价的方法以及大学生体质健康标准；第九章为大学生体能训练的实践运用研究；第十章为高校体能训练的运动营养。本书围绕当前大学生体质健康不容乐观的现状，深度剖析了大学生体质健康下降的原因，提出构建我国大学生健康生活方式与体质健康促进的模型，为我国大学生体质发展提供借鉴。

本书在撰写过程中参考了大量的有关体质健康与体能测评训练等方面的书籍资料，在此向这些图书的作者致以诚恳的谢意。由于时间仓促，经验有限，本书内容不足之处在所难免，恳请广大读者和行业专家不吝赐教，随时进行批评指正！

目 录

第1章 体育及体能训练绪论 ·· 1
    第一节　体育的形成发展及功能 ··· 1
    第二节　体能训练概述 ··· 8
    第三节　体能训练的原则 ·· 18
第2章 力量素质训练的基本理论与方法 ···································· 28
    第一节　力量素质概述 ··· 28
    第二节　力量素质训练的准备及过程 ···································· 29
    第三节　力量素质练习的种类、内容及负荷控制 ···················· 33
    第四节　力量素质训练的方法与手段 ···································· 37
第3章 速度素质训练的基本理论与方法 ···································· 46
    第一节　速度素质概述 ··· 46
    第二节　速度素质训练的作用及切入点 ································ 48
    第三节　速度素质训练的科学控制 ······································· 50
    第四节　速度素质训练的方法与手段 ···································· 57
第4章 耐力素质训练的基本理论与方法 ···································· 66
    第一节　耐力素质概述 ··· 66
    第二节　有氧耐力训练的专门性策略 ···································· 68
    第三节　耐力素质训练的方法与手段 ···································· 75
    第四节　耐力运动员突破成绩瓶颈的训练方法 ······················· 89
第5章 柔韧素质训练的基本理论与方法 ···································· 92
    第一节　柔韧素质及灵敏素质概述 ······································· 92

第二节　柔韧素质训练的方法与手段 …………………………………… 93
　　第三节　灵敏协调素质发展的方法与手段 ……………………………… 102

第6章　灵敏素质训练的基本理论与方法 ………………………………… 105
　　第一节　灵敏素质概述 …………………………………………………… 105
　　第二节　灵敏素质训练的影响因素 ……………………………………… 107
　　第三节　灵敏素质训练的基本方法 ……………………………………… 111
　　第四节　灵敏素质训练的注意事项 ……………………………………… 116

第7章　体能训练的医务监督 ……………………………………………… 118
　　第一节　运动性疲劳程度的判别 ………………………………………… 119
　　第二节　常见运动性疾病 ………………………………………………… 127
　　第三节　体能训练后恢复的措施 ………………………………………… 141

第8章　体质与体质健康测试 ……………………………………………… 149
　　第一节　体质概述 ………………………………………………………… 149
　　第二节　体质测量评价的方法 …………………………………………… 155
　　第三节　大学生体质健康标准 …………………………………………… 161

第9章　大学生体能训练的实践运用研究 ………………………………… 172
　　第一节　不同体质大学生的体能训练 …………………………………… 172
　　第二节　大学生不同就业方向的体能训练 ……………………………… 181

第10章　高校体能训练的运动营养 ………………………………………… 194
　　第一节　不同项目运动员体能训练的营养 ……………………………… 194
　　第二节　体能训练的营养补充 …………………………………………… 201
　　第三节　体能训练的运动处方 …………………………………………… 202
　　第四节　体重管理 ………………………………………………………… 206
　　第五节　提高体能训练效果的营养食品 ………………………………… 213

参考文献 ……………………………………………………………………… 217

第1章

体育及体能训练绪论

第一节 体育的形成发展及功能

体育作为一种社会现象是随着人类社会的产生、发展而出现和演进的。它的产生依赖于人类社会的需求，它的发展依赖于人类社会的进步。

一、体育的起源

体育作为人类文化的重要组成部分，是随着人类社会的发展而逐渐形成和发展起来的。据史学家和考古学家的研究，人类早在原始时代就把走、跑、跳跃、投掷、攀登、爬越等作为最基本的生产劳动和日常生活的技能与本领传授给下一代。这是人类教学的萌芽，也是体育活动的萌芽。体育的起源与发展，与教育、军事、科学技术的发展，以及人们的宗教活动、休闲娱乐活动有着密切的关系。

（一）生产劳动是体育起源的基础

体育的形成是一个漫长的历史过程。它萌芽于原始社会，和人们基本的生存需要以及生产劳动实践有直接的联系。

人类的祖先为了适应环境和生存的需要，由树栖变为地栖，学会了直立行走，解放了上肢。原始人的生活条件恶劣，为了生存，靠快速奔跑追逐捕获猎物，用刺杀和投掷杀伤杀死虎、豹、熊等野兽，靠游泳及用锐利的树枝、木器捕鱼，靠攀登和爬越采集野果。原始人这些求生的身体活动既是生存的基本技能，也是劳动的基本技能。在这些身体动作反复出现的过程中，人的跑、跳、投、攀登、支撑、爬越和涉水等身体基本活动能力得以发展，而这些最初以劳动手段形式出现的肢体活动，不断地在重复中得以改进，并逐渐发展成为表现体育最初形态的身体活动方式和技能。这就是体育活动的萌芽。但是，原始人类的这些活动，其目的是生存，而不是为了锻炼身体和增强体质。

（二）人类的需要是体育起源的动因

原始人类不仅需要劳动，而且更需要生活。他们有思想感情、喜怒哀乐，他们集群而居，也有交往的需求。在当时水平还很低的社会需要结构中，他们除了劳动的需要以外，还有适应环境的需要、对付同类袭扰的防卫需要、同疾病做斗争的生存需要，以及表述和抒发内心各种感情的需要。如教育、军事、娱乐、医疗卫生、宗教祭祀等，这些需要归根结底，就是需要健康的身体，需要进行强健自身的活动，由此也就构成了体育产生的动因。体育作为人类有目的、有意识的一种社会活动，正是为了适应社会的需要（其中包括社会生产和生活的需要）和人本身的需要（包括人的生理和心理的需要）而产生的。

1. 原始社会教育活动中体育的萌芽

原始人在长期的生产和生活实践中不断积累自然知识、社会知识和各种劳动技能知识。这些知识需要不断地传授给年轻一代，使他们尽快投入到生产劳动中，因此，便出现了人类最初的教育。原始社会的教育主要是传授生产劳动技能，而当时生产劳动技能主要是跑、跳、投、攀登、支撑、爬越等人的基本活动能力。所以，在原始教育中，人的基本活动能力既是教育的内容，又是教育的手段。在这种有意识的教育过程中，最初的体育形式也就应运而生了。

2. 部落战争中体育的萌芽

原始社会的后期，随着人口密度的增大，为了保证血亲生存，部落间的冲突和战争不断加剧。为了战争的胜利，就需要培养氏族成员的军事技能，发展攻、防、格斗及走、跑、跳、投等能力，这就出现了以军事为目的的身体训练和教育方式，即军事教育的雏形。这种以身体训练为主要内容的军事教育，包含着体育的形式和内容，同时也丰富和发展了体育的内容。

3. 宗教祭祀活动中体育的萌芽

原始社会人类对大自然的认识有限，因此将大自然的变化视为神灵的力量。为了表示对神灵的崇拜和尊敬，出现了祭祀活动。人们用竞技、角力和身体动作（舞蹈的雏形）来祈祷风调雨顺，求得庇护和平安。虽然，古人的这些祭祀活动主观上是为了宗教信仰而采用的身体运动，但其在形式上和功能上已具备体育的特点。

4. 休闲娱乐和健身祛病中体育的萌芽

体育的一些项目是在人们娱乐中发展起来的，如各种游戏、民间舞蹈等。娱乐活动的内容主要是身体的活动，既具有娱乐的作用，又具有健身的作用。另外，资料表明，人们很早就对身体运动的健身和医疗作用有了一定的认识。如远在我国原始社会末期的尧舜时代，相传的阴康氏的"消肿舞"，战国时期《黄帝内经》中的"引按跷"，都是为了治疗身体疾病而进行的身体活动。这些既是医疗手段，也是健身活动。以后又逐渐发展成了各种成套的气功如"五禽戏""八段锦""易筋经"等，健身目的更加明确。

二、体育的发展

（一）古希腊的繁荣

体育的发展首先表现在古希腊灿烂的文化、发达的哲学思想和教育思想的繁荣上。

当时的唯心主义哲学家、教育家柏拉图第一个在理论上论证了体育、德育、智育的关系，主张国家应负责对儿童进行公共教育，使他们的身体、德行和智慧得以和谐发展，这使古希腊体育优良传统在奴隶制民主教育与全民发展教育中初露端倪。尤其是古希腊城邦之间的军事交战，更加促进了古希腊人对体育的重视。最典型的是斯巴达人，在尚武精神的教育下，斯巴达人身体强壮，刻苦耐劳，勇敢善战，认为"人民的身体，青年的胸膛，便是我们的国防"，由此出现了斯巴达人在古代奥运会上百年的垄断地位。

（二）古希腊的没落

中世纪的欧洲进入了黑暗的封建社会阶段，由于教会的统治，经济文化落后，哲学思想和教育思想受宗教的禁锢，认为"身体卑下，精神高尚"，除了在贵族学校的骑士教育中施以体育教育外，在一般的教会学校则没有发展体能的计划，被称为"没有体育的教育"，致使民族体质衰弱，古希腊体育从繁荣走向衰退。

（三）古希腊的复苏

到了14～15世纪，源于意大利的文艺复兴运动，在哲学思想方面，提倡人文主义，反对禁欲主义；在教育方面，重视儿童的身体教育，主张读书与运动相结合，继承了古希腊体育遗产，赞赏斯巴达的军事体育，推崇柏拉图关于开设体育操的主张，为体育的发展开辟了道路。文艺复兴后，英国哲学家、教育家洛克指出："健全的精神寓于健全的身体。"明确把体育、德育和智育作为教育的构成，第一个倡导了"三育"学说。18世纪法国启蒙思想家、教育家、文学家卢梭提出了"体育是个人的童年整个发展过程的一部分"，强调以体育为主与直接熟悉自然的方式学习，由此兴起风行一时的"自然主义"的实用主义教育学论和体育学说，在文艺复兴和启蒙教育的影响下，逐渐使中世纪对身体的鄙视和对体育的否定得以纠正，古希腊的体育运动得以复苏。

（四）近代体育运动的兴起

19世纪，西欧由于资本主义发展不平衡和民族主义倾向，各国之间接连发生战争，许多国家遭受战争的重创后，认识到身体训练对服兵役的重要性，出于强国强民的需要，对体育逐渐重视起来。因而，相继出现了德国"体操之父"古茨姆斯、瑞典的林德福尔斯等体操领袖，他们的体操理论和体育实践，推动了本国体育的发展，并流传欧、亚、美各洲，成为世界体育的共同财富。当欧洲各国纷纷仿效和发展德国及瑞典体操运动时，英国以最早实现工业革命并以海军立国的独特社会背景和自然条件，兴起了符合民族特点的户外活动，即娱乐及竞技运动，其形式丰富多彩，有射箭、羽毛球、板羽球、保龄球、曲棍球、橄榄球、足球、游泳、网球、划船、田径赛、高尔夫球、登山、滑冰、滑雪等。他们认为在肌肉锻炼方面，竞技运动与户外运动更优于体操运动。随着英国殖民扩张与各国仿效，英国的户外运动与竞赛娱乐项目在美国、欧洲乃至世界各国得以传播。

（五）现代体育运动的快速发展

21世纪，世界发生了巨大变化，其变化的主要特征是：新的科学技术大量涌现，工业化进入一个新的发展阶段，全球性通信网络的建立把世界连成一个整体，人们驾驭未来的能力不断增强，社会价值观体系呈现多样化。社会的变化使体育不可避免地也发生了深刻的变化。体育作为现代社会广受欢迎的文化现象之一，呈现出以下新的发展特点：竞技体育的国际化；现代体育的社会化；现代体育的科学化；现代体育的终身化。

纵观体育发展的历史，在漫长的历史长河中，是人类怀着对体育的无限向往，去追求，去创造。体育萌生于原始社会，形成于古代，发展于近代，完善于现代，经过了从无到有，从无意识到有意识、从简单到复杂，从封闭到开放，伴随着人类从过去走向未来，这是社会发展的必然，也是体育发展的必然。

三、体育的功能

体育作为一种人类所共同承认、拥有和普遍热爱的社会活动，以独特的功能和深刻的内涵，对经济、社会与文化产生着越来越重要的影响。正如南非前总统曼德拉所说："体育有这个能力来改变世界。"体育的功能与价值正不断被开发和利用，影响和改变着人类社会和人们的日常生活，成为一笔珍贵的社会财富。体育的目的在于人的全面、自由、和谐的发展，体育作为恢复人的本质与价值的生命活动及社会实践，意义在于维系人类的健康，满足人类的享受和发展的需要。

（一）强身健体功能

不言而喻，强身健体是体育最主要的本质功能，体育的其他功能都是由它派生出来的。毛泽东同志曾经说过："体育之效，在于强筋骨，进而增知识，因而调感情，因而强意志。筋骨在，吾人之身；知识、感情、意志在，吾人之心；身心皆适，是谓俱泰。"体育的功能可以有很多，但基本的在于强筋骨，即增强体质，离开了这一点，别的属性也就不存在了。体育是通过身体运动的方式进行的，它要求人体直接参与活动，这个特点就决定了体育有健身功能。从医学的角度讲，经常参加体育运动，能有效地促进身体的正常生长发育，提高人体各个器官系统的机能水平，增强体质，增进健康，塑造健美的体态，有利于提高人体对外界环境的适应能力，使人体的"防御能力"得到提高。另外，体育还能全面发展身体素质，对提高力量、速度、耐力、灵敏度等"行动体力"具有十分明显的功效。"生命在于运动"这句名言早已深刻地揭示了体育运动对于增强体质的重要意义。

在现代社会，越来越多的机械动力代替了肌肉动力，越来越多的自动化使人的劳动过程简单化。另一方面，丰富的物质生活使人营养过剩和不均衡，导致了诸如高血压、糖尿病、肥胖症等许多类型的"文明病"。体育锻炼是经过科学处理的身体活动，通过这种有意识的身体活动可引起机体能量物质的消耗，促进身体新陈代谢，使机体获得更多旺盛的活力，并向着完善的方向转化，是增强体质、预防和抵抗疾病，特别是现代"文明病"的最佳手段之一。

（二）教育功能

教育功能是体育最基本的社会功能，就其作用的广泛性而言，它对人类社会产生的影响，是体育其他功能无法比拟的。从原始社会出现体育的萌芽时起，体育就一直是教育的手段之一。当今世界任何一个国家，体育都是教育的一个不可分割的重要组成部分，"德、智皆寄于体"的教育名言已尽人皆知。现代体育教育的意义已不仅在于促进生长发育，增强学生体质，掌握技能，还在于培养学生终身从事体育的兴趣和习惯、优秀的道德品质、团结协作与良好的竞争意识，提高学生综合素质，以适应现代社会的需要。

1. 体育的身体锻炼功能

通过身体活动，提高学生走、跑、跳、投等人体基本活动能力，全面锻炼学生的身体，促进身体形态结构、生理机能和心理发展，提高身体素质，提高对自然环境的适应能力；使学生掌握体育的基本知识、技术和技能，学会科学锻炼身体的方法，养成经常锻炼身体的习惯，提高自我锻炼的能力，使之终身受益。

2. 体育的德育功能

体育的德育功能，作为体育教育的隐性功能，通过体育活动和体育竞赛，在潜移默化中培养学生遵守纪律、团结协作、公平竞争等道德品质。体育游戏和体育竞赛的规则，可以培养学生遵守规则、遵守纪律的习惯；体育比赛的公平竞争，可以培养学生良好的竞争意识；体育比赛的胜负，为学生提供成功和失败的情感体验，可以培养学生正确对待成功和失败的态度；耐力性体育项目，可以培养学生不怕困难、坚持不懈的意志品质；团体体育项目，可以培养学生的团结协作、集体主义精神。例如，对方侵入犯规时，是毫不计较还是"以牙还牙"；集体配合不够默契出现失误而最终致比赛失利时，是相互鼓励还是相互抱怨；对裁判员的误判是大方宽容还是"斤斤计较"；比赛胜利时，是骄横自大还是认真总结经验、戒骄戒躁。这些在体育运动过程中，培养了学生的优良品德。

3. 体育的爱国主义教育功能

就社会教育意义而言，体育作为一种传播体育价值观的理想载体，在激发爱国热情、振奋民族精神方面，能产生不可估量的教育作用。观赏奥运会和重大国际比赛，观看我国运动员为国拼搏、为国争光，在赛场上升国旗、奏国歌，讲述优秀运动员刻苦训练、顽强拼搏的感人事迹，能够激发学生的爱国热情，增强民族自尊心和自豪感。运动员们爱国奉献、奋发进取的体育精神，就是爱国主义具体而生动的体现，是对学生很好的爱国主义教育。

4. 体育的意志品质教育功能

意志品质既是在克服困难的过程中表现出来的，又是在克服困难的过程中培养起来的。体育锻炼的特点在于需要不断克服客观困难（如气候条件、动作难度等）和主观困难（如胆怯、畏惧和紧张等），是培养坚强意志品质的有效手段。通过参加场上形势瞬息万变且需要配合默契的球类项目的锻炼，可以使参与者形成果敢的意志品质；通过参加需要克服生理极限、持久性的项目（如长跑、游泳等）锻炼，可以使参与者养成坚韧的意志品质；通过参加需要腾空、跨越或有一定危险性的项目（如跳高、跨栏、体操、武术等）锻炼，可以使参与者形成勇敢的意志品质等。因此，体育锻炼有助于磨炼学生的意志，对培养学生吃苦耐劳、坚韧不拔、果断、勇敢、自控、自信等良好的心理品质具有很好的促进作用。

5. 体育的智能教育功能

通过体育教学和身体锻炼，学生可学习和掌握一定的体育知识、技能和技术，并使思维力、记忆力、观察力、想象力等构成智力的各种能力得到发展。因此，作为一种教育的体育运动，在传授知识，培养技能、技巧，增强人的体质过程中，还包含着培养、开发和提高智能的教育因素。

（三）娱乐功能

无论是从人的生理、心理，还是从社会化的需要等方面看，娱乐都是人们精神生活上的重要内容。而愉悦身心、陶冶情操，则是体育本质功能的又一体现。体育往往以动作的高难度、造型的艺术化、形式的多样化、竞赛的激烈性和比赛结果的不确定性，以及适应性强、社会化广的特点，对参与者及观赏者都能给予一种强烈的感情刺激和情感体验。体育的娱乐功能包含两个层面的内容，一是参加体育运动的过程本身就是一个娱乐的过程；二是体育运动能够娱乐观赏者，任何一场比赛都能带给观众娱乐的享受。正如黑格尔所说："体育是一种社会欢乐。"在你参与到自己所喜爱的运动项目中，成功地完成某一动作，在与同伴默契的配合中，在与对手斗智、斗勇、斗体力、拼技术的较量中，在战胜自我、征服自然后的胜利中，会得到一种妙不可言的心理满足和快感，达到了自我价值的充分展示，会增强自己的自尊心、自信心、自豪感。同样，在观看优秀运动员的精彩表演中，时而屏气凝神地注目，时而喜不自禁、如醉如痴地欢呼，无疑对于消除疲劳、调节烦恼与稳定紊乱情绪都会收到积极的效果。由于体育的业余性、消遣性、娱乐性的特点，它又成为当代人们消遣、聚会、回归自然、调节感情、充实健康的有效手段。

（四）政治功能

体育，特别是竞技体育与政治关系密切，它受一定的政治经济制约，并以特殊的方式为政治服务。具体表现在以下3个方面：

1. 提高国际声誉，振奋民族精神

国际体育竞赛从一个侧面反映一个国家的国力、地位、政治面貌和精神状态，是一个国家政治、经济、文化水平的窗口。比赛的胜负直接关系到国家的荣辱，竞赛牵动着各国民众的国家（民族）情结。因此，世界各国无不重视体育的政治意义，以体育表现实力，扩大影响，提高国际声誉，振奋民族精神。例如，苏联1952年第一次参加奥运会就与称霸体坛的美国平分秋色，显示了社会主义国家的力量；1972年美国在奥运会男篮决赛中输给了苏联，引起了美国公众的哗然。我国体育健儿多年在奥运会赛场上频频传出捷报，从"零"的突破到2004年雅典奥运会金牌总数34枚（包括中国台北代表队2枚），从中国女排的"五连冠"到中国乒乓球队囊括世界乒乓球锦标赛所有比赛项目的金牌，极大地提高了中国的国际声誉，振奋了民族精神。

2. 为外交服务

在国际事务和国际交往中，体育服务于本国的政治外交，主要体现在两个方面：其一，促进各国人民之间的了解和友谊，通过体育加强国与国之间的文化交流与合作。体育使者常被称为"外交的先行官"，如被国际舆论誉为以小球推动大球的"乒乓外交"，就是一个以体育为外交服务的典型实例，它翻开了冷战以后中美关系新的一页。其二，体育在维护国家主权和民族尊严方面，显示出鲜明的政治立场。

3. 安定团结，构建和谐社会

体育，尤其是群众体育活动的开展，有助于人际交往，提高群体的凝聚力，对保持社会安定、民族团结和民众和睦有着积极的作用。

（五）军事功能

体育的军事功能源于战争的需要。战争，需要身体强健、性格彪悍、勇猛顽强、技艺不凡而又能吃苦耐劳的士兵。千百年来，由于身体训练能够增强体质、磨炼意志、提高技能，因此，体育活动成为满足军事需要的重要手段。体育的军事功能主要体现在以下三个方面。

（1）增强体能，提高战斗力。体育是增强士兵体能最积极有效的手段。体能在冷兵器时代是直接的战斗力，是军队实力的组成部分。体能的强弱，往往直接决定战斗的胜负，进而影响战争的结局。在现代战争中，复杂的野战条件、严格的时间要求、精密的武器装备，都要求作战人员具有充沛的体力和掌握军事技能的各种良好身体素质。

（2）培养意志品质。体育对培养士兵的集体意识、勇敢顽强和坚忍不拔的意志品质具有良好作用，是其他训练手段难以取代的。现代军体训练不只是为了体能的提高，更主要的是培养士兵耐受艰难困苦的意志力。

（3）丰富军营文化生活。体育活动是军营文化娱乐活动的重要组成部分，对丰富军营文化生活、活跃军营气氛都有着积极的作用。

（六）经济功能

体育的经济功能从1984年洛杉矶奥运会开始逐渐被人们所认识，尤其是进入20世纪90年代，随着竞技体育商业化，健身、休闲、娱乐体育的不断发展，体育需求与消费日益增多，体育的经济功能在世界范围内日益显现。

1. 举办大型运动会

一场精彩的体育比赛可以吸引成千上万的观众，可以给一个国家带来巨大商机。大型运动会，除了可以从门票，电视转播权，发行邮票、纪念币、彩票，收纳广告费，印刷宣传品等方面直接获得收入外，还可带动旅游业、商业、交通、电信和新闻出版等行业的发展，并从中得到相当可观的经济效益。1988年汉城奥运会的成功举办，加速了韩国经济的发展；2008年北京奥运会对中国经济产生了多方面的积极影响，推动了中国经济的快速发展。

2. 体育消费

伴随体育社会化、娱乐化和终身化，体育人群不断扩大，体育消费支出大幅度增加，带动了运动器材、体育场地设施以及体育用品的生产、建设和供应，乃至体育健身、体育娱乐和体育旅游业都在迅速发展，在国民经济中逐渐形成一个庞大的体育产业。体育已融入社会，融入人们的生活，成为社会文化和人们生活的一部分，在社会经济发展方面发挥越来越重要的作用。

第二节 体能训练概述

一、体能训练的概念

（一）体能的含义

国际运动医学委员会于1964年成立"国际体能测试标准委员会"，与此同时，制定了标准体能测试的六大内容，分别为身体资源调查、运动经历调查、医学检查与测验、生理学测验、体格和身体组织测验、运动能力测验。在此基础上，拉森（Larson）提出更为详细的防卫能力、肌力能力、肌爆发力、柔韧性、速度、敏捷性、协调性、平衡性、技巧性和心肺耐力等体能构成十大因素。

自20世纪80年代中后期，我国各类体育报刊和文献中开始频繁出现"体能"一词，各竞技运动项目的训练中也陆续开始强调"体能"训练。但是，在运动训练及运动训练学、运动生理学和各种体质研究的文献资料里，"体能"的含义并不完全一致。

训练学的观点认为，体能包含身体能力、身体素质、身体适应能力和人体机能等。作为运动员竞技能力的重要组成部分，体能训练与技战术训练、心理训练和智力训练一起构成运动训练这一整体。体能训练不仅能够提高运动员有机体的竞技能力，而且能够增进人体健康，改善身体形态，发展一般和专项运动素质等。在运动生理学研究中，体能更偏向于指身体功能、生理机能和运动能力，有氧和无氧能力也都属于体能的范围；在体质研究中，体能又被赋予了新的内涵，它更多地指身体素质和身体适应能力。综上所述，有关体能的概念和外延及其本质属性的描述，一直以来都为各方面的专家学者所关注。

《现代汉语词典》中对体能做出的解释为："体能，是指人体各器官系统的机能在体育活动中表现出来的能力，包括力量、速度、耐力、灵敏和柔韧等基本的身体素质与人体的基本活动能力（如走、跑、跳、投掷、攀登、爬越和支撑等）两部分。"我国现行的一些体能训练学相关的教材中，对其所给的定义为：运动员体能是运动员机体的基本运动能力，是运动员竞技能力的重要组成部分。

运动员要想取得优异的成绩，超强的竞技能力是必不可少的，一般学者将运动竞技能力分为5个维度，即体能、技术能力、战术能力、心理能力、运动智能。各方面的竞技能力在竞技比赛中会有不同的表现方式，具体见表1-1。北京体育大学刘大庆教授关于竞技能力要素的理论，具体见表1-2。

表1-1 竞技能力构成要素一览表

竞技能力的构成要素	竞技表现
体能	力量、速度、耐力
技术能力	动作质量、动作稳定性
战术能力	自身发挥、干扰对手、影响判定
心理能力	参赛情绪动员、比赛情绪控制、竞技意志保持
运动智能	竞技知识的掌握与运用

表 1-2　刘大庆教授关于竞技能力要素的理论

构成要素		竞技表现	决定因素
竞技能力	体能	运动素质：速度、力量、耐力	形态
			机能
	技能	技术	技战术数量
		战术	
	心理能力	参赛情绪	动机
		意志品质	性格
	知识	综合分析能力	智力、知识容量

运动员体能发展水平由身体形态、生理机能和运动素质的发展状况三部分决定。身体形态即为反映人体生长发育状况的各环节高度、围度、长度、宽度和充实度等外部形态特征与心脏大小、肌肉的横截面等内部形态特征；生理机能是指人体各内脏器官的机能状态；运动素质则是指在运动过程中，有机体在中枢神经系统的控制支配下，通过肌肉活动表现出来的各种基本运动能力。

通过对"体能"定义多样化的探讨，综合各家所长，体能，是指有机体在先天遗传的基础上，通过后天训练而获得的在形态结构、功能和调节方面及其在物质能量的储存与转移方面所具有的潜在能力以及与外界环境相结合所表现出来的综合运动能力。其大小是由机体形态结构、系统器官的机能水平、能量物质的储备与基础代谢水平及外界环境等条件决定的，体能的主要外在表现形式为运动素质，在运动过程中表现为力量、速度、耐力、柔韧和灵敏等各种运动能力。发展和提高体能的最主要手段是运动训练。

（二）体能训练的概念

体能训练是运动训练的重要内容，是发展运动员竞技运动能力的重要途径。要建立体能训练学的学科体系，必须首先明确体能训练学的概念。

体能训练理论及其基本概念经历了一个发展演变的过程，人们在实践的过程中对体能训练理论知识的认识逐渐发展和完善。随着人类社会的发展，文明的逐渐进步，人类的体能训练理论也得到了相应的发展。古希腊奥运会时期，就已经出现了掌握一定训练知识的专业教练员。

到了近代，人们对体能训练的有关问题有了更多认识。1787 年，德国学者 P.菲劳梅发表《身体形成问题》，阐述了身体练习原理。1836 年，德国的韦伯兄弟将力学实验引入运动人体的研究，写出了《人走步器官的运动力学》一书，对走、跑及其他运动结构进行了分析研究。1883 年，法国人格拉朗热将生理学应用于运动训练，发表了《不同年龄身体练习的生理学》，用生理学的有关原理阐述了体能练习的一些基本问题。

当代学者把运动训练分为 4 个发展阶段：
（1）自然发展阶段（19 世纪~20 世纪 20 年代）。
（2）新技术广泛应用阶段（20 世纪 20~50 年代）。
（3）大运动量阶段（20 世纪 60~70 年代）。
（4）多学科综合利用，即科学训练阶段（20 世纪 80 年代至今）。

新兴科学技术在体育领域广泛应用始于20世纪50~90年代，与此同时，新的训练理论和方法不断涌现，并先后形成了一般训练理论、项群训练理论和专项训练理论。运动员体能训练问题的研究受到了普遍重视，国外学者如苏联的普拉托诺夫、英国的狄克-沃森、美国的霍克等都对这一问题进行了研究。我国的过家兴、唐思宗、杨世勇等，在其著作或发表的文章中，先后探讨了与体能有关的身体素质训练问题，有些还进行了比较深入、系统的研究。例如，"身体素质"一词来源于苏联。苏联的普拉托诺夫，加拿大的波姆帕，我国的过家兴以及西方一些国家的学者在其著作中都表述了这样的观点：身体（素质）训练是直接提高力量、速度、耐力、柔韧和协调性等运动素质的过程，是运动训练的重要组成部分，对运动水平提高有促进作用。

长期以来，国内的学者将体能训练等同于身体训练，人们的认识水平落后于实践的发展。直到20世纪末，人们才对体能训练的问题有了新的认识。我们认为，体能是运动员机体的运动能力，是竞技能力的重要组成部分，是运动员为提高技战术水平和创造优异成绩所必须的各种身体运动能力的综合。这些能力包括身体形态、身体机能、运动素质。其中运动素质是体能的最重要决定因素，身体形态、身体机能是形成良好运动素质的基础。体能训练的概念可以表述为：体能训练是运动训练的重要组成部分，是结合专项需要并通过合理负荷的动作练习，改善运动员身体形态，提高有机体各器官系统机能的活动能力，充分发展运动素质，促进运动成绩提高的训练过程。它是技术训练和战术训练的基础，并对掌握专项技术、战术，承担大负荷训练和激烈比赛，促进运动员身体健康，防止伤病以及延长运动寿命，具有极为重要的意义。

虽然体能训练得到了长足的进步和发展，但是目前许多国家还没有正式使用体能训练学的概念，体能训练学科的建立任重而道远。任何一门学科的建立都不是一蹴而就的，我们只能根据已有的认识和研究成果，结合体能训练实践经验提出新的看法，为推动体能训练学理论的发展不懈努力。

体能训练学是研究和揭示体能训练的一般规律和基本方法的一门综合性技术理论学科。它从整体上系统地研究和揭示体能训练全过程的一般规律，客观地反映出体能训练的主要特征和基本要素，从而使体能训练更好地为创造优异的专项运动成绩服务。

开拓性、创造性以及研究新对象、发现新规律和为人们认识事物提供新知识，都是新兴学科的共同特点。但同时伴随着的是其不成熟性，这就需要在实践中认识、补充和完善相关的理论。体能训练学要发展成长为一门独立的学科，也必须遵循这一发展规律。

体能训练学作为一门新学科，应该是人们已有的全部体能训练知识的系统化和理论化，应该具有理论性和应用性相统一，且重在应用性的特点。这就要求我们在建立这门学科时，既需要有高度抽象的理论思维能力，又需要有明确的应用目的，做到理论和应用兼而有之，并重在应用。总之，体能训练学既要包括能促进本学科发展的理论，又要能满足现代体能训练实践的需要，为体能训练理论和实践的发展服务。

二、体能训练的内容

运动、速度、耐力、柔韧性、灵敏等运动素质是体能训练的基本内容，它们也与运动员专项运动成绩直接密切相关。充分发展这几项运动素质，能够影响和促进运动员身体形态和机能的改善，进而提高运动员的健康水平，为专项运动成绩的提高和技术水平的不断发展奠定良好的基础。学界一般把体能训练分为一般体能训练和专项体能训练两类。

（一）一般体能训练

一般体能训练，是指运用多种非专项的体能练习手段，所进行的旨在增进运动员的身体健康，提高各器官系统机能，全面发展运动素质，改善身体形态，掌握非专项的运动技术、技能和知识，为专项成绩提高打好基础的训练。

一般体能训练能够让人的心脏、血管、肺脏和肌肉组织等充分发挥有效的机能，因此又被称为良好的健康体能训练，它不仅能够让人对日常工作和生活游刃有余，同时能够让人有应付突发紧急状况的身体能力。健康体能由以下四要素组成，它们对人体健康都有重要的作用。

1. 身体组成

人体是由脂肪及非脂肪组织（如肌肉、骨骼、水与其他脏器等）所组成的，保持理想体重对维持适当的身体组成很有帮助。其中脂肪的比例较容易变化并对健康影响较大。一般人体重过重可能是体内囤积过多的脂肪所致，过多的脂肪易导致一些慢性疾病，如糖尿病、高血压、动脉硬化及心肌梗塞等。

2. 柔韧性

柔韧性，是指关节的最大活动范围，使四肢和躯干充分伸展而不会感到疼痛的一种能力。影响柔韧性的身体因素主要包括骨骼、关节结构与关节周围的肌肉、脂肪、皮肤与结缔组织。通常来说，具有良好柔韧性的人，肢体的活动范围较大，肌肉不易拉伤，关节也较不易扭伤。而柔韧性不好的人，则容易造成姿势不良问题，如背痛及肩颈疼痛等。一般来说，不经常参加体育运动是造成柔韧性降低的主要原因。

3. 肌力与肌耐力

肌力是肌肉所能产生的最大力量，肌耐力是肌肉持续收缩的能力。良好的肌力与肌耐力可以维持正确的姿势并增进工作的效率，肌力与肌耐力不好的人较容易产生肌肉疲劳与酸痛现象。

4. 心肺耐力

心肺耐力是身体在活动时，能持续地吸收与利用氧气的能力，涉及的范围包括心脏、肺脏、血管和血液等，是健康体能中最重要的一项体现全身性运动持久能力的指标。

（二）专项体能训练

专项体能训练，是指采用直接提高专项素质的练习，以及与专项有紧密联系的专门性体能练习，最大限度地发展对专项成绩有直接关系的专项运动素质，以保证掌握专项技术和战术并使其在比赛中顺利、有效地运用，从而创造优异成绩的训练。

一般体能训练和专项体能训练之间是相互联系的，主要表现在：一般体能训练是专项体能训练的基础，同时为专项运动素质的提高创造必要的条件；专项体能训练则是提高专项运动成绩的特殊需要，并直接为创造优异的专项运动成绩服务。随着专项水平的不断提高，一般体能训练所提供的基础及专项体能训练的要求也要随之改变，以适应专项水平提高后的要求。一般体能训练和专项体能训练的目标是一致的，有时在训练实践中往往很难进行划分。

另外，由于项目的不同，一般体能训练与专项体能训练的内容之间存在着较大的区别。二者之间的主要区别如表1-3所列。

表1-3 一般体能训练与专项体能训练的区别

	一般体能训练	专项体能训练
任务	提高各器官系统机能，增进身体健康	提高与专项有关的器官系统机能
	全面发展运动素质	最大限度地发展专项运动素质
	改善身体形态	塑造专项所需的体型
	掌握非专项的运动技术、技能和知识	精确掌握与专项技术、战术有关的知识和技能
	为提高运动技术水平创造一定条件	促进专项运动成绩和技术水平提高
内容	多种多样的对全面发展运动素质、身体机能有益的身体练习手段，如球类、体操、举重、游戏等	直接发展专项运动素质的练习，以及在动作特点上与专项动作结构相似的练习，或有紧密联系的专门性练习
作用	为专项运动素质的全面发展和专项成绩的提高打好基础	直接提高专项运动素质，促使运动员创造优异的专项运动成绩

三、体能训练的价值

马克思主义认为，价值是客体对于主体的有用性。通俗来说，就是事物本身的属性、用途对人的积极作用。具体而言，体能训练对于大众和运动员的价值表现在以下几方面。

（一）增进身体健康

良好的健康状况是系统训练的根本保证，同时，良性的体能训练能够有效地促进运动者的身体健康。体能训练能够有效地提高各器官的机能，对于中枢神经系统机能的改善效果尤为明显。通过进行体能训练，运动者能够增强自身的骨骼、肌肉、肌腱和韧带等运动器官功能，并改善心血管系统、呼吸系统机能，促进人体新陈代谢。此外，体能训练能够增强人的自制力、自控力，帮助运动者克服生物惰性。综合来说，体能训练能够有效地促进运动者身体健康的发展，提高机体对环境的适应能力和对疾病的抵抗能力。

（二）发展运动素质

现代奥林匹克运动会之所以广受关注和赞誉，是因为各国运动健儿为了创造良好成绩，而表现出来的刻苦训练、奋力拼搏、永不放弃以及向人类身体运动能力的极限发起一次又一次冲击的精神。要充分发展人体运动能力的潜力，在赛场上创造优异成绩，就必须最大限度地发展和提高力量、速度、耐力、柔韧、灵敏和协调能力等运动素质，而体能训练正是实现这一目标的主要途径。通过体能训练，能够有效地发展运动者的力量水平，提高速度和耐力素质，并使运动专项所需的柔韧性得到良好发展，获得更好的灵敏素质和协调能力，使专项运动素质得到最大限度的提高，一般运动素质得到协调一致的发展，为最大限度地创造优异的专项成绩打下坚实基础。

（三）促进机体适应负荷

现代竞技运动竞赛频繁，竞争激烈，运动员要在重大比赛中夺取胜利，创造优异成绩，只有通过大负荷的运动训练，促进机体对于大强度运动负荷的生物适应，掌握娴熟的专项技术、战术，才能够促进竞技水平的不断提高。从第一届奥运会至今，运动训练已经经过了自然发展阶段、新技术广泛应用阶段、大运动量阶段和多学科综合利用（科学训练）阶段。科学训练阶段的一个重要特点是广泛运用现代科技成果于运动训练，科学、系统地监测训练过程，并在此基础上保证大负荷训练。而大负荷训练要求运动员必须具有强健的体魄、良好的身体机能能力。通过体能训练能够对此打下坚实的基础，并使运动员在不断加大负荷的情况下，承担训练和比赛对有机体的一切要求。

（四）掌握先进技战术

不同的运动项目对有机体的运动能力有不同的要求，体能训练使运动员有机体各器官系统功能协调发展，从而具备从事各专项竞技的运动能力。例如，举重要求最大限度地发展运动员的力量水平和专项动作速度，并对专项耐力、专项柔韧性和协调性有很高要求；短跑则要求运动员必须具备突出的爆发力、良好的反应速度、快速移动速度和专项柔韧性，以及高度的对快速运动的协调能力；体操、武术、拳击和球类等运动，则对各项运动素质都有很高要求，并且有些技术动作本身就是运动素质的综合表现。运动员只有通过科学合理的运动训练，充分发展各项运动素质，才能更进一步地掌握复杂、先进的技战术，这正是体能训练的意义所在。

（五）创造优异成绩

体能是竞技能力的物质保障，是由运动员的身体机能、身体形态和运动素质表现出来的。体能是技能和心理能力的基础，没有体能，这两者则成为空中楼阁，竞技能力也将成为空谈。很多国家对于体能的训练非常重视，并为每个优秀运动员配备了专门的体能训练教练，体能训练的比例在某些阶段甚至高达 70%。这充分说明了体能训练的重要性。

雄厚的运动素质发展水平和有机体形态的改变、技能水平的高度发展，是运动员取得优异成绩必不可少的条件，竞技比赛和运动实践充分证明了这一点。体能训练对身体形态改变越深刻，有机体机能发展水平越高，则其衰退速度就越慢，保持时间也就越长。这样专项技术、战术发挥和保持的时间相应也会更长，运动水平衰退速度也就更慢，使得运动员能够更长久地保持较高的运动水平，具有更长的职业生涯。

四、大学生体能训练的任务

（一）增强体质，提高健康水平

无论是青少年还是成年人，都要通过体能训练达到增强体质、提高健康水平的目的。

体质，就是人的身体质量，它是在父母的先天遗传的基础上加上后天个人因素的总和，是一个人在身体形态、身体机能和身体素质等多方面全要素的综合体现。

人的身体素质，也就是力量、速度、耐力、柔韧和灵敏，这些都是外在表现，它与人的身体结构、器官功能和智力水平等都有着紧密的联系。比如一个人力量的大小取决于肌肉体积，肌肉生理横断面积越大，在收缩时产生的力量越大。人体肌肉是否发达，一眼就可以看出来，也就是俗话说的"身大力不亏"。又如人的耐力水平，就是大家所说的人有没有"长劲儿"，除了看肌肉对疲劳的忍耐程度之外，更主要是看人的呼吸，看人体摄氧的能力，看人体循环系统的功能水平，如果呼吸、循环系统的生理功能很强，就能表现出很好的耐力水平。

学生的身体素质提高了，不仅可以提高身体形态，而且可以在生理机能和心理智能方面也不断得到改善和提高。在进行体能训练时，心脏经常受到负荷刺激，持久之后心肌纤维会变得粗壮，心壁增厚，心脏的体积增大，每跳动一次就能推进更多的血液循环。这样，人体处于安静状态下，心脏就可以进行慢节奏工作，当进行剧烈体育运动时，它又会迅速转换到快节奏运动，表现出高水平的生理功能。

当代大学生进行体能训练的最基础的任务就是强身健体，提高身体素质水平。身体是人体进行生活、学习、实践等一切活动的保障，没有一个好的身体就无法进行大学正常的生活与学习。

（二）塑造完美身材和完美姿态

大学校园是个开放的场所，大学生皆有爱美之心，通过良好的姿态度过美好的大学时光。进行长时间的体能训练可以塑造完美身材，建立完美姿态。人随着身体发育产生不同的身材特点，表现因素就是身材的高低，肢体的长短，体形的胖瘦等。

上述因素有一些是家族遗传，取决于先天条件，但有的因素完全可以依靠体能训练来改变。如人体的"三围"（胸围、腰围和臀围）比例，就完全可以通过体能训练来达成完美程度。通过持续的体能锻炼后，有的学生最明显的变化就是人体肌肉变得发达，因为体能训练可以使学生的肌肉变得结实而富有弹性，使其不断增大并隆起，随着体内脂肪含量的减少，形成矫健的体形。

在身体的高低上，一旦人进入了成熟期，再怎么锻炼也不会长高，因为这时人的长骨两端的骨髓已经完全骨化。但是，在大学生涯的初级阶段，学生还处于生长发育期内，通过体能训练对身体的变高还是有一定促进的。国内外的一些研究表明，青少年时期经常参加体育运动的孩子和不经常参加体育运动的孩子相比，前者身高超过父母的比率明显高于后者。

除了在意体形，还需要注意的就是体姿。值得注意的是，拥有完美身材不一定意味着拥有好的体姿。含胸驼背、脊柱侧弯、双肩高度不一致、走路内八字或外八字、罗圈腿等，都是当代大学生在身体发育中存在的问题。这些问题也会使大学生的个人形象大打折扣。

体能训练对改进身体姿态有着很大的作用。例如，进行速度与耐力的培养，往往会去跑步，而八字脚对跑步的姿势有着很大的影响，也进一步影响了速度，故在练习跑步中老师往往会帮学生纠正这些错误的身体姿态，久而久之会矫正这些错误姿势，塑造完美身体形态。

（三）磨炼意志，提高自信

体能训练对当代大学生来说还有一个任务就是磨炼意志，提高自信，从而形成健全的人格。体能训练往往是艰苦的、乏味的，甚至是让人感到痛苦的。在大运动量的训练中，体内肌肉中堆积大量乳酸，这会让人感到浑身不舒服，甚至产生疼痛感；经历大量体能消耗时，人的膝盖发软，使不上力，进入到极点后，会出现浑身疲倦、动作无力、技术动作变形，这时人往往会放弃，具有停下来休息的强烈欲望。如果放缓节奏、降低强度，撑过这一段痛苦的感觉，就又能让身体回到舒适状态，也能让力量恢复本来的水平，又有信心继续训练下去了。

在体能训练中，这种艰苦的过程也是磨炼人意志的过程，所谓"动心忍性，增益其所不能"，能让人的意志力更加坚强。在体能锻炼中经受过这些困难考验的人，往往也会大大地增加自信心。大学生在校园的生活与学习中遇到困难，就会想起体能训练时的艰辛来激励自己："那么长时间的体能训练我都撑下来了，这点小困难也能难住我？"

（四）养成健康的生活习惯

当代人的生活方式对人体健康和社会和谐都很重要。学生进行体能训练的任务之一就是要形成健康的生活习惯。

生活方式是个广泛的范畴，包括人的饮食、睡眠、人际交往、嗜好、业余生活等内容。大学生相较于其他行业的人们来说，拥有着充足的闲暇时间，而闲暇时间正是学生认识自我、发展自我、完善自我的最佳时段，所以如何度过闲暇时间，对于大学生来说是一个值得考虑的问题。正确的对待方式对健康生活有着重要意义，参加体育锻炼就是一个好的习惯。

但就体能锻炼来说，需要长时间的坚持。三分钟热度的兴趣，三天打鱼两天晒网的锻炼频率，对增强身体健康是没有多大作用的。经常坚持体能训练的同学自然而然地会形成一种习惯，让体能训练成为闲暇生活中不可缺少的有机成分。体内的生物运动和活动具有规律性，每到锻炼的时间，人体会自然地发出信号，就会产生运动的欲望。如果打破这种生活习惯，人反而会感到不舒服，感到"技痒"。

（五）提高国民素质，报效祖国

一个国家要屹立在世界民族之林，就必须要有强大的国力。虽然和平与发展是当今主题，但战争的危机还是时刻存在的。各个国家无不把国防问题视为头等战略问题，而军人的身体素质也是构成国防能力的一大因素。报效国家，以实际行动参与到国家建设是我国当代大学生义不容辞的责任，所以说大学生进行身体素质培养后，还有着建设国家、报效祖国的任务。我国部队每年都会在全国各个高校展开征兵工作，往往会看到有些同学在读期间参加解放军，报效祖国。没有一个强健的体魄，是无法为祖国守好边防、站好岗的。

五、大学生体能训练的要求

（一）与身体生长发育相一致

从呱呱坠地的婴儿，到幼儿园、小学、中学的培养，再进入到大学校园，经历了人体生长发育的全过程。值得注意的是，人的体能发展应与身体的生长发育同步进行。因此，大学生体能训练一定要与身体生长发育相一致。

不同的生长发育期，对于体能锻炼的要求也不一样。

小学时期，进行体能练习的方式往往是活动性游戏，其趣味性强，活动量小，能吸引学生参加活动的兴趣。进入初中，进行一些规则较为复杂的体育游戏，在此基础上增加了各项体育素质练习以及少量技术动作的体育项目。而在高中，学生逐步学习各种体育项目，掌握更多的运动技能。进入大学后，根据不同运动项目独立安排课程，对于某些项目进行深度学习，主要以学生个人爱好为出发点，在此基础上提高运动水平。

随着学生处于不同的年龄阶段，体能发展方法也应有所差异。除去通常采用的讲解法、示范法、比赛法、分解完整法等，随着年龄的增长，大学体育教师应更多地把练习方法传授给大学生，让他们自己调动练习兴趣和积极性，自己开展相关活动练习。

在不同的年龄段，体能发展的要求和评价标准也应有所不同。体能的发展不是孤立存在的，身体素质的提高不是一朝一夕的，体能发展是随着学生身体素质不断发育、体质与健康不断发展而逐步提升的。有的教师过分要求，揠苗助长，一味地追求学生的素质提高，采用不利于学生身体成长发育的方法与手段，这是不可取的。

（二）做到刺激与适应相结合

学生在体能训练中承受一定的负荷刺激后，机体必然会产生反应，体现出训练效果。但并不是增加的负荷越大，练习效果就越明显。只有安排适宜的负荷才能使机体在应激以后产生的一系列变化保持在一个合理的范围之内。如果负荷过小，机体就不能引起必要的刺激反应，训练就没有效果；而过度负荷，则会出现身体疲劳，危害身体健康。所以，只有做到刺激与适应相结合，通过循序渐进地增加运动负荷的强度，才会让大学生的体能水平有着进一步的提高。

练习负荷是体能练习时对身体刺激的量度，适应是在体能训练中逐步形成的情况，机体对练习所给予的负荷由不适应到逐渐适应，到增大负荷，又不适应，变成逐渐适应。这一情况反映了人体承受相应负荷能力的变化，体能的发展水平就是在由不平衡到平衡、再由不平衡到再平衡的过程中逐步提高的。

因此，学生的体能是在逐步提高人体承受相应练习负荷能力的过程中发展。当然，学生在增加负荷时要根据实际，宁缺毋滥，逐步找到身体最适应的负荷水准。

（三）与学习和掌握技术动作相结合

技术动作是完成一种体育动作的要领与方法。根据不同的体育项目和体育活动，需要学习和掌握不同的技术。学生掌握了合理、正确的技术动作，对于学生在生理和心理上都是一种促进。教师在技术动作的教学过程中，要锻炼学生的观察与分析能力，提高他们的灵活性与协调性，同时要注意防止运动损伤。

体能训练恰恰是为技术动作的学习和掌握打下基础。因为大学体育课中的一切体育活动都包含着动作技术，而一些简单的身体素质练习，也同样具有技术因素。

随着年龄的增长，大学生在某些项目中已不满足于会"玩"而已，对于专业运动员的一些高超的动作会产生浓厚的兴趣，在通过练习掌握后会有一种成就感，在实际对抗中成功完成后拥有满足感，这些都能激发学生对体育活动的动力和兴趣，从而为树立终身体育意识，提高身体素质和健康水平打下良好的基础。

技术动作的掌握受到多方面的制约，主要是学生的身体形态、身体素质、学习能力、感知能力和心理因素等。技术动作的过程是一个循序渐进的过程，由简到繁，由单一到复杂。基础低的学生要从最简单的入门，不断增加技术动作的储备量，掌握更多的新技术。一些项目的技术动作非常复杂，此时学生不要气馁，可以考虑简化规则，降低难度，达到其核心内容即可，不必过分强调技术动作的细节和效果。在学习和掌握技术动作的过程中，还应注意以下4点。

（1）不断改良教学方法，使之更符合每届学生的实际特点。
（2）培养学生形成技术动作定型，养成良好习惯。
（3）针对不同基础的同学相应制定不同要求。
（4）重视安全保护措施。

（四）计划性与系统性

学生的体能训练和专业运动员的训练类似，没有长期的计划、没有科学严谨的方法，学生的体能就不会有实质性的提高。具体原因如下。

（1）体能训练具有时间性和局限性，即某一方面的训练成果只能保持一段时间，若不给予新的力量负荷，那么相应的素质水平就会停滞、倒退。所以，学生的体能训练必须形成多年习惯，若停止下来就会倒退回去。

（2）机体只有持续承受适宜的练习负荷，慢慢增加运动负荷，相关的素质能力才能增强，体能水平才会有提高。隔三差五地练习形成不了系统性，更实现不了训练效果。

（3）没有目标地、无计划地发展体能，不仅可能引发身体的不适，而且会打破循序渐进的训练过程，这样不利于理论的认知、技能的掌握和兴趣的培养。

因此，体能训练必须尊重学生的身体、心理发育过程的特点，有计划、系统地进行。

（五）健康性

健康性是一切体育活动的根本要求，而通过正确的方法手段发展学生体能是增进当代大学生身心健康的重要途径。

"体能"一词来源于运动训练，体能训练能够发掘人类的体能和极限，从而提高运动能力，超越自己。但这是对专业运动员所定义的，对普通高校大学生在锻炼目的上和培养方法上都有很大的差异。普通大学生如果向专业运动员学习，过分地去追求各种运动素质的提升，不仅达不到相应的水准，而且会妨碍机体的正常发育，带来不必要的损伤。因此，在实践中要考虑到以下四点。

（1）体能训练中，教师应把"健康第一"作为思想指导，树立以当代大学生身心全面发展为价值追求和工作目标的健康观。

（2）"健康"是一个多元化的词语，拥有着相当丰富的内涵。它不仅具有生物学上的意义，而且受到人体精神、心理学和社会文化等影响，所以学生体能训练不仅仅是增强体质，还是传授理论知识、技术动作、身体技能，更重要的是培养学生的创新精神和终身体育的意识。

（3）心理健康是现代健康观的重要组成部分，必须重视学生的心理健康。在体能练习过程中，学生心理素质的培养主要通过心理调节和情绪调控的方式进行。

（4）根据健康性原则，教师要多关心学生的心理状态和身体情况，注意锻炼中的安全防护，向学生传递自我保护的意识，尽最大可能防止伤害事故的发生。

第三节　体能训练的原则

2022年10月16日，在中国共产党第二十次全国代表大会上，习近平总书记在《高举中国特色社会主义伟大旗帜　为全面建设社会主义现代化国家而团结奋斗》的报告中再次强调："实施科教兴国战略，强化现代化建设人才支撑。"大学生是建设祖国的基石，所以体能训练的原则，要依托"坚持教育优先发展、科技自立自强、人才引领驱动，加快建设教育强国、科技强国、人才强国，坚持为党育人、为国育才，全面提高人才自主培养质量，着力造就拔尖创新人才"的理念。

一、大学生体能训练的原理

（一）适应性原理

人体具有两大生物特征：

一是稳定性。稳定性，又称稳态，指的是无论是对内部环境，包括体温、体液等，还是对外部环境，包括气温、湿度等，都能够保持在一定范围内波动的生理机能。如在高温环境中，为维持正常体温，人体需要通过出汗来散热；在寒冷的环境中，为了防止体热散失，人们则是通过皮肤血管的收缩来进行。

又如在运动训练中，体内代谢物随着代谢功能的增强而增多，要使体内酸碱保持平衡必须将代谢物排除，运动后又将体内的一时性变化复原，这样体内环境的稳定才能得以维持。稳态的功能作用包括机体内这种自我调节的过程。

二是适应性。长时间经受外部环境变化和运动刺激，人体的形态和功能除稳定性外，还具有适应变化的能力。适应性包括特殊的机能应变。如生长在高寒地区的人耐寒、热带地区的人耐暑等。人体为维持生命必不可少的应激反应包括适应性和稳定性。

（二）负荷原理

身体训练最重要的控制与影响因素就是训练负荷。通过对受训者施加训练负荷，从而引起机体形态结构和机能产生生物适应，进而使体能训练的全过程得以实现。进行科学体能训练的关键在于了解和掌握负荷与刺激的基本原理，这是由于在训练活动中，新的适应现象的产生必然是因为机体承受了一定的负荷刺激。

1. 运动训练负荷的内容

运动负荷包括两个方面的内容：一是负荷量；二是负荷强度。负荷强度是反映负荷对有机体的刺激深度，其构成因素主要包括密度、难度、质量以及重量等，不同的运动专项和不同的练习，其运动负荷强度的衡量标准及影响因素也各不相同。周期性运动项目中，多用来衡量负荷强度的因素主要包括练习中所完成的时间、高度、远度以及重量等；非周期性运动项目中，反映负荷强度的重要因素包括动作难度和完成质量。

根据客观标准，如练习密度、机能的紧张度和完成练习的努力程度，可将负荷强度区分为不同的强度区域，一般包括五级负荷强度，即小、轻、中、大、最大负荷强度。负荷强度不是一成不变的，也不能一视同仁，不同训练对象，其负荷强度也不同，对负荷强度的安排要注意，在因人而异的同时进行科学合理的安排。在实际应用中，不同训练对象的衡量负荷强度大小的指标一般包括4个方面：一是本人最快速度；二是最大远度；三是高度；四是最高负荷量的百分比值。

2. 运动负荷强度和负荷量的关系

作为构成运动负荷的两大要素，负荷强度和负荷量之间有着紧密的关系，两者是相互依存，不可分割的。在运动训练中，运动负荷量都包含着负荷强度的因素，负荷强度是通过负荷量才得以充分反映出来的。不能使机体承受刺激或产生应激反应包括以下两种情况。

第一，刺激量大而刺激强度不够；第二，刺激强度大而刺激量太小。因此，机体产生新的适应现象，必须是满足两个条件：一是一定刺激强度的负荷；二是达到相应的刺激量。整个训练过程，实际就是合理安排运动负荷的过程。合理安排运动负荷主要是通过各组成因素来完成的，主要包括调节、变动负荷量和负荷强度。

（三）按需发展原理

按照运动训练学原理，体能训练必须是围绕提高该项目竞赛实际需要的各种能力来开展训练活动。体能训练对于当代大学生来说是要按照自身需求进行。

拉马克曾提出了因环境的变化，会使生活在这个环境中的生物发生变化为中心论点的"用进废退"学说。其中提到"有的器官由于经常使用而发达，有的器官因为不用而退化，这些变化了的性状就能够遗传下去，久而久之，就会形成新的物种"。

"用进废退"学说主要表现出两种思想：首先，身体常用的部分会变得更大、更强壮；反之，则会退化。其次，生物可通过遗传取得原生物的特质，且又可透过环境的变化和适应获得变异。

目前，"用进废退"学说中"越用越强"和"不用则废"的观点成为体能训练按需发展理论的科学依据。在大学生的体能训练中，有很好的体现。像有些同学喜欢锻炼力量素质,每天都去健身房,四肢的肌肉越来越有力,证明了"越用越强";有些同学在之前有着出色的足球技巧,具有很好的敏捷性,但到了大学很久没有运动,踢球时已经跟不上节奏了,这就体现着"不用则废"。

(四)均衡发展原理

学生的运动素质只能在整体有所提高后,才能决定下一阶段优先发展哪种素质,这就是身体素质所需要的均衡性。运动水平得到较好的提升离不开整体素质的提高。如果部分素质过高而其他素质较差,学生的整体运动水平就得不到很好的提升效果,体现不出成果。

管理学中的"木桶理论"指出,一只沿口不齐的木桶,其存水量的多少,不取决于最长的那块木板,而取决于最短的那块木板。因此,在球类运动员的体能训练中,其体能训练和各种机能素质的均衡发展十分重要。只有各方面机能素质得到均衡发展,才能使体能训练达到较好的效果。比如说,有的学生哪方面都很出色,就是上肢力量不足,在篮球运动中就占不到上风;再比如有的学生身体很强壮,但速度很慢,在有些需要反应速度的运动中就无法适应。

二、大学生体能训练的原则

(一)力量素质训练原则

1. 循序渐进

力量素质的提高是一个由浅入深、循序渐进的过程,切不可急于求成。一般来说,大学生进行15~20天的合理训练,肌肉力量就会明显增长。在锻炼过程中如果没有采取循序渐进的方法,那么肌肉的负荷量就不会与肌力的增长保持一致,身体力量就不会最大限度地获得增进。在一组练习中顺利完成要求的重复次数而未感到疲劳感,则说明负荷量过小需要增加,每次增加的负荷约为原负荷的5%,最多不超过10%。

2. 针对性

力量素质练习在手段上要具有针对性。主要从两方面入手:一方面是大学生的个人情况,另一方面是大学生的个人需求。每个大学生的力量素质水平不同,对于力量素质的培养方向也有所不同,要考虑到个人情况与个人需求相结合。

力量训练是因人而异的,根据缺乏哪方面的肌肉素质,在一定的周期内制定不同的训练任务,采取不同的训练方法,也就是说要注意根据每个大学生的特点,有针对性地发展其弱肌。哪个肌群缺乏力量,就主要发展这个肌群,缺少什么类型的力量,就注意发展什么类型的力量。大学生必须全面深入地分析个体因素,使力量训练在有针对性的特征下达到科学有效。

3. 恢复性

每次力量训练结束后,同一肌群的恢复时间至少为48小时。若每天训练不同的肌群,且保证同一肌群在训练的间隔时间达到48小时,就可以实现每天都进行力量训练。

每组训练之间的恢复时间在一定程度上取决于训练的强度。

训练后肌肉要彻底放松,如果肌肉只收缩不放松,会使肌纤维失去弹性,肌肉阻力增大,大脑皮层受到影响,肌肉提前进入疲劳状态,消耗更多的能源物质,从而影响身体恢复。

4. 平衡性

在制定力量训练计划时,选用能够分别训练上、下肢所有肌群的练习十分重要。由于人体肌肉之间相互关联,组成相应关系,因此,在组织力量训练时,最好安排能使同一关节屈和伸的练习。这种力量训练方法有助于发展肌肉之间的相互协调配合关系,有助于保持相应肌群之间的良好力量平衡,减少肌肉的运动性损伤。

力量训练要全身肌肉共同发展。身体中的大肌群和主要肌肉群得到发展,主要是四肢、腹部、臀部、腰部的肌肉,还应有意识地发展薄弱的肌肉群和小肌肉群力量。小肌肉群的力量,如足底、踝关节周围、腕关节周围、肩关节肌肉群的力量对稳定关节、防止损伤、提高运动成绩有至关重要的作用。进行全身力量训练的一般顺序:首先是发展臀部和腿部肌肉力量,其次是背部、胸部肌肉,最后是上肢、腹部、腰部、颈部肌肉。只要所有肌群都以适宜强度进行训练,就会取得理想的力量训练效果。

5. 多样性

高校普通大学生运动员的力量素质练习,要避免手段模式化、顺序单一化。动作要领要多样化,练习的方式不能固定不变。多年实验证明,长时间进行相对固定不变的力量练习,运动员会很快适应,并使神经系统产生相应的抑制状态,从而削弱这些练习的效果。不断变化负荷重量、重复次数、完成动作的频率及练习的顺序等,科学地安排训练次数及训练内容,能达到良好的效果。枯燥单调的力量训练会令人觉得厌倦乏味,因此,采用不同器械、多种训练方法以及改变练习的量和强度等可使力量训练变得丰富多彩,从而使训练获得较好的效果,因此应对运动员实施周期性的不同训练方法,如由杠铃练习转换成其他形式的抗阻练习,但也应避免频繁的整套方法的更换。

(二)速度素质训练原则

速度素质受多方位的影响,为了进一步提高大学生的快速运动能力,在相关的练习中要遵循以下原则。

1. 合理安排练习顺序与练习时间

要注意的是,人是一个统一的整体,所以在锻炼身体各项素质、提高运动能力的时候,存在着身体各部位相互联系、相互促进和相互制约的关系。当人在发展某一方面的素质时,都会直接或间接地对身体其他素质产生有利或不利的影响。因此,在练习速度的时候注意到身体部位的变化,在制定速度训练计划时要合理安排练习的顺序,使得速度素质与其他素质产生积极和良性的反应;也要注意训练时间,不宜过短和过长,过短会达不到效果,过长会产生疲劳。

2. 通过发展力量和柔韧性来促进速度素质

身体各部位是互相影响的,身体素质在某一项素质的练习也会联系到其他素质。在练习速度时,有些练习手段和练习方式常常会联系和考虑到力量素质。比如,在进行静力性力量练习过程中将身体放缓,会降低神经反射和肌肉活动的灵活性,而速度练习过程要求快速的神经反射，对反应的灵活性要求极高，兴奋与抑制迅速转换，肌肉收缩轻松协调。

快速力量和柔韧性，是影响速度素质的重要因素。采取中小强度的快速负重练习，可以加大肌肉横断面积和肌肉力量，进一步提高肌肉灵活性。

把训练强度提上去，使身体在发力过程中最大限度地促进更多肌纤维同时进行收缩，提高肌肉的收缩功效。练习柔韧性后可以增加力量的作用范围，提高肌肉耐力水平，改善肌肉内部的协调性，从而减少肌肉阻力和增大肌肉合力，最终结果就是速度素质的提高。

3．在身体最佳状态时练习

由于速度素质的特殊性，所以大学生应该在身心状态最佳、精力最充沛的时候进行训练。长时间运动后身体会疲劳，神经的灵活性降低，导致兴奋与抑制很难快速转换，造成练习得不到相应效果。

人体处于最佳状态，是神经系统、内脏系统和肌肉系统的全面适宜状态。想要达到这种状态，可以通过强度较小的热身准备运动得到满足。学生要注意力集中，这样能使神经系统处于兴奋状态，并让肌肉保持紧张度，同时还能提高中枢神经系统功能，使内脏系统与肌肉系统和谐稳定，对改善肌肉内协调性有良好的作用，便于发展速度素质。

4．重视肌肉放松

大学生的个人情况都不大相同，且肌肉水平也具有明显的差异。练习速度素质时要做到肌肉放松、张弛有度，这能够减少阻力，增大肌肉合力，促进血液循环。如果肌肉紧张度超过60%，机体内的血液流动就会受阻，协调性下降，就是拥有再大的速度潜力也得不到发挥。

肌肉处于松弛环境下，血液能够循环通畅，加大肌肉的输氧量，加快ATP的快速合成，还能使能量物质得到合理利用，这都有利于提高速度素质。

5．正确对待"速度障碍"

学生的速度素质发展到一定水平后，速度的提高会逐渐缓慢，有的还会出现停滞不前的现象，这种现象就是"速度障碍"。造成这种现象的出现是因为练习过程中采取的手段过于单一，同时没有采取正确的训练量和训练强度，从而使得训练没有刺激作用，导致节奏、技术等都达到一个平稳的状态，没有更好的变化。为了克服瓶颈，继续提高，应做到以下几点。

（1）巩固基础训练，全面提高身体综合素质水平。

（2）进行多种练习手段，安排不同的节奏和频率，这样能使得中枢神经系统产生灵活多样的条件反射。

（3）调整练习量和练习强度，对身体产生新的刺激，改变固有的动力定型让中枢神经系统形成新的反射联系。

（三）耐力素质训练原则

1．遵循人体生长发育规律

耐力素质在某种程度上来说对大学生生长发育水平有关。在训练耐力时如果不考虑与生长发育水平的一致性，往往不能收到良好的效果，甚至可能会损害身体健康。因此，根据大学生发育水平，注重安排的合理性，才是发展耐力水平的正确方向。

一般来说，高校学生处于成年人的状态，而发展有氧耐力的最佳时机是少年儿童时期；男生14～16岁，女生13～14岁则是无氧耐力的敏感发展期。所以大学生已经过了耐力练习的最佳时间，在大学校园中的耐力素质主要以巩固为主，避免随着年龄增长而产生的不自觉性。

另外，耐力练习时的负荷安排也有着不同的标准，一般通过心率来控制。有氧耐力的最适强度公式为（最高心率−安静心率）×0.5＋安静时心率，而最高心率的估测值公式为：最高心率＝220−年龄。

2．体现个体化特点

通常来说，想要最大限度地发展耐力水平，就必须安排大负荷、大运动量的练习。然而，大学生的情况比较特殊，他们在身体机能水平和训练强度的承受能力上都存在着明显的差异，因此，在耐力练习上要采取不同的手段和方法。同时，在训练长度、持续时间、运动间歇以及重复练习的次数上也要按照身体实际情况来安排。

3．注意激发学生的主动性

耐力练习相对来说比较艰苦，学生在练习中是否主动投入，对练习效果十分关键。学生主动参与，中枢神经系统、内脏系统和肌肉系统等都处于良性循环，促进学生承受较大负荷，战胜困难，坚持到底，能够提高耐力水平。

耐力练习中学生主动性占据了大部分因素。因为耐力训练是十分枯燥和乏味的，想要坚持下来，学生的兴趣爱好、意志品质、思想认知和目标追求起着重要的作用。耐力练习在采用多种多样的方法与手段提高学生兴趣的基础上，还要注重思想的教育，比如坚韧不拔、永不放弃的意志品质，敢于攀登、勇敢向前的思想作风等。

提高学生练习耐力的主动性可以根据建立逐级目标来实现。根据学生的个人情况，制定合理的逐级目标，规划好中远期的方案。当学生实现了一个小目标后，教师要给予充分的鼓励和表扬，这样能够进一步提高学生的自信心和练习热情，使其主动练习，实现下一个目标。

4．掌握呼吸方法，注重呼吸节奏和深度

掌握好呼吸方法对于全面发展耐力素质，尤其是有氧耐力水平是极其重要的。人体的呼吸作用在于摄取耐力素质需要的氧气。通过加大呼吸频率，加深呼吸深度，机体才能得到更多的氧气量。

呼吸还要有节奏感，比如长跑运动中的2步一呼吸和3步一呼吸，若呼吸没有节奏，就会导致呼吸肌出现疲劳，机能下降，导致身体运动功能下降，影响耐力素质的培养。在有氧耐力中还会出现极点现象。极点现象简单来说就是在持续运动过程中身体内部缺氧，大量的二氧化碳和乳酸聚集，此时人体往往表现为两腿发软，全身乏力，呼吸困难。此刻要做的就是保持有节奏的呼吸，增加呼吸深度，减轻极点带来的痛苦。当极点产生时，一定要坚持下去，咬紧牙关，同时加深呼吸，这样极点反应会适当减缓，直至最终消失。

5．注意有氧耐力与无氧耐力的结合

有氧耐力和无氧耐力虽然在代谢中呈现很大的差异，但实际上二者存在着密切关系，有氧耐力是耐力素质的基础，无氧耐力是建立在有氧耐力的提高上而进行的。

通过长期的有氧耐力练习，人体能够增大心脏体积，提高每搏输出量，为之后的无氧训练建立基础。对于耐力素质较差的学生，如果在一开始就进行无氧耐力练习，则无法提高每搏输出量，反而会影响全身的血液供给，对身体发展不利；反之，发展有氧耐力过程中，穿插进行一些无氧耐力练习，就能改善学生的呼吸能力和血液循环，提高有氧耐力水平。

有氧耐力和无氧耐力之间相互联系，相互促进。所以，在耐力练习中要科学把控有氧耐力练习和无氧耐力练习的比例，注重二者相互结合。

6. 在练习耐力素质前做好准备工作

进行耐力训练还要注意做好准备工作。不要在饥饿和空腹状态下进行锻炼，这会导致腹痛、低血糖、肌肉痉挛，严重会导致昏厥，甚至休克。运动前要做好热身准备活动，通过准备活动摆脱内脏器官的惰性，提高神经的兴奋度，增加肌肉的伸展性和柔韧性。准备活动要将身体活动开，至少持续 10 分钟左右，到微微出汗或自我感觉身体已经活动开为宜。

7. 在耐力练习中要注意加强保护监督

由于耐力练习时间较长，运动负荷较大，对人体各系统的影响也比较深刻。

对于耐力练习，要进行两方面的保护与监督。一是在运动前对学生的身体机能评定，简单来说就是检测学生能否进行大强度的耐力练习，主要测血压、心率，还要看学生的自我感觉如何；二是看学生对负荷的承受能力，看学生在练习持续一段时间后身体动作的变化程度和学生的面部表情等，一旦发现异常情况就要采取相应措施，比如减缓训练量或中止训练，以防不测。

8. 练习后注意消除疲劳，尽快恢复

耐力练习结束后，要及时补充营养。耐力训练时间较长，消耗了人体巨大的能量，所以重点补充糖、蛋白质、水分和电解质。运动后要进行放松运动，如放松操、场边慢走等。当天课余后要进行适当的休息、按摩等，促进机体尽快恢复，以便第二天的生活。

（四）柔韧素质训练原则

1. 循序渐进，持之以恒

柔韧素质练习对于一般的大学生来说具有很大的疼痛感，且见效慢，稍微停止练习水平就会倒退，所以要持之以恒。

柔韧的练习在初次进行时容易产生效果，但很多学生当天下课之后就会感到身体酸痛，这是由于肌肉被拉伸，导致了回缩力增加的缘故。因此要循序渐进，在下次练习时应继续慢慢拉伸，疼痛感会逐渐减小。经过一段时间的练习，肌肉已经适应了这种长度的伸展，这时候就要继续进一步拉长肌肉、牵拉肌腱，使回缩力进一步加大。柔韧素质训练就是身体由不适应到适应的逐步提高过程。和其他素质练习类似，柔韧练习持续一段时间后停止下来，已获得的柔韧效果便会消退。所以要系统地训练身体柔韧性，养成良好习惯。

2. 因人而异

柔韧性练习必须要结合大学生的个人情况和所进行的运动项目。例如，练习跳高、跳远的同学主要练习腿部和髋部的柔韧性；经常游泳的同学主要发展踝关节和躯干的柔韧性；经常踢足球的同学主要练习腿部、腰部和髋部的柔韧性。因此，在全面发展身体各部位柔韧性的基础上，要重点练习本专项所需要的几个部位的柔韧性。

另外，由于大学生的身体素质各异，在进行柔韧素质练习过程要量力而行，突出针对性、应用性，不要过度追求极限而弄伤身体。在运动训练中，虽然对整体柔韧性都有一定要求，但结合大学生的时间和精力，没有必要苛求完美，柔韧性的发展程度只要能满足同学们热爱的体育项目就可以了。

3．与力量素质发展相适应

柔韧素质的发展建立于肌肉力量的增长，而肌力的增长绝不能因为增大体积而影响关节活动幅度。力量练习是发展肌肉的收缩能力，柔韧练习能发展肌肉的伸展能力，因此二者相结合对肌肉质量的提高最为有效，通过力量素质和柔韧素质一起练习，既能发展肌肉力量又能保证关节的灵活性和稳固性。

4．注意外界温度与练习时间

外界温度的高低变化都会影响到肌肉的状态。据素质训练的经验，当外界温度在18℃左右时最有利于柔韧性练习，因为这个温度不高不低，肌肉在这个温度下能达到最佳伸展状态。

对于普通大学生来说，任何时间都可以进行柔韧性练习，但是不同时间练习的效果也不尽相同。早晨时段，人体的柔韧性会明显降低，所以在早上锻炼时可以进行"拉韧带"练习。在上午10点以后到下午6点之前，人体的柔韧性处于稳定状态，此时可进行一些强度较大的柔韧性练习。

5．练习结束后进行放松练习

每个伸展练习之后，要进行放松练习，使身体的供血、供能机能加强，加快肌群的放松和恢复。如压腿之后做几次屈膝练习，体前屈练习之后做几次挺腹挺脖动作等。

（五）灵敏素质训练原则

1．练习方法、手段多样化并经常变化

灵敏素质的练习方法应该是多种多样的，并且要经常改变。这样可以让学生掌握更多运动技能，还可以提高人体内各种器官的功能，表现出动作准确、变换迅速的能力。

2．注意消除学生的紧张心理

练习灵敏素质时，体育教师要采取一定的手段，消除部分学生的紧张感和恐惧感。因为不同于其他素质练习，灵敏素质的训练手法比较复杂，不是一下就能掌握的，而有些学生心理紧张，肌肉等达不到练习标准，导致身体迟钝，动作不协调，影响练习效果。

3．合理安排训练时间

灵敏素质的训练要合理安排，形成系统化。由于灵敏素质的特点，决定了其训练时间不能过长；重复次数不能过多。因为身体疲劳时，人的力量水平会下降，速度减缓，失去节奏感，降低平衡性，这些对灵敏素质的培养都是不利的。

有经验的体育教师都是根据体育课的不同内容安排的。如学校要展开某项运动竞赛，技术动作的比重要加大，协调能力的训练应相应加强，就要多练习灵敏素质。灵敏素质往往安排在体育课的前半部分，让学生在体力充沛、神清气爽的条件下进行。

三、大学生体能训练的方法

（一）完整训练法

完整训练法指的是在体能训练的过程中，不论是基础的身体素质练习还是专项的技术动作训练，从开始到结束，完整地结合在一起进行练习的一种训练形式。

在大学生体能训练过程中，运用完整训练法的作用在于在训练体能的同时能够训练某些运动项目的技战术，从而保持技术动作和战术配合的完整结构以及各个部分之间的内在联系。完整训练法不仅可以用于单一动作的某项身体素质练习，还可以用于多元动作的训练；同时，既可以用于个人成套动作的训练，也可以用于集体配合动作的训练。

（二）间歇训练法

间歇训练法指的是在机体没有恢复到工作前起始水平时即进行训练，是一种严格控制间歇时间的训练方法，也是提高体能的主要方法。人们认为体质增强的过程是在运动中实现的，其实体质内部增强过程主要是在间歇中实现的，是在休息过程中取得了超量恢复。若是离开在休息中取得超量恢复，则运动就变成对增强体质毫无意义的事，甚至起不了作用。间歇训练对增强体质的作用并不亚于运动本身。间歇训练法分为高强性间歇训练法、强化性间歇训练法、发展性间歇训练法3种。

在体能训练中，要根据不同的目标，实施不同间歇方案。一般来说，如果用间歇法来发展身体的耐久力，每次练习的距离要长些，重复次数应多些，强度要偏小些。如果用间歇法来发展力量耐力，则采用负荷重量相对较轻，强度偏中小，练习的次数和组数则较多些，如果用间歇法来发展绝对速度，则宜安排的练习距离短些，重复次数少些，强度大些。

（三）持续训练法

持续训练法指的是在相对较长的时间里用较稳定的强度，无间歇地连续进行训练的方法。持续训练法常用于发展一般耐力素质，并有助于完成强度不大但动作很细腻的技术动作。通常可将持续训练法分为短时间持续训练法、中时间持续训练法、长时间持续训练法3种。

在具体实施持续训练法时，连续训练时间的长短，宜根据大学生从事的项目和自身情况，并且将负荷价值有效范围作为依据来确定，通常认为在140次/分钟的心率下连续训练20～30分钟，可使机体的各个部位都长时间地获得充分的血液和氧的供应，有效地发展有氧代谢能力。采用持续训练法进行练习时，平均心率在130～170次/分钟之间，其作用主要体现在以下几个方面。

（1）可使机体运动机能在较长时间的负荷刺激下产生稳定的适应，内脏器官产生良性适应变化。

（2）能有效提高有氧代谢系统供能能力以及在该供能状态下有氧运动的强度。

（3）能进一步提高无氧代谢能力及为无氧工作强度奠定坚实的基础。实践中，用于连续训练的主要是那些比较容易并被大家所熟知的动作。

（四）循环训练法

循环训练法是根据体能训练的具体任务，建立若干练习站或练习点，学生按规定顺序、路线，依次循环完成每站所规定的练习内容和要求的训练方法。

循环训练法具体有 3 种方法。

（1）第一种是循环重复训练。循环重复训练法是指按照重复训练法的要求，对各站之间和各组循环之间的间歇时间不作特殊规定，以使机体得以基本恢复，可全力进行每站或每组循环练习的方法。

（2）第二种是循环间歇训练。循环间歇训练方法是指按照间歇训练法的要求，对各站和各组之间的间歇时间作出特殊规定，以使机体在不完全恢复的状态下进行练习的方法。

（3）第三种是循环持续训练。循环持续训练方法是指按照持续训练法的要求，各站和各组之间不安排间歇时间，用较长时间进行连续练习的方法。

（五）重复训练法

重复训练法是在不改变动作结构和运动负荷的条件下，按照既定的要求反复进行练习，每一次（组）练习之间的间歇时间能使机体基本恢复的练习方法。构成重复训练法的主要因素有单次（组）练习的负荷量、负荷强度、每两次（组）练习之间的休息时间 3 个方面。

值得注意的是，由于重复次数的多少不同，对身体的作用也不相同，一般来说重复次数越多，对身体的负荷反应越大。如果重复次数不断地增加，可能使身体承受的负荷达到极点，乃至破坏有机体的正常状态，甚至是造成身体的伤害。大学生要结合自身情况采取合适的次数，若身体素质较高可以多重复几次，若身体强度没那么大就不要重复太多次数。

重复练习法每次的练习通常是以极限强度或极限下强度进行的。这样才能对提高机体的机能能力起到很好的促进作用。它不仅适用于身体训练，也适用于技术和战术训练。在大强度训练的情况下，重复练习能够不断强化技术动作，有利于建立和巩固动作技术。

第 2 章 力量素质训练的基本理论与方法

力量是生命体活动和目标行为的动力基础，人体的一切活动都离不开力量素质，力量素质更是完成技术动作所需的质量要求的基础。大学生体能训练中，力量素质是各项身体素质的基础。科学的力量训练能够提高个体的运动能力，并对其他身体素质的发展具有重要的影响和促进作用。本章重点对大学生力量素质的训练进行系统研究。对力量素质的基本理论、训练准备及过程，力量素质练习的种类、内容及负荷控制，以及力量素质训练的具体方法与手段进行详细分析，旨在为大学生科学从事力量素质训练提供指导。

第一节 力量素质概述

一、力量素质概念阐析

关于力量素质的概念，国内外学者有不同的解释，我国学者在《现代体能训练方法》中指出，力量素质是"人体肌肉系统工作时克服或对抗阻力的能力，是人们完成动作的动力来源"。

对于人体来说，力量素质是最基本的素质，一个人如果丧失肌肉活动力量，那么其生活将无法自理。个体在参与体育活动过程中，身体的每一个动作都需要用到肌肉，而肌肉在运动过程中完成各种技术动作，就需要克服一系列来自于身体和外界的各种阻力，这种阻力克服就是力量素质的表现，阻力克服力越强，则说明个体的力量素质越好。

对于专门从事竞技体育运动的运动员来说，在各种体育运动项目的体能、技能训练过程中，肌肉力量都是一个最基本的身体素质，良好的力量素质是运动员掌握运动技能、技巧，同时促进运动成绩提高的最重要的素质基础，因此，无论从事何种运动项目，运动员都非常重视力量素质训练。

二、力量素质的表现形式

对于一般健身者来说，力量素质就是肌肉力量，就是肌肉在完成各种动作的过程中克服多种阻力的能力。因此，对于一般人来说，力量素质更多地表现为肌肉的最大力量。

对于专业运动员来说，力量素质表现为多种形式，这与其在运动过程中完成各种技术动作对力量素质的要求有着非常密切的关系。根据运动员相对于项目要求所应达到的水平、可用于训练的时间、训练环境条件等，运动员的力量素质主要表现为最大力量、弹性力量和力量耐力。

三、力量素质的测量方法

力量素质的测评方法有多种形式，在测评过程中，并不是所有的力量素质测试都需要结合运动专项进行，但需要充分考虑力量测试的专门化程度。如果需要测评肌肉的离心、向心和等长收缩力量，那么测试过程中就必须选择与专项有关的肌肉活动，此外，肌肉的最大力量、弹性力量和力量耐力测试也应合理设计肌肉活动的方式，并在测试中包括运动项目的典型动作动力结构（表 2-1）。

表 2-1　力量特征评价方法

力量特征	静力性测试	动力性测试
最大力量	动力计	特定练习中所能举起的最大负荷
	张力计	在深蹲练习的杠铃种类上加上运动者体重 75% 的种类，也能站立撑起体重
弹性力量	肌力测试	立定跳远、垂直上跳、固定高度的跳下和垂直上跳、固定距离的计时多级跳、10～20米以上蹲踞式起跑
力量耐力	维持特定姿势的时间	固定时间内，重复特定练习的最多次数、特定路线上的计抗阻力跑

第二节　力量素质训练的准备及过程

一、力量素质训练的准备

（一）身体准备

1. 身体检查

力量训练对身体机能的要求较高，只有在身体健康的情况下开展力量练习，才能取得良好的练习效果。如果身体条件不允许进行较大负荷的训练，训练时不能把握好训练量，不仅不能达到预期的力量素质训练的效果，而且还会给机体造成伤害。

对于一般健身者来说，在进行系统性的力量素质训练之前应进行必要的体格检查。尤其是在运动者长期没有运动或体重超重时，需要请医生为你进行一次全面的体检。如果你是运动爱好者,已经超过35岁,还需要进行力量素质训练前的身体状态测试。

对于运动员来说,力量素质训练前的体格检查更加严格,检查内容包括一般健康、心肺健康和骨骼肌健康的测定,评价运动员的成熟度,了解以前存在的疾病和损伤。检查还应当了解限制运动员参赛和使运动员无法参赛的情况。应定期进行医学检查,理想的医学检查时间是过渡期结束时,一般在力量素质训练准备期开始之前的6周。

2. 身体活动准备

(1)准备活动。在进行力量素质练习之前,应使身体从安静状态到运动状态有一个基本的适应过程,对于一般运动者的力量练习来说,可以采用慢跑、伸展体操和轻重量练习进行准备活动,以便于有效地促进机体的充分活动,使身体尽快地适应接下来要进行的各种练习。

值得特别注意的是,在天气比较寒冷的冬季参加相关力量素质训练时,身体准备和活动的时间应该稍微长一些,但时间也不能过长,以免在力量素质开始之前就使身体处于疲劳状态,头和手、脚微微出汗即可。力量素质训练的开始前和整个过程中,应注意保暖。

(2)伸展练习。伸展练习是力量素质训练前的重要准备活动之一,训练期间,在进行力量素质训练之前进行伸展练习,能够增加运动者关节与肌肉的活动幅度,从而使得运动者在参与力量素质训练过程中有效防止运动受伤。

此外,在具体的特定力量素质训练之后,逆行伸展练习则能够缓解肌肉紧张、减少酸痛和帮助恢复。

具体来说,进行力量素质训练前的伸展练习应注意以下几点。

①持续伸展身体部位,直至感觉轻微紧张,保持数秒后放松,然后进一步伸展10~20秒;②伸展练习过程中应使肌肉处于放松状态;③避免进行快速牵拉和震动;④伸展不应以身体肌肉牵拉疼痛为目的,要避免肌肉过度紧张。

(3)负重练习。力量素质训练之前的稍微负重练习,能给身体一个充分缓冲的过程,一般来说,负重的重量不宜过重,负重过程中应注意身体姿势的正确,以避免运动过程中的运动损伤,保持身体平衡。

(4)呼吸方式。力量素质训练的身体准备过程中,机体在活动时,应保持顺畅的呼吸,千万不要憋气,以免血液流向脑部,产生休克。如果觉得用鼻子呼吸有些困难,可以用鼻和口同时呼吸,以防准备活动过程中的身体缺氧。

准备活动的负重力量练习中,正确的呼吸方法为上举时吸气,在最用力时短暂屏息,完成后呼气。

(二)心理准备

1. 确立目标

大学生在参与力量素质训练之前,最好应给自己确立一个明确的目标,以便于更加积极、主动地投入力量素质训练的过程中去,从而合理有效地把控训练过程,实现良好的训练效果。

力量素质训练的目标应该具有挑战性、可达性、现实性和专门性,具体分析如下。

首先,挑战性,即要求大学生的力量素质训练应具有一定的难度,而不是轻易就能完成。训练任务的完成应需要通过大学生的努力才能够达到，但是目标不要太难，应符合大学生的身体实际。

其次，可达性，具体是指训练目标可以达到，不是遥不可及的，否则不利于大学生力量素质训练积极性的提高，同时，难度过大的目标还有可能使大学生在力量素质训练中过度负荷而导致身体受伤。

再次，现实性，具体是指大学生的力量素质训练目标应有助于提高其身体素质和健康水平，对改善其当前的生活状态、生活质量和运动成绩具有真实有效的帮助作用。

最后，专门性，是对不同大学生参与力量素质训练的具体要求，不同大学生之间存在客观的差异性，因此，力量素质训练的目标、任务、内容、过程等也不相同，整个力量素质训练计划和过程应结合不同大学生的身体情况、运动基础、客观训练条件等合理安排。

2. 持之以恒

大学生在参与力量训练期间，最好坚持认定的一个训练计划，并能持之以恒地坚持参加训练，如此才能收到良好的训练效果。

参与任何健身活动或者从事一项体育运动项目，良好的健身效果和运动技能的提高都需要运动者持续保持一段时期的健身活动和运动训练，大学生的力量素质训练也不例外，为了保证力量素质训练的持续进行，可以事先制定一个训练计划，督促自己坚持完成既定的训练任务。

3. 坚持记录

在力量素质训练开始前，大学生应做好在训练期间坚持记录的准备，最好每天都做好记录，具体应记录每天练习的具体名称、组数、每组的重复次数和重量等，不要因为主观或客观的因素而中间有断开，每天坚持记录训练情况有助于运动者了解自己的进步和弱点，便于及时修正训练计划，促进整个力量素质训练更加科学、有效。

（三）安全准备

（1）训练应结伴进行，尤其是刚参与力量素质训练的大学生更应如此，最好选择有经验的同学或在教师指导下进行。

（2）力量素质训练前，应仔细检查场地、器材、设备等，确保运动训练过程中的使用安全。

（3）训练过程中，应注意采用正确的动作和姿势。

（4）负重力量训练尽量避免身体猛烈震动和扭转。

二、力量素质训练的过程

（一）准备活动

在力量素质训练开始前，应做好准备活动，充分活动身体，具体来说，准备活动的量，要根据运动者的身体特点和训练情况而定。准备活动一般以身体感到发热，微微出汗为宜，时间不宜过长，以免还没开始进入正式的力量素质训练就已经呈疲劳状态，进而影响力量素质训练效果。

（二）量力而行

力量训练开始时要根据自己的实际情况循序渐进地进行，切不可盲目模仿优秀运动员，或者与训练水平比自己高很多的人"较劲"，这常常会挫伤训练的积极性，甚至造成伤害事故。

（三）避开旧伤

在力量素质训练中，要注意避开旧伤，尤其是没有恢复的伤病。如果练习过程中感到疼痛，应结合自身的实际情况及时地减少负荷或停止训练。

如果力量素质训练过程中，伤病情况不是很糟糕，而且经过医务咨询后可以继续坚持，应注意改变一下训练手段，既发展了该身体部位的力量，还不疼痛，同时加快血液循环，促进伤病恢复。

（四）注意肌肉张力变化

通常来说，如果在力量素质训练过程中，运动者能够感觉到肌肉持续张力的增加是非常好的一个现象。具体来说，在力量素质训练过程中，力量的增加会使肌肉张力增加，这是力量素质训练积极效果的表现。力量的增加能提高运动者训练的积极性。

（五）力量训练频度控制

以每次训练课为例，大学生在力量素质训练过程中，应注意科学控制训练频度。对于力量素质的控制，是力量素质训练期间应重点关注的一个训练环节，对于训练效果具有重要影响。

1. 每周训练课次数

对于刚刚接触力量素质训练的大学生来说，每周训练课的次数一般以3次为宜，每次课训练时间应控制在45～75分钟。每次力量训练课后休息1天，也可进行其他性质（如其他素质的训练）的训练，不同训练内容的间歇进行有助于促进机体的有效恢复。

2. 每次训练课的组数

训练实践表明，要想获得良好的训练效果，在每次力量素质训练课中，各项具体的训练的最佳效果的获得，应保证具体的训练练习内容，重复3～5组，训练次数过少，不利于刺激机体，训练次数过多，训练效果也不会得到显著的提高。

3. 每组的重复次数

一般来说，大学生在参与力量素质训练初期，可采用较轻重量，每组重复10次左右，但应注意的是，腹部练习除外。

（六）力量训练重量控制

1. 重复10次的重量

通常，力量素质训练过程中，对于每组力量练习内容的重复次数应控制在10次。

具体的负重练习,应做好训练计划,做到采用连续重复10次的重量恰好能够完成。

2．增加重量的时机

为了提高力量素质训练效果,可以在力量素质训练过程中,机体适应的前提下逐渐增加负荷种类,如果大学生可以在一个重量下连续练习超过10次重复,则可以考虑适当增加负荷。

3．不同训练方式

力量素质训练的提高,在重量控制方面主要有两种训练方式,即低重复高强度发展力量,高重复低强度发展耐力,这两种力量训练方式可产生不同的训练效果,具体视训练任务和目标决定。

（七）力量素质的恢复训练

面对大负荷训练,仅依靠身体机能的自我恢复是不够的,大学生在力量素质训练后,有必要采取一些专门有效的措施,帮助机体在系统的力量素质训练后进行恢复,可以采用训练学、心理学和医学、生物学手段进行。

首先,训练结束之后的积极性休息和整理活动对于身体在力量素质训练之后的恢复是非常重要的,也是当前最常见的训练恢复方法。在力量素质训练结束之后,应进行必要的整理活动。使机体从激烈的运动状态逐渐过渡到安静状态,给身体一个充分的缓冲时间和过程,如可以进行慢跑、慢走来帮助身体各项功能的逐渐恢复。

其次,心理恢复也是运动者在力量素质训练后的一个非常重要的恢复内容。心理恢复在运动员的专项力量素质训练中运用较多,可以通过心理干预的方法,使运动员得以成功地迅速降低神经心理紧张程度,降低心理抑制状态,尽快恢复神经能力。

最后,力量素质训练后的机体恢复,还可以通过医学、生物学恢复手段进行。实践表明,科学运用现代医学和生物学手段（如吸氧、理疗、针灸和药物等）帮助运动者力量素质训练之后的身心恢复有助于提高机体承受负荷的能力,有助于尽快消除急剧产生的全身疲劳和神经性疲劳,同时还有助于运动者的机体能量的快速恢复与储备,有助于促进机体身心功能的提高。

第三节　力量素质练习的种类、内容及负荷控制

一、力量素质练习的种类

（一）一般练习

力量素质的一般练习与大学生的专项运动技能和力量发展关联不大,但是作为基础性的训练,是十分必要的,通常用于以下几种情况。

（1）保证大学生体能素质的均衡发展,在系统的体能训练中安排此类训练课能有效减少和预防运动损伤。

（2）促进大学生体能素质训练后的高水平积极恢复。

（3）为下一阶段进行高水平的专门力量训练奠定良好的体能素质基础，以为大学生从事专项运动技能的发展奠定力量素质基础。

（4）发展与大学生所从事的体育运动项目广泛相关的肌肉最大力量，提高大学生的运动能力。

（二）专门练习

专门练习，具体是指与运动技术密切相关的专门性的身体关节动作或肌肉动力的练习。

力量素质的专门练习与大学生所从事的专项体育运动项目有关，练习过程中包括大量的运动专项技术动作，这些技术动作对运动者的力量素质具有特殊的要求，因此，需要进行专门性的力量素质练习。

不同专项运动对运动者的力量素质要求不同，因此，与专项相关的专门性的力量素质练习应根据项目所要求的力量类型来科学安排。以田径运动中的掷铁饼运动为例，为提高运动者掷铁饼专项力量素质，在进行抛实心球的技术动作练习中，可采用卧推、哑铃"飞鸟"训练一般力量素质，但必须在训练中加入跪姿爆发式伸展侧抛实心球练习，才能切实提高运动者的抛实心球的具体技术动作所需的力量素质水平。

（三）比赛专项练习

对于大学生运动员来讲，为了适应比赛的需要，在日常的力量素质训练过程中往往采取比比赛专项更加大的负荷进行力量素质训练。例如，在训练过程中使用超过正常重量的球、穿着沙衣跳跃、拖重物负重跑等，使身体在特定的训练环境和条件下建立新的动作协调和速度模式，进而在比赛中不负重的情况下能投得更远、跳得更高、跑得更快。

需要特别指出的是，在力量素质的比赛专项练习过程中，人为阻力的施加可导致运动者的有偿动作的产生，从而有可能破坏正确的技术动作定型，因此在训练过程中，应丰富阻力练习手段和内容，确保运动者能在正确完成技术动作的前提下提高完成动作的高度、远度、速度。

二、力量素质练习的内容

（一）静力性力量练习

静力性力量，是指肌肉等长收缩时所产生的力量，可使身体维持姿势或在固定位置，机体无明显位移运动。

采用静力性训练能够发展肌肉的静力性或等长收缩能力，需要特别注意的是，虽然力量素质的静力性训练方法对发展肌肉的离心或向心收缩能力时并不使用，但是，可促进这方面能力的提高（表2-2）。

表 2-2 肌肉等长收缩和向心收缩训练的比较

训练类型	静力性力量增长	动力性力量增长
等长收缩训练	15.1%	11.5%
向心收缩训练	9.2%	18.1%

（二）动力性力量练习

动力性力量，是指肌肉在动态收缩时所产生的力量，在该力量作用下机体产生明显的位移。

动力性练习可有效发展个体的力量素质，负荷强度、量或密度的变化，决定了发展力量素质的相对效果。在个体的动力性力量素质训练过程中，为了保持专项技术动作在运动训练过程中的不变形，训练过程中，应尽可能用接近运动员运动技术模式的技术动作进行训练，训练过程中，注意运动的绝对速度和身体关节的相对速度的变化和控制。

仍以田径运动的投掷运动项目的专项力量素质训练为例，在掷铁饼运动过程中，投掷臂的合理力量用力过程中，训练时应避免使用弹性阻力，否则会降低人体关节的杠杆活动速度。具体可以通过牵引滑轮组的阻力，或增加铁饼重量，使人体运动的加速度降低，使之与实际比赛过程中的完成动作项目技术动作的速度相一致，来发展肌肉专项力量。

（三）最大力量练习

最大力量是最大限度地发挥神经肌肉系统的意志收缩的一种外力对抗力，它处于动态的变化之中。

在力量型竞技体育项目中，如田径、体操、柔道等，为了促进运动员的最大力量素质的增加，应在训练中刺激肌肉使肌肉体积增大，并注重发展肌肉内和肌肉间的协调性，以提高最大力量。

对于力量素质中的最大力量的发展，应注意训练以下影响因素。

（1）与个体产生最大力量相关的刺激强度，具体是指肌肉运动所能动员的最多数量的运动单位。

（2）与发展力量素质训练的相应刺激的持续时间。

（3）最大数量的可利用运动单位的募集频率。

相关研究表明，在肌肉最大力量训练过程中，个体在能达到最大负荷或 100%强度刺激下，只能进行一次练习，但以下情况不适宜采取最大负荷或 100%强度的练习。

（1）个体技术动作不稳定的情况。

（2）个体发育不成熟，机体各系统不完全稳定的情况。

（3）个体最大力量的发展与专项技术动作无关联的情况。

肌肉最大力量训练过程中，两个训练单元之间应该有一个间歇时间，一般来说，以 36~48 小时为宜。

（四）弹性力量练习

肌肉的弹性力量是神经肌肉系统在最短时间以最大的加速度爆发出最大的肌肉力

量,通常也被称作爆发力。

针对大学生弹性力量的训练,主要是通过发展肌肉最大力量和提高肌肉收缩速度来实现的。二者的有效"折中"和兼顾,有助于促进个体的弹性力量的有效发展与提高。

一方面,在承受较重负荷的情况下,大学生运动者参与专项肌肉练习过程中,肌肉力量和收缩速度都会有不同程度的发展,但是如果与专项技术动作的相关肌群没有承受负荷或者负荷过小,则弹性力量并不会提高。

另一方面,如果力量素质训练过程中,大学生运动者所承受的负荷在一个较小的范围内,如5%～20%,则可通过训练课有效提高动作速度。如果超出5%～20%这个范围,则人体会产生补偿性的运动,进而干扰运动者完成技术动作的准确性,不利于动作速度的发展。

为了在运动训练实践中获得良好的力量素质训练效果,可以在一个训练周期内安排穿插其他性质和内容的训练,如此便可以有效地促进个体的最大力量的提高。如在训练期间,先进行几个月的最大力量训练,再接着安排速度素质训练内容。

此外,需要特别提出的是,如果有条件,在力量素质训练过程中,发展肌肉的弹性力量时,应尽量避免采用传统的负重练习,而应当采用与专门运动技术有关的专门练习。

(五)力量耐力练习

力量耐力是机体长时间承受负荷(负荷为个人最大负荷的30%左右)对抗疲劳的能力。运动中,1/3的肌肉参与工作。

以力量耐力为主的体育运动项目主要有中长跑、划艇、公路自行车、足球、现代五项、铁人三项等。

发展力量耐力,要求个体能够对抗比运动项目中正常阻力大得多的负荷,并重复尽可能多的练习次数。

研究表明,个体的无氧耐力能力对其力量耐力的发展具有重要的影响作用,因此,要想提高和发展力量耐力,就必须提高运动者有机体的有氧运输系统的工作效率。运动实践证明,由于每搏输出量的增多是个体的心脏对有机体耐力素质练习的适应性能力提高的重要体现,耐力素质的提高可使运动者的心搏量增大,再者,每搏输出量与最大吸氧量呈正比例关系,因此,有机体在运动时心搏输出量的变化会直接影响其机体各器官的有氧代谢。此外,心搏量与吸氧量也成正比,当机体的心搏量达到最高峰时,有机体的吸氧量也会相应地达到最高峰。因此,心搏量是决定运动者有氧代谢能力的关键。

目前,各种跑的练习是提高和发展运动者的力量耐力的有效训练手段。

三、力量素质练习的负荷控制

(一)负荷控制的基本原理

运动负荷原理指出,在运动训练中,一定的运动负荷会引起大学生机体在形态结构、机能等方面的生物适应,在训练过程中,大学生机体对运动负荷不断适应,在此基础上,继续通过运动负荷的增加来不断提高身体素质并提高运动能力。

（二）力量素质过程中的负荷控制

在运动负荷原理的科学指导下，大学生参与力量素质练习，应注意以下两个方面。

首先，在大学生力量素质训练初期，根据负荷因素的基本特征，为了尽快进入运动状态，应通过增加负荷量使机体逐步适应负荷的方法来进行训练；在专项技能训练阶段，则应以提高负荷强度来刺激机体。

其次，针对不同阶段的大学生与专项技能相关的力量素质的提高，以及同一阶段的大学生不同技术细节或力量素质的强化，应有针对性地采取不同的训练负荷和方法，如多一些低强度的负荷训练可使运动负荷突出刺激强度，可有效发展大学生的最大力量和爆发力。

（三）发展力量素质的小周期训练结构

在训练小周期计划的设计时，必须在训练主要的准备阶段中加入发展一般力量和专项力量的综合内容。

首先，大学生发展一般力量，应该集中在相对于最大力量耐力所表现力量的平衡提高，或项目所要求的弹性力量发展上。

其次，大学生发展专门力量，应该集中在项目及其运动技术所要求的专门关节活动和肌肉动力结构上。

（四）发展最大力量的负荷结构

最大力量取决于肌肉横断面积（6~8 次重复）、肌肉内部的协调（1~3 次重复）、肌肉之间的协调（技术和成绩水平），因此，关于大学生发展最大力量的合理负荷结构，在训练过程中，负荷强度和重复次数的控制方面，可以参考采用金字塔式结构（图 2-1）。

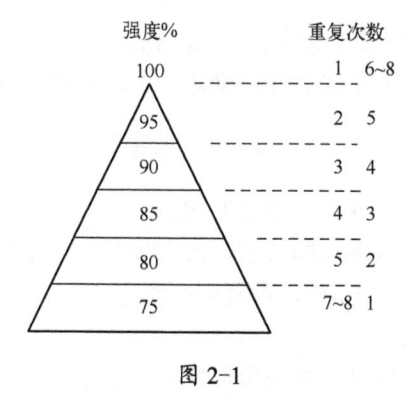

强度%	重复次数
100	1　6~8
95	2　5
90	3　4
85	4　3
80	5　2
75	7~8　1

图 2-1

第四节　力量素质训练的方法与手段

大学生要发展力量素质，必须遵循科学的训练过程，并在运动训练中注意训练负荷的科学控制。结合力量素质训练的基本过程和有机体不同部位的力量素质训练，对大学生力量素质训练的手段和方法具体分析如下。

一、力量素质训练中的伸展练习

（一）静力拉伸训练

1. 提放双肩

训练目的：牵拉肩部上部肌肉。

训练方法：向耳朵方向上提双肩，上提至颈部和双肩感到紧张，保持动作5秒，慢慢放松双肩，双肩下垂。

2. 向内拉肩

训练目的：牵拉肩后部、肩外侧、上臂后侧部位的肌肉。

训练方法：头向后转，肩贴住墙，目视顶住墙的那只手，坚持动作数秒后还原，换另一侧重复练习。

3. 向上拉肩

训练目的：牵拉肩下部、上臂后侧、躯干外侧的肌肉。

训练方法：站立姿势，抬起一侧肘关节，另一只手在头后抓住抬起的肘关节，向抬起肘关节的手臂的对侧拉引。

4. 转头拉肩

训练目的：牵拉颈部、肩上部、上臂前侧、胸部的肌肉。

训练方法：站立姿势，一臂侧平举，与肩同高，手顶住墙，头向后转，肩部贴住墙，目视顶墙的手臂，感受肌肉的紧张状态，保持动作数秒后，换另一侧重复练习。

5. 双手交叉上顶

训练目的：牵拉肩下部、躯干外侧、上臂后侧和前臂。

训练方法：双手在头上方手指交叉，掌心向上，双臂向后上方向伸展上顶，保持深呼吸15秒。

6. 双手扶腰下推

训练目的：牵拉肩上部、胸部、腰部肌肉。

训练方法：站立姿势，双手在髋关节以上部位扶腰，手指向下。训练开始后向前轻推手掌，伸展腰部，保持动作10秒，重复训练两次。

7. 双手叉腰转体

训练目的：牵拉上体、腰部、髋关节肌肉。

训练方法：站立姿势，双手在髋关节以上部位叉腰，上体转向一侧，同时，头向后转，目后视，保持动作10秒。换方向练习。

8. 顶墙送髋

训练目的：牵拉小腿后部肌肉。

训练方法：前臂靠墙支撑身体，头靠在双手上，身体向墙倾斜。后脚正对墙，脚跟贴在地面。训练开始，缓慢向前送髋，背部肌肉保持伸直和紧张状态，保持轻松牵拉 10～15 秒。双腿轮流练习。

9. 弓箭步压腿

训练目的：拉伸髋关节前部、大腿前部、大腿后部肌肉。

训练方法：弓箭步站立，一腿前伸，膝关节成 90°，膝关节在踝关节正上方。另一腿体后膝触地，呼气，下压后面腿和髋关节，重复动作数次之后，换腿重复练习。

10. 坐立牵拉下肢

训练目的：牵拉腹股沟、腰部肌肉。

训练方法：坐在地面，双腿体前屈，膝展开，脚跟对脚掌，双手握住双脚脚尖尽量向腹股沟方向拉，上体直背前倾，两个肘关节运动到两个膝关节外侧，使腹股沟和腰部肌肉有紧张感。

11. 下蹲牵拉下肢

训练目的：牵拉膝部、背部、踝部、跟腱肌肉。

训练方法：下蹲，双脚脚尖越向外侧偏 15°，双脚跟间距 25～30 厘米，双膝置于脚趾上方，保持动作 10～15 秒。

12. 仰卧转压腿

训练目的：牵拉腰部、髋关节、大腿后部肌肉。

训练方法：仰卧，双腿伸展，左臂侧平伸贴在地面，左腿屈膝 90°，右手横向向右、向下拉左膝外侧贴地，保持动作 15～20 秒。双腿交替练习。

13. 仰卧提腿

训练目的：牵拉大腿后部肌肉。

训练方法：仰卧，直膝抬腿，与地面呈 90°，腰部紧贴地面，保持动作 15～20 秒，双腿交替练习。

14. 仰卧提膝

训练目的：牵拉臀部、腰部、大腿后部肌肉。

训练方法：仰卧，屈膝抬腿，双手拉膝贴近胸部，保持动作 10～30 秒，双腿交替练习。

15. 扶墙上拉脚

训练目的：牵拉大腿和小腿前部。

训练方法：站立姿势，左腿支撑，右手扶墙，屈右腿，左手提拉右脚贴近臀部，保持动作 10～30 秒，双腿交替练习。

（二）PNF 拉伸训练

PNF，是神经-肌肉本体促进（proprioceptive neuromuscular facilitation）的英文首字母缩写和简称，PNF 拉伸训练是力量素质训练中的一种常见练习手段，主要由练习者和同伴相互配合完成。

PNF 拉伸训练过程中，通过一系列的主动与被动的动力拉伸、静力拉伸，可有效避免被拉伸肌肉产生牵张反射现象，从而能最大限度地提高训练过程中的肌肉拉伸效果。

以拉伸背部肌群为例，具体的 PNF 拉伸训练方法如下。

（1）分腿坐立，膝关节伸直，踝关节呈 90°，同伴推压练习者背部至有疼痛感，保持 10 秒后放松。

（2）练习者静力收缩背部肌群，上提背部，对抗同伴的推压力，保持 6 秒后放松。

（3）练习者放松背部肌群，用力收缩腹部肌群，在同伴的助力下上体前贴地面，保持 6 秒后放松。

（4）重复练习数次。

二、身体核心部位稳定性力量训练

核心力量是人体核心部位（肩至膝之间的部位）的力量能力，对于大学生保持正确的身体姿态、稳定中线，提高身体的控制能力具有重要的作用，同时还有助于身体核心部位肌群力量向四肢的能量输出。

（一）基础性稳定力量训练

基础性身体核心部位稳定力量训练可有效提高躯干深层肌群力量，具体训练手段和方法如下。

1．仰卧屈膝提腿

训练目的：提高腰部、骨盆的控制能力。

训练方法：仰卧、屈膝，固定腹部，一腿抬起离地面 15~30 厘米，双臂伸直举过头顶，离开地面。

2．仰卧直膝提腿

训练目的：同仰卧屈膝提腿。

训练方法：仰卧、屈膝，固定腹部，直腿抬起离地面 15~30 厘米，双臂伸直举过头顶，离开地面。

3．俯撑腿臂平伸

训练目的：提高腰部和骨盆控制能力。

训练方法：俯姿，直臂撑地，双腿跪撑地，后伸左腿，固定身体，右臂前伸，右腿与躯干成一条直线，与地面平行。

4．俯姿平撑

训练目的：提高腹、背部、臀部肌群的控制能力。

训练方法：俯卧，双臂屈肘 90°支撑身体，双腿伸直，脚尖撑地，固定腹背部。

5．俯姿平撑提腿

训练目的：提高腹、背部、臀部肌群的控制能力。

训练方法：在俯姿平撑的基础上，提起一条腿。

6．俯姿桥撑

训练目的：提高腹、背部和臀部肌群的控制能力。

训练方法：在俯姿平撑的基础上，提起臀部，稍屈膝，身体成桥形姿势固定。

7．仰姿桥撑

训练目的：提高腹、背部、臀部和大腿后部肌群的控制能力。

训练方法：仰卧，双臂在体侧伸直，掌心向上支撑身体，双腿屈膝、并拢，用脚撑地，提起髋部，身体成桥形。

8．仰姿臂撑提腿

训练目的：提高腹、背部、臀部、大腿后部肌群的控制能力。

训练方法：仰卧，双臂屈肘支撑身体，双腿伸直，用脚撑地，提髋，身体成直体姿势，再提起一条腿，固定。

9．侧姿臂撑

训练目的：提高骨盆、髋部、大腿外侧肌群的控制能力。

训练方法：侧卧，单臂屈肘支撑身体，另一只臂屈侧举，双腿伸直、并拢，一脚外侧撑地，提髋关节离地，成直体姿势。

10．侧姿臂撑提腿

训练目的：同侧姿臂撑。

训练方法：在侧姿臂撑的基础上，提起一条腿，直膝、固定。

11．侧卧两头起

训练目的：提高骨盆、髋部和大腿内、外侧肌群的控制能力。

训练方法：侧卧，双臂伸直，双手于头上合拢，双腿伸直、并拢。双腿和双臂离地、固定。

（二）稳定性力量提高训练

稳定性力量提高训练可以有效加固骨盆、腹部或肩部或腰部的深层肌群，具体训练手段和方法如下。

1．坐瑞士球单腿离地

训练目的：提高髋部、大腿前后肌群的控制能力。

训练方法：直体坐在瑞士球上，单腿离地 5 厘米，膝关节固定，双臂体侧自然下垂，保持 20～30 秒，双腿交替练习。

2．坐瑞士球踏步走

训练目的：提高髋部、大腿前后肌群的控制能力。

训练方法：直体坐在瑞士球上，进行脚离地约 5 厘米的踏步走动作，手臂配合脚步走动做向上垂直屈臂动作。

3．仰卧瑞士球体前屈

训练目的：提高髋部和大腿前后肌群的控制能力。

训练方法：双脚分开，同肩宽，瑞士球上仰卧，双臂屈肘头后交叉，成体前屈姿势，保持动作 20～30 秒。

4．仰卧瑞士球持球体前屈

训练目的：提高髋部、大腿前后肌群的控制能力。

训练方法：双脚分开，同肩宽，瑞士球上仰卧，双臂水平伸直持实心球于头后，成体前屈姿势，保持动作 20～30 秒。

5. 头枕瑞士球横桥单腿撑

训练目的：提高髋部、大腿前后肌群的控制能力。

训练方法：双脚分开，同肩宽，头和肩枕在瑞士球上，一条腿提起伸直并与地面平行，保持20～30秒。

6. 仰姿瑞士球提髋屈膝

训练目的：提高髋部、大腿后部肌群的控制能力。

训练方法：直腿垫在瑞士球上，双脚并拢，直体悬空，头和肩枕在地面，屈双膝（或单膝，另一腿直膝上抬）上提身体，保持20～30秒。

7. 跪姿伸臂滚瑞士球

训练目的：提高背部、肩部肌群的控制能力。

训练方法：双腿并拢跪地，双臂屈肘垫在瑞士球上，直体悬空滚动瑞士球。

8. 俯姿脚尖支撑伸臂滚瑞士球

训练目的：提高背部、肩部、腿部肌群的控制能力。

训练方法：双腿并拢，直膝，脚尖撑地，双臂屈肘垫在瑞士球上，直体悬空滚动瑞士球。

9. 俯姿屈膝滚瑞士球

训练目的：提高髋部、大腿前、后部肌群的控制能力。

训练方法：双脚并拢直腿垫在瑞士球上，直体悬空，双臂伸直支撑在地面，屈双膝（或单膝，另一腿仍直腿垫在瑞士球上）收腿，上提骨盆和身体，使瑞士球沿手臂方向滚动。

三、机体不同部位的力量素质训练

（一）上肢力量训练

1）结合杠铃的训练

1. 颈后伸臂

训练目的：提高上臂后部肌肉力量。

训练方法：身体直立，双手反握杠铃于头后部，伸直双臂上举杠铃，保持数秒后还原，重复练习。

2. 屈肘

训练目的：提高上臂前部肌肉力量。

训练方法：身体直立，双手体前反握杠铃。屈双臂上举杠铃，保持数秒后还原，重复练习。

3. 屈腕

训练目的：提高前臂前部和屈腕肌群力量。

训练方法：坐姿，肘部放于膝盖，双手持杠铃，做连续的手腕屈伸动作。

2）结合球的训练

1．瑞士球俯卧撑

训练目的：提高上臂后部和肩部肌肉群力量。

训练方法：身体保持伸直状态，成一条直斜线，双手撑在球上，直体悬空，固定身体，在球上做俯卧撑。

2．侧俯卧屈肘

训练目的：提高上臂前部肌肉群力量。

训练方法：俯卧在瑞士球上，手持一个较重的哑铃，屈肘在球上前后移动。

3．仰卧伸臂

训练目的：提高上臂后部肌肉群力量。

训练方法：仰卧在瑞士球上，双手持哑铃，直臂举哑铃于头上方，再屈肘至于头后，反复练习。

4．压臂固定瑞士球

训练目的：提高臂部、肩部肌群力量。

训练方法：坐在凳上，同伴以60%～75%的力量向侧推移瑞士球，练习者手臂水平外展推压瑞士球，阻止其移动。

5．实心球移动俯卧撑

训练目的：提高上臂后部、肩部肌肉群力量。

训练方法：俯卧，身体成一线。一手撑在球上，一手和双脚掌撑地，身体左右移动做俯卧撑，两只手轮撑球。

6．俯卧撑起跪推实心球

训练目的：提高胸部、肩部、上臂后部、手腕肌肉群力量。

训练方法：两人一组，相对5米跪立，上体前倾双手上推同伴送来的实心球，推出球后双手撑地，还原，准备再次接球。

7．实心球俯卧撑

训练目的：提高上臂后部、肩部肌肉群力量。

训练方法：俯卧，两脚分开，躯干平直，脚尖撑地，双手撑在实心球上，屈肘做俯卧撑。

3）其他训练

1．引体向上

训练目的：提高肩部和臂部肌群支撑力量。

训练方法：双手分开同肩宽，握单杠向上拉引身体。

2．双杠臂撑起

训练目的：提高肩部和臂部肌群支撑力量。

训练方法：双手撑双杠，直臂支撑身体，再屈肘撑身体数秒，还原，反复练习。

3．倒立走

训练目的：提高肩部和臂部肌群力量。

训练方法：倒立姿势，双臂支撑身体，向各个方向移动。

4．爬绳

训练目的：提高肩部和臂部肌群力量。

训练方法：双手握住绳索，用力向上拉引身体。

（二）躯干力量训练

1）杠铃训练

1．负重转体

训练目的：提高腰部、躯干两侧肌群力量。

训练方法：两脚开立，屈膝，肩部扛杠铃，两手平伸扶杠铃，向体侧转体90°，还原向前，再向另一侧转体90°。

2．负重体侧屈

训练目的：提高躯干两侧肌群力量。

训练方法：两脚开立，肩负杠铃，左右屈上体90°。

3．负重体前屈

训练目的：提高背部肌群力量。

训练方法：两脚开立，肩负杠铃，前屈身体90°。

2）哑铃练习

1．持哑铃体前屈转体

训练目的：提高腰部、躯干侧面肌群力量。

训练方法：两脚开立，一手持哑铃，接触对侧脚尖。

2．持哑铃体侧屈

训练目的：提高躯干侧面肌群力量。

训练方法：两脚开立，一手持哑铃，另一手扶腰，向左右侧屈体。

3）结合球的训练

1．仰卧起坐

训练目的：提高腹部肌群力量。

训练方法：仰卧于瑞士球上。双脚开立支撑地面，做仰卧起坐练习。

2．俯卧伸背

训练目的：提高背部、臀部、大腿后部肌群力量。

训练方法：将瑞士球放在凳上，俯卧在瑞士球上，双手握凳两侧，提双腿，使身体平直悬空。

3．仰卧转体

训练目的：提高腹部、躯干两侧肌群力量。

训练方法：将瑞士球放在凳上，仰卧在瑞士球上，固定双脚，双手持实心球，做直臂与屈臂动作，并左右转体。

4．仰卧举腿

训练目的：提高骨盆、腹部肌群力量。

训练方法：仰卧在瑞士球上，握横杠固定双手，直腿上举。

4）其他辅助训练

1．侧卧腿绕环

训练目的：提高髋及腰部、躯干两侧肌群力量。

训练方法：侧卧在斜板上，上侧腿做绕环动作。

2．背肌转体

训练目的：提高背部和躯干两侧肌群力量。

训练方法：俯卧在山羊上，固定腿部，双手头后交叉抱头，上体后屈，再还原至水平位置左右转体，反复练习。

3．仰卧转髋

训练目的：提高腹部和躯干两侧肌群力量。

训练方法：垫上仰卧，头后握杆固定双手，收腹屈膝，快速左右转髋。

（三）全身力量训练

1．踩 T 形板传接实心球

训练目的：提高臂部、腿部肌群力量和全身平衡控制能力。

训练方法：两人一组，分别两脚开立站在 T 形板上传递实心球。

2．持实心球侧蹲

训练目的：提高腿、髋和背部力量。

训练方法：双脚左右开立，双手胸前持实心球，侧迈步成侧弓步蹲的姿势，同时，直臂前送实心球，还原，反复练习。

3．肩上侧后抛实心球

训练目的：提高全身转动时的全身肌群力量。

训练方法：双脚左右开立，双手胸前持实心球，屈膝下蹲，将球沿身体一侧转到身后，下肢发力带动躯干回转实心球，使球从身体另一侧肩上向后抛出。

第 3 章

速度素质训练的基本理论与方法

速度素质训练是大学生体能训练中的重要组成部分，它不仅对大学生体能训练的实际效果具有重要影响，而且对学生全面发展和运动能力提升也有深远意义。本章主要从速度素质概述、速度素质训练的作用及切入点、速度素质训练的科学控制、速度素质训练的方法与手段这四大方面展开阐述，旨在为学生参与速度素质训练奠定理论基础。

第一节　速度素质概述

一、速度素质的概念

人体或人体某部位快速运动的能力，即人体或人体某部位快速做出运动反应、快速完成动作、快速移动的能力，就是速度素质。速度素质主要由对不同刺激的快速反应能力、快速完成动作能力、快速通过某段距离的能力组成，这三方面能力对学生具有深远影响。速度素质不仅有利于学生的身心健康，同时对学生有效提升运动能力有积极作用。

二、速度素质的分类

（一）反应速度

反应速度是指人体应对不同信号刺激做出的快速应答能力。以短跑运动为例，反映在运动员从听到发令枪响到起动的时间；以击剑运动为例，则反映在运动员在瞬间变化时做出反应的快慢。运动员反应速度的快慢取决于信号通过反射弧需要的时间，反射弧是指参与反射的所有结构，反射弧的常见组成环节是感受器传入神经→中枢神经→传出神经→效应器。反应时间越短，则反应速度越快；反应时间越长，则反应速度越慢。以乒乓球运动为例，运动员必须在 120 毫秒内，根据通过视觉获取的对方击球动作和通过听觉获取的击球声音，用最短时间精确判断出乒乓球的落点以及旋转性能，然后由此完成对应的技术动作。除此之外，刺激信号强度、注意方向性也对反应时间长短有影响。遗传因素会对人类反应速度产生很大作用，遗传率超过75%。对于后天训练来说，是将遗传因素作用下的反应速度呈现出来，同时尽可能使运动员反应速度处于稳定状态。

（二）动作速度

人体或人体某部分快速完成单个动作或成套动作的能力，就是动作速度。一般情况下，人们会用时间来反映动作速度。对于跳跃运动、投掷运动、体操运动、武术运动以及排球运动来说，动作速度反映在运动员的踏跳速度、掷出器械的速度、做完成套练习的速度以及扣球速度上。对于动作速度来说，还可以将单位时间内完成动作的数量作为衡量标准，完成动作数量越多，则表明运动员的动作速度越快。在技术动作中，能够将动作速度划分成瞬时速度以及角速度。影响动作速度的因素有准备状态、快速力量、速度耐力水平、动作协调性、熟练程度等。

（三）移动速度

在周期性活动中，单位时间内人体快速位移的能力，称为移动速度。站在物理学视角展开分析，移动速度属于反映物体运动快慢的物理量，是实际距离和经过该距离所需时间的比，具体表现公式为 $v = s/t$。对于体育运动而言，移动速度常见的表现形式是通过固定距离所需要的时间。在技术动作中，加速度、平均速度以及最高速度是移动速度的主要划分类型。人类机体的肌肉放松水平和运动技能巩固程度能够对移动速度和步长、步频间的具体比例产生重要影响。遗传因素对移动速度也有重要影响。

三、速度素质的训练要求

（一）训练负荷要适度

在速度素质训练过程中安排具体训练内容时，必须对运动员训练水平以及身体状态可接受程度进行全面分析，在速度练习中间必须保证运动员产生的运动疲劳可以完全恢复。除此之外，要保证所用技术动作的科学性，衔接练习内容时要严格遵循循序渐进原则，按照先慢后快、先易后难的顺序来衔接。

（二）全面发展学生素质

运动员要想达到预期的运动成绩，必须快速提升整个身体或关节运动速度。运动员达到运动项目要求的最佳运动速度往往是关节协同发力后产生的结果，然而速度与力量并非是同步发展的。对于速度能力起决定性影响的运动项目来说，尽早开展技术动作的速度训练是尤为必要的，需要说明的是这些训练并非一定要以常见技术模式作为重要依据。对于部分项目而言，速度和体能训练之间存在不可分割的关系，原因在于速度可能和耐力、力量、灵活性之间存在密切关系。与此同时，速度训练有可能和复杂技术训练之间有密切联系，原因在于速度训练必须结合运动项目的专项要求来完成具体安排。除此之外，随着运动项目中相关的力量、耐力、灵活性的变化，以及运动项目要求的最佳速度或最大速度和关节运动速度变化间的配合程度的变化，具体的专门要求也会出现相应调整。

（三）保证运动训练安全

对于速度素质训练来说，保障训练环境安全是一项重要任务。针对速度素质训练环境的安全性，运动员必须达到以下几点要求。

（1）在速度素质训练之前，必须认真完成准备活动，训练间歇必须有充足的休息时间。

（2）在速度练习过程中，倘若运动员所用的力量、动作频率、动作幅度等均超出最大限度，这可能导致训练者遭受很大危害，故必须立即对训练计划进行科学调整。

（3）当训练当天气温比较低时，则应当身着合适的服装，同时也应当采取按摩和放松练习等训练方式。倘若运动员需要在皮肤上涂擦强力物质来促进血液循环，则一定要使用相关医疗卫生部门批准的物质。

（4）在早晨训练时，应当尽可能不要安排最大强度的速度练习。当肌肉产生疼痛或痉挛现象时，必须立即暂停当前正在运用的原有训练负荷。

（5）训练前做好预防措施是相当必要的，原因在于有很多因素会导致运动员出现运动损伤，具体包括训练方式单一、训练负荷超出运动员可承受范围、训练环境的气温偏低、运动员身体疲劳没有彻底消除、准备活动不够充分导致肌肉放松水平出现严重下滑等。

（6）在速度训练开始之前，不仅要将训练场地设施的安全隐患全部消除，同时还要选择透气性好、相对宽松的运动服以及合脚的鞋袜。

第二节　速度素质训练的作用及切入点

一、速度素质训练的作用

（1）提升速度水平与力量水平，尤其是在快速动作中发挥最大力量的能力。
（2）提升肌肉输出功率和大脑神经冲动控制动作的效率。
（3）提升人体运动感知以及空间定位能力。
（4）提升运动技术水平，减少动作反应时间。
（5）充分结合实际情况，实现对速度障碍的创造性突破。

二、速度素质训练的切入点

（一）人体重心位移速度

就人体重心位移速度来说，要想提升运动员的速度素质，可以加强以下几方面的训练。

1. 对信号的反应速度

对于短跑运动来说，就是训练运动员对起跑枪声的反应；对于网球运动来说，就是训练运动员对回击过来的网球的反应。

2. 加速能力

加速能力对利用地面移动来打击对手或必须在场地上快速到达指定地点并做完动作技术的项目有突出作用。

3. 达到最大速度的能力

运动员在保证技术动作切实可行的情况下，用最短时间做完指定技术动作的能力，就是达到最大速度的能力。这里所说的最大速度往往被理解成只是一个整体，但从本质上分析，则涉及人体各部分和整体处于协调统一的状态。

4. 保持最大速度的能力

保持最大速度的能力是指人体达到最大速度时，依旧要维持最大速度的能力。保持最大速度的能力在人体协调能力的范畴内，但不在人体耐力的范畴内。以短跑运动为例，当运动员利用降低跑速的策略来使比赛节奏处于平衡状态时，必然就无法维持最大跑速。

5. 速度耐力水平

不管是能源物质到达工作部位以及参与工作肌肉的效率，还是废物排出的效率，均会演变成肌肉利用高强度收缩以及高质量协同来保持人体最大速度的重要限制要素。

6. 突破速度障碍

运动员利用行之有效的训练方式来实现对速度障碍的突破。例如，速度素质训练中的"阻力训练法""助力训练法"、通过轻器械或增加比赛要求等训练方式，均对突破速度障碍有积极作用。

除此之外，提高神经系统灵活性、提高运动神经元兴奋性与协同性、重点学习肢体快速运动以及运动感觉的技术动作，均有助于有效突破速度障碍。通常情况下，神经系统灵活性差、运动神经元兴奋性差、运动神经元协同性差是出现速度障碍的主要原因。因此，在速度素质训练过程中，可以对此类和人体运动神经元系统存在联系的训练方式展开尝试性构建。以优秀短跑运动员为例，与提升运动员包括力量素质在内的其他运动素质相比，提升运动员的技术动作的协同性水平对提升运动成绩的积极影响更大。

（二）身体环节动作速度

分析身体环节动作速度可知，对于运动员的动作质量以及最终能否实现动作目的来说，人体不同类型的投掷动作、跳跃动作、打击动作以及踢腿动作能够发挥直接性影响。

1. 提高相关身体素质水平

和速度能力存在联系的身体素质，均为速度素质训练中的关键性辅助内容。具体来说，包括肌肉超等长快速收缩力量的发展、灵敏水平的发展、协调性水平的发展、反应力量的发展、速度力量的发展、弹性力量的发展、绝对最大力量的发展、相对最大力量的发展。

2. 快速平衡调节的能力

快速平衡调节的能力是指完成某个技术动作之后，衔接下个技术动作的快速平衡调节能力。不管运动员参与哪个运动项目，均需要具备快速平衡调节的能力。

3. 减小和增加动作阻力提高快速动作能力和专门力量

以投掷运动为例,在投掷练习中可使用重量较轻的器械来提升和发展器械出手速度。需要注意的是,严禁所用器械的负重太轻,原因在于器械重量太轻会增加运动损伤的危险指数且会破坏规范的技术动作模式,运动员可以使用比标准器械重量轻 5%～10% 的器械。除此之外,在相同训练单元中,运动员可在运用轻器械训练组次的情况下间隔完成标准重量器械的训练,在这种混合训练过程中,还能够逐步过渡到利用比标准器械更重的器械来参与专门力量训练。

4. 完整技术协调性训练

对于提升运动员速度能力来说,规范完成动作技术同样是一项关键条件。对于完整技术协调性训练来说,其是速度素质训练的一项辅助性训练方式。完整技术协调性训练,可以在运动员完成快速动作时,为其担负骨骼杠杆作用下产生的负荷,由此完成力量的产生、传递、转化过程。以掷标枪运动为例,随着运动员助跑速度的不断增大,其两腿需要承受的负荷刺激也会越来越大,在这种情况下,运动员务必全身心地投入到投掷阶段,而非是将注意力集中在因助跑产生的动量转换过程中。该阶段常见误区是运动员将太多注意力都投入到助跑过程中,最终造成助跑减速以及动能朝着弹性势能转化的损耗。

5. 根据运动员的技术水平来选择相应的动作速度模式

在选择具体的动作速度模式时,应当密切联系运动员的技术水平。需要注意的是,不要让运动速度水平对最基础的技术动作产生影响。

6. 根据项目需要选择适宜的练习

在设计与安排速度素质训练内容时,应当密切联系运动项目的实际需求。以田径运动中的跳跃运动为例,能够通过提升运动员的助跑速度或发展利用动能,来提升运动员的速度素质;还能够指导运动员学习起跳脚在最短时间内扒地起跳的新型动作模式,把能够利用的力量转变成起跳速度。

在速度素质训练的过程中,教练员可以利用部分训练方式,促使跳跃项目的运动员在速度能力方面大幅度提升,具体训练方式包括快速踏跳练习、快速助跑练习、利用下坡做助跑起跳练习等。

第三节　速度素质训练的科学控制

一、肌肉的基本生理特性与肌肉酸痛

在制定速度素质训练方案的过程中,必须全面掌握骨骼肌的基本生理特性。结缔组织、肌肉组织、神经、血管是每块骨骼肌的 4 个组成部分,同时每块骨骼肌都需要接受中枢神经系统神经冲动的控制。结缔组织、肌肉组织、神经、血管会通过彼此间的协调工作对骨骼产生牵动作用,从而使人们做完身体动作,实现人们想要达到的目标。肌肉组织和肌腱连在一起,肌腱无法完成收缩过程,肌腱仅仅充当着肌肉和骨骼间的连接部分,促使肌肉产生的拉力对骨骼产生作用。每块骨骼肌上面均分布着很多纵向排列的肌

纤维，纵向排列的肌纤维内部都有具备收缩功能的两类蛋白质成分，在这两类蛋白质成分的彼此牵拉下会出现肌肉收缩。随着中枢神经系统神经冲动的不断支配，蛋白质成分间会不间断地进行牵拉与放松，最终在肌肉收缩的作用下完成相关动作。

肌肉牵张-收缩周期就是肌肉自被拉长到发生收缩的时间过程，该过程和两手用最短时间拉长皮筋，然后瞬间松开手后的结果比较相似。肌肉在收缩前会被拉长，瞬间收缩时出现的力量输出后大幅度增加，所以这是速度素质训练过程中必须关注的一项问题。倘若在肌肉收缩前不存在被拉长的过程，或者被拉长之后停顿时间比较长，则由收缩产生的力量将会大幅度减少。速度素质训练在提高肌肉牵张收缩周期中可以发挥突出的动作效果。

在完成速度练习的过程后，特别是在练习结束后的24～36小时，往往会产生肌肉酸痛的感觉，原因是肌肉牵拉阶段肌肉内部微细损伤导致的，推动肌肉慢慢适应训练负荷是延缓肌肉内部微细损伤发展的唯一途径。因此，必须在相应练习的中间进行充分恢复，同时还需要在很多周内不间断地重复相同练习。因为速度素质练习中有很多通过肌肉牵张-收缩周期出现增力效应的练习，因此一周之内运动员速度素质训练不可以多于两次，同时每周速度训练课之间的间隔时间应当是2～3天。

二、速度素质训练的负荷控制

（一）速度素质训练的强度

速度素质训练采取的运动强度应当多元化，应当结合每位运动员的实际训练水平以及身体状况，来有针对性地安排训练强度。对于强度较低的速度训练内容，可以将其安排在学习技术动作的活动中或准备活动中，同时无须专门准备。为达到预期训练效果并保证安全，高强度速度素质训练内容往往要有比较充足的准备过程，尤其是对参训运动员的专项技术水平与力量素质两方面有较高要求。

通常情况下，在运动项目的训练初期，发展人体速度能力的训练负荷强度大约是最大强度的75%。在训练强度较高且时间受限定的情况下，有利于运动员掌握技术动作速度节奏的调节措施和保持措施，由此循序渐进地将运动强度逐步提升到100%，但依旧需要运动员不断挑战之前的速度限制。在运动员注意力集中情况和身体能量供应情况的双重限制下，导致运动员在更高强度下完成技术练习的难度不断增加。因此，教练员在指导运动员完成技术学习的过程中，能够选用高原训练、弹力绳牵引训练以及减轻器械重量等方式。

在运动员提升技术动作的速度之前，一定要先熟练掌握技术动作，训练内容的具体顺序如下。

（1）利用一般训练，促使运动员完整的基本运动技术得到有效发展。

（2）实现运动员完整的基本运动技术得到大幅度发展。

（3）利用专项训练，促使运动员细致烦琐的运动技术得到发展。

（4）使运动员完成技术动作的速度能力获得发展与提升。

对于运动技术学习而言，最佳方式是在较低动作速度下完成并使其逐渐稳定。但是自训练开始以后，就应当引导运动员利用训练强度的提升来促使运动技术处于稳定状态，这对速度比较低的情况下有效掌握运动技术并逐渐发展到最大速度的过程十分必要。以短跑运动为例，运动员参与训练往往跑75米，在前40米会将注意力集中在跑的具体动作上，在后35米会将注意力集中在跑的速度上。除此之外，站在短跑训练技术的视角来分析，一般会先加速跑25米，在后50米往往会慢慢提高速度直至达到最高速度。由此可知，在整个训练过程中，应将技术动作所有环节的时间限制作为首要考虑的因素，在此基础上再考虑提升步速，随后结合运动员的实际水平选取最适宜的步速，由此促使运动员的速度水平达到预期目标，这对竞争对手形成一定挑战。

要想使神经系统兴奋状态处于最佳状态，速度素质训练过程中尽可能不要出现过于明显的疲劳，所以安排运动员完成专门的准备活动是尤为必要的，同时应将耐力素质训练与力量素质训练安排在速度素质训练之后。

（二）速度素质训练的负荷量

分析可知，负荷的量与负荷的强度之间有对应关系。倘若运动员负荷强度已经达到最大限度，则负荷的量将难以达到最大。除此之外，当运动员可以和新的速度水平完全适应，同时逐渐呈现出稳定状态时，则在技术练习过程中应当再逐步提升负荷的强度。教练员或教师在安排训练负荷量时，应当达到以下几方面要求。

1. 较少重复次数，较多组次和高强度

在实施技术动作重复性训练的过程中，在制定具体的负荷强度与负荷量时，一定要保证所有学习环节的动作完成速度都达到最高，同时要合理安排休息时间，进而保证运动员巩固与强化训练在大脑中神经肌肉刺激痕迹的时间相对充裕。由此可知，最佳训练策略是组内的重复次数较少、组次较多、训练强度最高。

2. 用运动员达到最大跑速的最短距离发展加速能力

以短跑运动为例，一般情况下会选择运动员达到最大跑速的最短距离来促使运动员加速能力得到大幅度提升。就绝大部分运动员而言，该距离大约是30～40米。但是，对于篮球运动、足球运动以及网球运动来说，由于运动项目具体特征的限制，运动员不得不在5～10米的加速距离内达到最大速度，同时在完成爆发式加速的过程中，可以选取并完成高精度的技术动作。

3. 能够通过助力来达到最高速度，从而减轻疲劳的作用

在发展最大速度的训练过程中，运动员加速到最大速度的过程中出现的疲劳是制约产生最佳训练效果的一项重要因素。以跳远运动为例，运动员不得不用最高速度完成助跑过程，同时让步速由静止状态逐步提升到要求的速度水平，整个过程中出现疲劳的可能性很大。为有效避免疲劳产生的负面作用，在训练过程中，部分运动员选择较长加速距离的旋转加速或通过下坡助跑等策略。换句话说，运动员在发展自身最大速度时可以选择10～30米的距离，需要注意的是一定要进行40～60米助跑方可顺利完成项目的具体任务。

4. 全面掌握运动员维持最大速度距离的最佳水平

积极开展切实有效的测试，可以准确掌握运动员维持最大速度距离的最佳水平。毋

庸置疑，促使运动员达到个人最大速度是首要问题。例如，作为全世界范围内的高水平短跑运动员，刘易斯可以维持20米的最大跑速。人体所有部分间的协调配合和注意力集中程度，充当着维持该段距离的重要角色。通常来说，倘若不存在高原场地以及顺风的推动作用，则该段距离将难以达到或超过30米，至于超过25~40米距离范围也是不可能的。

5．采用适宜的练习距离

对于短跑运动而言，绝大部分运动员达到自身最大速度的时间只有5~6秒。针对这种情况，要想使运动员自初加速度开始达到自身最大速度的能力得到有效发展，训练过程中最好选用50~60米的练习距离。

（三）速度素质训练的练习密度

对于用最大跑速完成两个跑次中间的恢复时间，不但要保证运动员身体的工作能力彻底恢复，而且该时间段一定要尽可能地短，只有这样才能使神经系统兴奋性以及体温保持在最佳状态。当运动员参训环境中气候相对温暖时，用最大跑速完成两个跑次间的时间间隔大约是4~6分钟，但4~6分钟间隔时间对冬季参与速度素质训练的部分运动员是不适宜的。

要想使所有跑次的训练效果均达到最佳理想目标，必须保障所有跑次之间的恢复时间比较适宜，同时完成所有跑次前一定要做适当的准备活动。每个训练单元中应当由2~3组组成，每组应当由3~4个跑次组成。

（四）速度素质训练单元

虽然运动员个体间差异是难以避免的，但所有训练单元中总跑量必须在6~12个跑次之间，任何周训练小周期内的训练单元数量在全年训练中应当处于不断变化的状态，将运动项目之间的不同之处抛开，年训练周期中第一阶段的所有周训练小周期中的训练单元应当最少有1个训练单元，第二阶段和第三阶段的所有周训练小周期中分别应有2~3个训练单元和2~4个训练单元。以耐力性运动项目为例，在速度性训练过程中，不但要用最大速度到比赛速度的强度来安排速度性训练，而且分配训练单元过程中必须将比赛距离、年度训练阶段、运动员个体特征作为重要依据。

三、速度素质训练的阶段划分

运动员为更好地准备与迎接比赛，以特定周期作为重要依据，有序组织训练强度、负荷强度以及负荷量，由此达到最佳竞技状态的计划过程与完成过程，就是速度素质训练的阶段划分。运动员速度训练成效的具体意义是：一方面，对年度训练过程中的专门准备期以及比赛期具有深远意义；另一方面，是运动员达到理想运动成绩的一项关键条件。这里重点对速度素质训练的年度训练周期展开详细阐述。以训练目标为依据，可以将年度训练周期划分成3个训练阶段，3个训练阶段主要目标分别是：第一阶段是增加训练负荷量，第二阶段是增加训练负荷强度，第三阶段是大幅度提升比赛成绩并使其处于稳定状态，第一阶段主要是为第二阶段打下良好基础。

（一）第一阶段（准备期）

第一阶段重要目标是有效发展运动员的有氧耐力、弹性力量、灵活性、技术动作效率。通常情况下，会选择一般训练与专门训练相结合的训练方式。例如，一般训练包括游戏和法特莱克跑，专门训练包括技术练习以及跳跃练习。在技术练习过程中，练习强度应当处于变化状态，但训练全过程运动员都要维持放松并使节奏处于稳定状态。倘若运动员提升力量与步频的过程中对技术稳定性产生影响，则需要适当降低训练强度，从而更好地适应运动员的技术水平。在技术训练过程中，运动员需要将绝大部分注意力集中到运动过程，并非只集中在怎样发出更大力量上，此外也需要完成部分加速练习。

（二）第二阶段（适应期）

在第二阶段，训练过程中应适度增加专门性手段，进而使运动员的速度、速度耐力、弹性力量能力得到发展。当对运动员速度发展的很多因素产生作用时，则需要适当安排最大强度训练，具体有完整的准备活动和整理活动，在准备活动中也需要安排某些专门的灵活性。

（三）第三阶段（比赛期）

在第三阶段制定比赛密度时，一定要和运动员个体特征相适应，并且该阶段还包括弹性力量的积极恢复和低强度训练手段。除此之外，第三阶段每个周训练小周期中应当有2～4个训练单元安排最大强度的速度练习。

四、速度素质训练与耐力发展

采用最佳负荷的有氧耐力训练，不但有利于发展运动员必须具备的比赛专门速度耐力，而且对提升运动员有氧能力以及慢肌纤维糖原含量有积极作用。除此之外，该训练不仅能有效提升运动员速度耐力水平，同时有助于提升次最大负荷与最大负荷强度训练结束后的恢复水平。由此可知，在最大或接近最大强度的速度素质训练过程，能够安排某些重复次数的练习。运动员有氧耐力基础比较扎实以后，教练员一定要组织学生参与和比赛条件相似的比赛负荷专门练习。整体分析可知，发展比赛专门速度耐力的训练方式如下。

（1）次最大强度或接近最大强度的重复跑。对于接近最大强度的训练来说，两个跑次间需要安排相对充足的恢复时间，进而促使训练质量达到预期目标。对于次最大强度训练来说，两个跑次间则需要安排相对较短的间歇时间。通常情况下，建议两个跑次间的间歇时间是2～4分钟，每组内的跑次是2～4次，切记不要在每组安排太多跑次，这样才能保障训练质量。组间间歇时间应当在10～15分钟，但对于选择积极手段的训练，所需恢复时间应当是该时长的一半。

（2）选择最大强度的负荷或接近最大强度的负荷，完成大约是比赛距离2/3～2倍之间的训练。

（3）选择最大速度的训练负荷参与训练，或选择大于比赛距离 10%～20%的训练负荷参与训练。

（4）选择节奏和强度处于变化状态的变速跑训练，具体可选择 50 米加速跑等。

（5）维持最大步幅的 30～60 米短距离跑，安排重复次数比较多的短跑训练。

（6）比赛练习。对于年度训练周期的第二阶段，周训练小周期需要安排 2～3 个训练单元。但需要说明的是，倘若以比赛密度作为重要依据来安排耐力训练，则年度训练第二阶段周训练小周期中安排 1～2 个训练单元即可。

教练员和运动员一定要全面认识制约训练的耐力因素。例如，高水平网球运动员的 5 盘比赛往往会大于 5 小时；撑竿跳高运动的比赛时间会大于 6 小时；投掷运动资格赛大约会持续 60 分钟，由于运动员试掷失败导致试掷间的间歇时间太短，同时造成资格赛与决赛在同一天的选手需要完成 9 次最大强度的试掷；拳击比赛会进行 75 分钟等。这些运动项目中的因素，均表明不管是哪类运动项目的运动员都需要具有较高的速度耐力与力量耐力。在身体环节动作速度训练过程中，发展运动员耐力素质可以通过很多种途径来解决。

对于田径运动投掷项目训练而言，运动员能够选择标准器械快速连续投掷练习、实心球或轻器械的快速连续投掷练习、55～60 分钟的特定形式投掷练习。除此之外，运动员还能够在投掷练习结束后完成径赛训练、30 秒内重复次数最多的投掷模仿练习等。对于田径运动跳跃项目训练而言，运动员能够选择助跑距离比较短的快速连续跳跃练习、快速连续跨步跳、超过 30 米的快速单脚练习、超过 400 米的跳跃循环练习、15～60 分钟一种形式的跳跃练习、通过绳子与杠铃等完成的快速灵敏性练习、使用撑竿完成的模仿练习。

对于其他运动而言，运动员能够选择快速连续的网球击球练习、快速连续的壁球击球练习、篮球运动训练过程中防守的连续突破练习、不同球类运动中没有防守的持续练习、高原环境下的高速持续练习、正常训练过程中制定具体要求的持续速度练习等。

五、速度素质训练的注意事项

（一）保证训练安全

在速度素质训练的全过程中，训练前必须认真完成准备活动，训练结束后必须安排充足的休息时间以及身体恢复时间。运动员参与速度练习的过程中，倘若发出的力量、动作幅度、动作频率等均比最大限度大出很多，则会导致运动员需要承受很大的受伤危险性。

在速度练习过程中，运动员肌肉、肌腱、韧带都需要承受较大负荷，所以会增加发生运动损伤的可能性。发生运动损伤的主要原因包括运动负荷过大、训练方式单一化、当训练环境的气温较低或运动员产生运动疲劳后没有科学调整运动负荷、速度素质训练过程中准备活动不充分导致肌肉放松能力降低等。因此，对于所有形式的速度素质训练而言，比赛或训练尚未开始前均需要用心完成专门的准备活动，另外不要将最大强度的速度素质训练安排在早晨的训练中。倘若运动员感觉肌肉疼痛或肌肉痉挛等，则需要立即停止训练的原有负荷。如果速度素质训练环境的气温比较低，则需要适当添加服装。

（二）速度能力与其他身体能力协同发展

要想达到预期运动成绩，运动员和教练员必须对整个身体或部分关节的运动速度予以高度重视。运动项目需要达到的最佳运动速度往往是各个关节配合发力的最终结果，但速度发展和力量发展并非是同步的。对于速度素质发挥关键作用的运动项目来说，尽早组织运动员参与技术动作的速度训练是十分必要的，但并不要求训练完全按照基本的技术模式来开展。对于某些运动项目而言，速度素质训练和体能训练之间存在不可割舍的关系，原因在于速度和力量、耐力、灵活性都存在密切关系。与此同时，速度素质训练有可能和复杂的技术训练之间存在密切联系，原因在于速度素质训练必须结合项目专门要求来做出合理安排，另外运动项目中需要参与的相关力量、相关耐力以及相关灵活性，以及项目要求的最佳速度（最大速度）以及关节运动速度变化间的协调配合程度不同，这些专门要求同样会出现相应变化。

（三）从练习者的实际情况出发

在安排速度素质训练内容时，必须将运动员训练水平、身体状态能够接受的程度考虑进来，速度练习之前要求运动员的疲劳彻底消除。运动员要保证技术动作的科学性和有效性，衔接训练内容时必须遵循循序渐进原则。

一般情况下，人体生长发育水平对速度素质的发展具有明显的制约作用。例如，7～13 岁年龄段是人体速度素质的快速增长阶段，该阶段少年儿童会在神经系统功能以及协调能力两方面大幅度发展。常见做法是：在 13 岁之前，将注意力主要集中在提升单个动作速度和练习跑的步频上；在 13 岁之后，在已经掌握单个动作速度的实用技巧和跑的步频的情况下，通过提高速度力量与肌肉最大力量来使步长得到有效提高，最终使身体位移速度得到有效发展。

（四）学会放松地完成动作

在速度素质训练过程中，应当对具体练习要求予以高度重视。例如，当运动员到达最高速度之后，在完成高速动作时要尝试处于放松状态，同时尽全力通过大幅度动作来做完相关练习。

（五）注意预防和正确消除"速度障碍"

当运动员速度素质到达特定水平之后，提高速度较慢乃至停止的情况比较常见，这种情况被称为"速度障碍"。要想有效避免"速度障碍"的发生，需要从 3 个方面做起：首先，运动员要对基本技术做到熟练掌握，促使自身身体素质水平得到均衡发展；其次，教练员要采用多元化的训练方式，引导运动员采取多种节奏与频率来做完相应动作；最后，运动员要增加助力或战胜更小阻力，进而顺利做完技术动作，对长时间形成的运动作用力以及速度结构进行进一步突破与加快。

（六）速度素质训练需要结合专项技术动作要求进行

相关研究表明，就速度类练习而言，对速度练习之外动作速度发展的迁移成效不是很明显，换句话说就是速度练习更多地局限在诱发练习动作本身的速度水平。针对这种情况，速度素质训练必须和专项技术动作的具体要求结合起来，保证训练过程中的专门性训练效果较高。

第四节　速度素质训练的方法与手段

一、速度素质训练的方法

（一）反应速度训练方法

一般情况下，反应速度训练主要包括简单反应训练和复杂反应训练两个阶段。

简单反应训练是第一阶段，主要任务是通过已经熟悉或掌握的动作，来准确回答事先已经知道但突然出现的信号。在简单反应速度中能够发现转移现象，即如果人们对部分事物做出的反应比较快，则对另外一部分事物同样会有较快反应。不同类型的位移速度与动作速度能够循序渐进地提升简单反应速度，但简单反应速度对发展动作速度和发展位移速度不产生任何作用，原因在于反应速度、动作速度、位移速度三者间的转移是难以逆转的。简单反应速度和心理素质练习之间有十分紧密的联系。在运动过程中，运动员对小于 0.1 秒的细微时间间隙的感觉越精细，则准确辨别此类时间差的水平就越高，则将准确时间差的感觉转移到反应速度上的难度就越小。分析运动员简单反应速度的提升可知，通常其对信号做出应答反应的动作的熟练程度是决定性因素。具体原因是在运动员动作熟练的情况下，当信号出现的瞬间，运动员中枢神经往往不需要再花很多时间来沟通和运动器官间的反射联系。

复杂反应训练是第二阶段，具体是指对瞬间运动变化或瞬间动作变化做出对应动作的回答。例如，球类运动和部分一对一对抗项目中，均存在极为激烈的竞争与对抗，应急而变换动作的情景时有发生，所以运动员在复杂反应速度上必须达到较高要求。在运动过程中，绝大多数复杂动作反应是"选择"反应。选择反应包括对移动目标的反应和选择动作的反应。具体来说，对移动目标的反应是指对运动客体变化做出反应；选择动作的反应是指将对手动作变化作为依据来做出对应动作反应。简单反应训练和复杂反应训练的训练手段如下。

1. 简单反应训练

相关研究证实，在视觉-动作反应时间方面，普通人在 0.2～0.35 秒，运动员在 0.15～0.2 秒。对于没有参与简单反应速度专项训练的练习者而言，通过参与一般速度练习或不同形式游戏活动以及球类练习或对抗性练习等，同样能够使简单动作反应速度得到有效发展，同时最终能够获得理想效果。倘若将专项运动要求的简单动作反应速度提升到某种程度或比较高的水平，则必须选择专门的练习方式。有效发展运动员简单动作反应速度的途径包括以下几种。

（1）重复训练法。具体来说，重复训练法是指应对突然发出的信号，用最短时间做出应答反应，从而使练习者动作反应能力得到大幅度提升。除此之外，也能够以瞬间信号（听觉、视觉）作为重要依据，来对动作或运动方向进行变换；针对对手不同类型动作做出事先设定好的反应动作。

（2）变换训练法。以动作强度与详细时间变化的信号刺激作为重要依据，大幅度革新练习形式与环境，从而使简单动作反应速度得到有效提升，即变换训练法。应用变换训练法也能够把专门心理素质练习作为辅助手段，从而使简单动作反应速度的练习得到根本发展。科学运用变换训练法，有助于练习者逐步适应不断变化的环境，促使制约完成简单动作反应的多余紧张得到有效消除，有效防止兴奋的大范围扩散。

（3）分解训练法。通过对反应的动作做出分解回答，推动其处在完成难度较小的条件下，在提高分解动作速度的情况下促使反应的速度得到大幅度提升。以蹲踞式起跑为例，其反应时间应当比站立式起跑时间长，原因在于练习者手臂需要支撑的重量相对较大，在较短时间内离开地面的难度较大。因此，练习过程中可以先练习对起跑信号的反应速度，随后再单独练习第一个动作的速度。

（4）运动感觉法。有机结合运动实践和心理素质训练的方法，即运动感觉法。运动感觉法练习大体包括3个阶段：第一阶段是练习者接收到信号之后，用最快速度应对信号做出应答反应，同时取得实际时间，从而对练习者应答反应能力的提升发挥积极作用；第二阶段是指导练习者独立判断反应时间，同时和实际时间做出比较，从而使练习者时间感觉水平得到大幅度提升；第三阶段是指导练习者根据事先规定时间来做完特定反应的练习，从而使练习者时间判断能力得到有效发展。除此之外，运动心理练习同样属于提升练习者简单动作反应速度的一项措施，如采取适宜动作、应对等待信号的时间判断等，均对提升反应速度有积极作用。

2. 复杂反应速度训练方法

对于练习者的运动技术与战术练习来说，培养运动员复杂反应速度是重要部分之一，在球类运动中体现得尤为显著。在提高练习者复杂动作反应的方法中，在练习过程中模拟实战演练或整体竞赛活动、参与测验与比赛是最常见且最可行的方法。原因在于对方出现的变化在激烈的竞争中方可呈现出来，自身选取的反应动作有无效果尽可以在实战应用中得到验证。发展复杂反应速度的练习手段具体如下。

（1）移动目标的训练。针对移动目标产生应答反应，同时做出选择反应，就是移动目标训练。在运动过程中，针对正在移动的目标做出应答反应往往要经历4个阶段：第一阶段，看到目标移动或听到具体信号；第二阶段，对目标移动速度以及目标移动方向做出判断；第三阶段，挑选出合理的应答动作方案；第四阶段，实现动作的方案。这4个阶段共同构成了运动条件反射的潜伏期。对于快速移动目标练习方法，能够选择培养"预料"能力，简而言之就是培养练习者在视野中事先"观察"与"盯住"正在运动的物体，和事先对该物体有可能移动的方向以及作为进行预测和确定的能力。在练习者练习技术动作以及战术动作的过程中，只有对该项能力进行持续强化练习，才有可能出现一定幅度的提升。此外，专门添加外部刺激因素同样是一种有效方式。

（2）选择性反应能力的训练。在同伴突然做出动作或对手突然做出动作的情况下，用最短时间选择并做出应答性动作的练习，就是选择性反应能力的训练。要想实现该目标，一定要在有效提升复杂动作反应速度的过程中，促使技术动作大幅度提升，有效培养练习者的协调水平。练习者选择性反应能力的形成过程，往往是伴随运动技能熟练化与自动化、动作技术常规反应以及快速反应的练习而慢慢提升的。

（3）选择性的训练。练习者跟随不同形式信号的具体变化，做出对应应答动作或逆反应答动作，就是选择性的训练，例如，在练习过程中，当同伴发出向左转的口令时，则练习者向右转。选择性训练的动作简便且完成难度较小，但练习者必须使注意力高度集中，同时要有效加快反应。

综上所述，发展复杂反应速度练习必须要持有较强的目的性，尽可能指导练习者多次模拟运动过程中容易产生的复杂反应条件以及相似形式，在重复适应的情况下，大幅度缩短反应时间。因为运动过程中复杂反应速度的转移范围比较大，所以练习形式可以多元化。

（二）动作速度训练方法

提升动作速度的练习手段包含许多，结合运动项目的实际需求，这里主要对几种切实可行的训练法进行解析。

1. 减少阻力训练法

减少外界自然条件阻力以及人体自身体重阻力的练习，就是减少阻力训练法。减少阻力训练法具体包括结合风力情况来顺风骑车、顺风游泳、顺风跑等，这些方法对练习者提升高速运动感觉能力具有积极作用。对于战胜练习者体重的练习来说，能够发挥助力作用从而减轻身体重量，对练习者顺利完成技术动作的动作速度产生促进作用。以体操运动为例，可以借助动作外部助力或保护带的辅助作用。但需要说明的是，在助力和帮助的过程中，必须有效调控助力、帮助时机以及用力大小，从而对练习者实现动作速度目标发挥积极作用。

2. 加速度训练法

在速度素质训练过程中，加速度并非仅仅指物体在运动速度方面的变化，也指物体在运动方向方面的变化。为有效提升练习者的运动速度以及动作速度，某些项目已经将加速阶段练习设定成主要练习内容，同时还将其设定为发展速度的关键性练习方式。

3. 负重物训练法

因为运动过程中动作速度和力量水平之间存在十分重要的关系，所以要想使练习者动作速度得到有效发展一定要和发展力量有机结合起来。一般情况下，通过举重物完成专门性动作速度练习的过程中，重物实际重量应当比培养单纯力量与速度力量要轻些。要想使速度力量以及速度在相同时间发挥作用，练习过程中可以结合负重的专门练习与不负重的专门练习。需要说明的是，部分比赛的专项动作不需要另外增加重物，即一种专项力量与速度在相同时间出现的动作形式。由此可知，把专项动作本身当成练习方式时，往往是不负重的，原因是如此能够有机结合专项力量与动作速度，有助于练习者在体育比赛中更好地表现出动作速度。

4. 巩固技术训练法

在体能训练过程中，已经掌握的运动技术是提升练习者动作速度的决定性因素。原因在于练习者动作速度受动作幅度、工作距离、运动方向、工作时间、动作路线、动作角度、动作用力等情况的影响。因此，练习者在使用已经巩固以及能够灵活应用的动作完成具体动作时，可以对这些因素投入较少的注意力，把主要注意力集中在完成动作的速度方面，从而更好地发挥动作水平。

5. 体育游戏训练

体育游戏训练作为一种游戏方法，具有提高身体素质、陶冶情操、愉悦身心的功能。在日常练习的条件下，速度练习的时间比较有限，促使练习者身体呈现出最大限度的速度并非易事，采用体育游戏能够充分调动练习者的热情，并且体育游戏可以造成不同动作的变化，使得呈现出最大速度的可能性得到大幅度增加。

（三）移动速度训练方法

从某个角度展开分析，移动速度就是一种综合运动能力的具体反映。练习者的力量、速度耐力、协调性、柔韧性都和移动速度存在密切联系。发展移动速度的措施具体如下。

1. 发展力量训练法

发展力量是练习移动速度的一项基本途径。力量训练目标是有效提升练习者速度素质，终极目标是将练习者已经具备的力量素质与速度素质应用到提升移动速度方面。通常情况下，在力量练习过程中需要达到以下几方面的要求。

（1）力量练习必须促使练习者力量素质获得均衡发展。

（2）在力量练习过程中，练习者需要用较快速度重复一定负重的练习，从而取得速度力量储备，从而实现提升移动速度的目标。

（3）在力量练习过程中，应当使练习者避免运动损伤与自我保护的能力得到提升，同时力量练习必须保证科学性和安全性。

（4）对于发展基本力量的练习，建议选择40%~60%的适中强度，以此完成快速的重复（负重）练习，有效增加肌肉力量以及肌肉横断面。此外，极限负荷练习和次极限负荷练习同样可以有效发展移动速度。

（5）在力量练习过程中，应当着重发展练习者的速度力量，通常会选择超等长的力量练习，具体包括立定跳远和深蹲跳等。

2. 重复训练法

对于移动速度训练来说，重复训练法同样是一项有效措施。重复训练法具体是指多次重复一定距离的练习。在移动速度训练过程中，运用重复训练法需要注意以下几点。

（1）练习强度要适度。达到身体健康是速度素质训练的最本质目标，所以练习过程中必须有效把握训练强度。练习强度不仅是练习负荷的主导因素，同时也是提升快速移动能力的一项可行性策略。对于移动速度练习，仅需要把握在提高身体素质的范围内，只要不强制挑战身体极限就可以。在练习过程中，练习强度不是固定不变的，练习者需要有节奏、科学变换练习强度，这样不但有助于力量速度的提升，而且对练习者轻松完成动作有积极作用，能够防止练习者动作速度始终维持在某个阶段。相反，如果只采用很高的练习强度，或者完成极限练习和接近极限练习的次数较多，均对提高练习者速度素质具有负面作用，同时会增加出现速度障碍的可能性，导致练习者绝对速度难以发生变化。

（2）练习持续时间。移动速度练习时间和其余练习要素应当保持统一，练习的刺激持续时间需要符合最佳化要求，通常来说，最低持续时间是指自起动到加快再到最高速度需要的时间。倘若持续时间比较短，且没有达到最高速度，则练习价值只体现在对加速度过程的改善作用，无法获得最佳速度效果。相关研究表明，速度练习持续时间的主要依据是运动项目实际情况以及练习者实际情况。倘若练习者产生疲劳，同时运动能力呈现出下滑趋势，无法使最大速度一直保持着，则需要停止练习或者通过休息来调整。

（3）重复练习的次数和组数。和耐力素质训练进行比较，移动速度练习消耗总能量比较低，然而单位时间内消耗能量比其余练习形式要高出很多，这是导致练习者在练习过程中容易产生疲劳的主要原因。因此，移动速度练习应当安排较少的重复次数，不然将会对练习者身体健康产生负面影响，某些情况下还会造成运动损伤。为增加练习时间内的效率，教练员要适度增加练习组数，由此保证练习整体时数比较充足。

（4）练习的间歇时间。在整个运动过程中，安排间歇时间应当遵循练习者身体基本实现完全恢复状态的原则。换句话说，可以保证练习者下次练习刚刚开始后中枢神经系统就已经再度兴奋，机体功能通过变化达到中和状态，从而能够对每次练习的物质供能进行充分适应。倘若教练员预留的间歇时间比较短，练习者机体产生的疲劳难以得到休整和恢复，则会导致练习功效出现变化，从而使每次练习强度呈现出下降趋势，对运动员移动速度水平的正常发展造成负面影响。一般情况下，教练员在安排间歇时间时，会综合考虑练习者的练习强度、身体情况以及练习持续时间等因素。当练习持续时间越来越短时，休息时间也会随之缩短。

3. 综合性训练法

分析综合性训练法可知，其不但是移动素质练习方法中的一种，而且是很多练习方法有机结合后的运用。训练练习法与组合练习法是相对常见的综合性训练法。综合性训练法不但能有效完善练习的整体效能，而且能对练习负荷和休息进行自如调整，可以循序渐进地提升练习者的技术动作、运动素质以及速度水平。运用综合性训练法时，采用程序具体如下。

（1）肌肉建设性练习。肌肉建设性练习往往采取40%～60%较低强度练习，同时会安排较多的重复次数，推动肌肉力量与肌肉横截面日益增加。

（2）肌肉内协调性练习。肌肉内协调性练习的主要目标是：练习者通过肌肉用力，来动员尽可能多的肌纤维，并且完成强力收缩过程。

（3）"金字塔式"练习法。具体来说，将肌肉建设性练习和肌肉内协调性练习同时兼顾的练习就是"金字塔式"练习法。

（4）柔韧素质练习。在增加练习者运动速度的诸多方法中，柔韧素质练习是一项有效措施。原因在于练习者柔韧性提升之后，能够使力的时间和范围得以增加，进而推动运动速度的增加，有效优化肌肉协调性，促使肌肉阻力减少、肌肉合力有效增加。由此可知，运动员经常做提升髋关节柔韧性的练习有助于提升移动速度，具体有转髋走练习、体前屈练习等。

（5）改进技术动作发展移动速度。分析练习者技术动作完善措施可知，提高移动速度是一项决定性因素。例如，技术动作的幅度、半径、工作距离、运动时间均和移动速度快慢存在密切联系。练习者要想有效发挥自身速度水平，必须掌握切实可行的技术动作，轻松完成各项动作，使多余的肌肉紧张得到彻底消失。

4. 发展步频、步长训练法

一般情况下，步长与步频是制约跑动过程中移动速度的重要因素。运动员要想有效提高移动速度，必须在跑动过程中把高频率与大步幅融合在里面。与此同时，力量协调性是对练习者步长与步频都有影响的因素。具体来说，肌纤维类型、神经系统灵活性是影响步频的因素，柔韧性、后蹬技术、腿长是影响步长的因素。需要重点说明的是，经过长期的规范性练习，能够使练习者的柔韧性与后蹬技术得到有效改善，但遗传因素是决定练习者腿长、肌纤维类型、神经系统灵活性的重要因素。

二、速度素质训练的手段

（一）反应速度的训练手段

1. 两人拍击

两名练习者面向开立，当接收到开始口令之后，通过各种途径达到拍击对方背部的目的，同时要保证自己没有被对方击中。在事先规定的时间内（每次大约1分钟），拍击对手次数最多的练习者是胜利者。训练目标是促使练习者反应动作速度以及上体动作灵活程度得到有效提高。用最短时间做完相关动作是训练要求。

2. 反应起跳

练习者紧紧围绕圆圈朝圈内方向站立，圈内大约站1～2人，站立圆心周边的练习者手拿长度超过圆圈半径的树枝或竹竿。当游戏开始之后，持竿的练习者使竹竿绕过站圈人脚下来划圆，当竿经过脚下时对应练习者应当马上起跳，不要让竿打在脚上，否则将视为失败，失败者要和圈内持竿者交换位置，使后者训练。反应起跳训练目标是推动练习者反应动作速度得到有效提高，训练要求是用最短时间灵敏完成相关动作，此外持竿练习者需要突变划圈方向。

3. 贴人游戏

练习者由多人组成，每两名练习者前后站立并面朝圈内站立围成圆圈，左右间隔距离是2米。两名练习者在圆圈外顺着圆圈跑动追逐，当被追的练习者站在某两人前面站立时，后面第三个人随即成为逃跑者，追赶练习者开始追第三个人，倘若被追上则视为失败。贴人游戏训练目标是促使练习者反应动作速度以及灵敏性得到有效发展，训练要求是用最短时间灵敏完成相关动作。

4. 追逐游戏

两队练习者在间隔距离2米的位置站立，在此之前将两队规定成单数队与双数队。当两队练习者接收到教练员的单数口令或双数口令后，按照教练员叫单数、单数队跑或追的规定，一队负责跑、一队负责追。在15～20米距离内追上是胜利者，没有追上是失败者。追逐游戏训练目标是促使练习者反应动作速度与灵敏性得到有效改善，训练要求是用最短时间完成相关动作。

(二）动作速度训练手段

动作速度训练手段主要包括上肢和躯干练习、腰、髋部和下肢练习、全身配合练习，具体如下。

1. 上肢和躯干练习

（1）俯卧撑起击掌练习者用两只手和两只脚来支撑地面，整个身体成一条线。朝身体下方弯曲肘部，随后在最短时间内支撑身体并完成击掌动作，然后恢复成开始姿势重复练习。训练目标是促使练习者上臂后部以及肩部肌肉群动作速度以及爆发力得到有效提高。训练要求是尽可能缩短完成动作的时间，通过下降肘部来达到下降身体的目标，整个身体尽可能伸展，使身体处于平衡状态。

（2）快速滑动俯卧撑。利用腰、髋部把球固定好，两臂支撑地面朝前方行进。身体在球上朝前方移动并形成俯卧撑姿势，小腿前面的部分在球上发挥支撑作用。完成一个俯卧撑动作，随后通过手"走路"退回至开始姿势，反复完成该项练习。训练目标是促使练习者胸部肌肉群速度力量、肩部肌肉群速度力量、身体支撑能力、身体稳定能力得到有效提高。

（3）快速传接实心球。和同伴面对面站立，使膝盖微微弯曲，两名练习者之间的间隔距离是 3～4 米。练习者两手在胸前位置持实心球，反复完成传接练习。训练目标是促使练习者肩部、臂部、胸部的肌肉群速度力量以及爆发力得到有效提高。训练要求是练习者接球时必须保证两臂伸直。

2. 腰、髋部和下肢练习

（1）立定跳远。练习者朝向沙坑或垫子，两脚做开立动作，开立距离约同肩宽，两臂朝上方举起，同时使身体处于伸展状态。下蹲之后两腿用最短时间完成蹬伸动作，朝前上方位置跳起，同时两脚落地。训练目标是促使练习者下肢动作速度以及爆发力量得到有效提高。训练要求是起跳时身体要尽可能伸展，腾空时要做到收腹和曲腿，两脚落地间距和起跳间距一样。

（2）直膝跳深。准备 8～10 个 20～30 厘米低跳箱，每个低跳箱之间大约间隔 50 厘米，同时按照顺序进行横向排列。练习者在保证膝盖伸直的情况下，从跳箱上跳下，随后快速跳到下个跳箱，不间断地进行练习。训练目标是促使练习者的踝关节动作速度、反应力量、紧张程度得到大幅度提升。训练要求是尽可能通过踝关节在最短时间内完成动作，努力减少接触地面的时间。

（3）连续蛙跳。两脚多次完成起跳动作与落地动作，起跳动作和腾空动作与立定跳远练习一样，训练目标是促使练习者的下肢动作速度以及爆发力量得到改善。训练要求是练习者身体应当朝前上方跳起，同时各个动作之间要连贯。

（4）跳栏架。准备 8～10 个高 10～60 厘米的栏架，每个栏架之间大约间隔 1 米，同时按照顺序进行横向排列。练习者通过两脚起跳以及落地分别越过排列的栏架，不间断地进行练习。训练目标是促使练习者下肢动作速度以及反应力量得到有效发展。训练要求是练习者下肢各个关节必须尽可能缩短完成动作的时长，努力避免两脚和地面的接触时长。

3．全身配合练习

（1）双腿起跳背越过杆。练习者背部朝向海绵垫以及横杆，两脚做开立姿势，开立距离和肩部宽度相同，两臂朝上方举起，同时使身体充分伸展。完成下蹲动作后，双腿必须在最短时间内完成蹬伸动作，朝后上方跳起，仰头形成背弓并越过横杆。成功过杆之后，依次完成收腹动作与团身动作，促使最先落在海绵垫上的身体部位是背部。训练目标是促使练习者下肢和背部的动作速度、反应力量得到有效提高。训练要求是练习者下肢必须在最短时间内完成蹬地动作，腾空过程中要真正形成身体背弓动作，对于刚刚参与练习的练习者，应当适当降低横杆高度。

（2）前抛实心球或铅球。练习者朝向抛掷方向，两脚左右开立距离大约是肩宽的 1.5 倍，使手臂充分伸直，两手持实心球或铅球举过头顶。团身下摆实心球或铅球，一直到达两个小腿之间且和地面比较接近。在最短时间内，通过蹬腿、挺身、挥臂朝身体前上方抛出实心球或铅球。训练目标是推动练习者肩部、上肢、背部、下肢的动作速度以及爆发力量得到充分发展。训练要求是身体用力顺序应当从下往上，用最短时间做完动作。

（3）跳起转体接实心球。练习者背部朝向接球方向，两脚左右开立，同时将轻实心球牢牢夹住。用最短时间完成跳起动作，通过两腿使轻实心球抛到空中，身体落地后用最短时间完成转体动作并将实心球接住。训练目标是促使练习者下肢、骨盆、躯干、上肢的跳跃与转身的动作速度以及爆发力获得有效发展。训练要求是完成动作要做到快速、连贯，身体各个环节必须密切配合。

（4）弓箭步快速传接实心球。练习者和同伴相对站立，两者间的间隔距离是 3~4 步。一名练习者两手持实心球，一条腿弯曲膝盖、弯曲腿部朝前方迈步并慢慢着地。前面腿的大腿和地面形成平行关系，膝关节弯曲 90°，同时不可超出脚尖垂线。在脚落地之前，必须将实心球传给同伴，接球时前脚蹬地并恢复至开始姿势。训练目标是对练习者上肢和下肢的速度力量以及爆发力的提高产生积极作用。训练要求是训练者维持弓箭步姿势，促使身体始终处在平衡状态。

（三）位移速度训练手段

与动作速度训练手段相同，位移速度训练手段同样包括上肢和躯干练习、腰部和下肢练习、全身配合练习，具体如下。

1．上肢和躯干练习

（1）摆臂。两脚并拢站立，通过短跑动作完成前后摆臂，肘关节大约弯曲 90°，两手处于放松状态。前摆手大约摆到和肩部位置相同的高度，后摆手摆到臀部后面的位置，训练目标是充分提升练习者摆臂动作效率，并且全面掌握规范的上体姿势。训练要求是摆臂动作不能够超过身体中线，建议练习者通过坐姿或持重物练习。

（2）跑步动作平衡。通过最高速度下的单腿支撑姿势，左脚通过脚掌来支撑地面，肘关节大约弯曲 90°。左手和右手分别在肩部高度与腰部高度，右腿往高处抬起，右脚踝和臀部靠近。训练目标包括两个方面：一方面，增加踝关节肌肉群的紧张感；另一方面，提高踝关节肌肉群的稳定支撑水平。训练要求是练习者维持该姿势的时长应在 20~60 秒之间。

2．髋部和下肢练习

（1）跑步姿势交换腿高跳。由慢跑动作开始，高跳时采用跑的身体姿势，完成起跳动作后另外一只脚落地。训练目标是促使练习者跑动过程中的腿部蹬伸爆发力得到有效发展。训练要求是高抬膝盖、努力高跳。

（2）跑步姿势交换腿高跳落点向内。由慢跑动作开始，练习时始终顺着分道线或直线，完成高跳时用跑的身体姿势。完成起跳环节后，用另外一只脚落地，然后持续完成练习。训练目标是促使练习者跑动过程中腿部蹬伸爆发力量以及控制方向的水平得到大幅度发展，训练要求是高抬膝盖、努力高跳、脚落地位置是跑进方向上的直线内侧。

（3）脚回环。练习者用单腿做支撑腿，手部通过扶固定物来保持身体平衡。一只脚采取短跑动作完成回环练习。训练目标是促使练习者摆动腿的快速折叠水平与前摆水平得到有效提升。训练要求是练习者在完成动作的过程中需要回环拍击臀部，结束动作是扒地动作，脚的回环路线必须在身体前面做完。

3．全身配合练习

（1）高抬腿跑绳梯。两脚在相同格子内落地，用最快速度跑完每个格子中间距大约是 50 厘米的绳梯或小棍。训练目标是提高练习者的步频与快速高抬折叠腿两方面的水平。训练要求是练习者最先进入小格的摆动腿高抬，尽量缩短支撑腿和地面的接触时间。

（2）拖轮胎跑。练习者将绳索系在腰部，拖动一个汽车轮胎跑。训练目标是大幅度增加跑进速度力量以及爆发力量，使练习者的步长增加。训练要求是练习者需要采取规范的跑进动作技术，使跑进的加速节奏处于稳定状态，应避免练习者拖动的轮胎过重。

（3）缓坡上坡跑。在坡道上向上跑进。训练目标是有效提升练习者的跑进速度力量以及爆发力，使练习者的步长增加。训练要求是发展练习者最大速度的坡度应当小于 3°，发展加速能力时的坡度允许适度增加。

第4章

耐力素质训练的基本理论与方法

大学生参与体育运动项目需要具备一定的耐力素质。在不同体育项目中，耐力素质有着不同的作用。在竞速项目中，耐力素质是对大学生的运动能力具有决定性影响的主导素质，会直接决定大学生总体运动水平的高低；在持续时间相对较长的运动（足球、羽毛球、拳击等）中，耐力素质会直接影响比赛结果；等等。因此，大学生必须注意加强耐力素质的训练，以便能够承受较大的运动负荷，并保证以充沛的体力参与运动。本章主要就耐力素质训练进行分析与研究，主要内容包括耐力素质概述、有氧耐力训练的专门性策略、耐力素质训练的方法与手段以及耐力运动员突破成绩瓶颈的训练方法。本章的内容对大学生科学参与耐力素质训练以及进一步提高耐力素质具有重要的指导意义。

第一节 耐力素质概述

一、耐力素质的概念

机体在一定时间（不同专项对运动时间的规定性）内保持特定强度负荷或动作质量的能力就是耐力素质。运动员的耐力水平直接反映在其能否在一定时间内保持特定运动强度或动作质量。如果运动员保持特定强度或动作质量的时间较长，或在一定时间内可对更高强度加以承受，就说明运动员耐力水平较高。运动员只有具备良好的耐力素质，才能在整个竞赛过程中保持特定的运动强度。

二、耐力素质的影响因素

（一）生理学因素

1. 影响有氧耐力的生理学因素

对运动员有氧耐力构成影响的生理学因素主要有以下几点。

（1）运动员的年龄与性别。

（2）运动员氧运输系统的功能水平。

（3）运动员骨骼肌利用氧的能力。

（4）运动员神经系统的调节能力。

（5）运动员机体能量供应及其利用效率。

2．影响无氧耐力的生理学因素

对运动员无氧耐力构成影响的生理学因素主要有以下几点。

（1）运动员骨骼肌的糖无氧酵解供能能力。不同项目运动员的肌纤维百分比和糖酵解酶活性有较为明显的差异，各项目都具有非常明显的特征（表4-1），肌纤维百分比和糖酵解酶活性在一定程度上会决定运动员的无氧耐力发展水平。

表4-1　不同项目运动员肌纤维组成和无氧代谢酶活性的比较

项目	慢肌/（%）	乳酸脱氢酶/（mcg/g•min^{-1}）	磷酸化酶/（mcg/g•min^{-1}）
男子短跑	24.0	1287	15.3
男子中长跑	51.9	868	8.4
男子长跑	69.4	764	8.1
女子短跑	27.4	1350	20.0
女子中长跑	60.0	744	12.6

（2）运动员对酸性物质的缓冲能力，即运动员无氧运动后，除了血液缓冲体系和肺、肾脏的调节作用外，骨骼肌细胞内缓冲作用也是体内酸碱平衡调节的重要环节。研究表明，大强度耗竭性运动时，骨骼肌可释放大量的氢离子，这些生成的氢离子如果被加到一个非缓冲溶液中，其溶液的氢离子浓度将高达35mmol/L，pH下降到1.5。而事实上，此时骨骼肌细胞的pH值只下降到6.6，证明骨骼肌细胞有较强的酸性物质缓冲能力。

（3）运动员神经系统对酸性物质的耐受能力即为重要的生理指标之一，酸性环境在高强度运动中容易产生，这是由于肌肉代谢产生乳酸等酸性物质。良好的神经系统对酸性的耐受能力能让运动员在疲劳和酸性环境下依然保持较好的神经控制和反应能力。这有助于他们维持动作的准确性和协调性，减少失误。同时，提高神经系统对酸性耐受能力通常需要长期的针对性训练。包括逐渐增加运动强度和持续时间，让神经系统适应酸性环境的刺激。

（二）心理学因素

心理学因素也是影响运动员耐力素质水平的一大因素，具体体现在运动员参与运动项目的动机，对所从事运动的兴趣，在运动过程中的心理稳定性、努力程度以及意志品质等几个方面。

上述心理学因素中，对运动员耐力素质水平具有重大影响甚至是决定性影响的因素当属意志品质。运动员如果没有良好的意志品质，是很难在出现运动疲劳之后继续进行以强度为主的训练的。良好的意志力可以强迫神经中枢继续工作，甚至使工作强度进一步提高，从而达到运动所要求的强度水平并在一定时间内保持这一水平。人类的耐力潜力是巨大的，只有将意志力充分动员起来，使其战胜因疲劳而出现的软弱，人类才能最大限度地发挥自己的耐力潜力。

（三）运动技能因素

不管是什么项目的运动员，其参与训练和比赛都需要具备一定的耐力素质，其在训练和比赛中的成绩会直接受到耐力素质水平的影响。所以，任何一名运动员都应该将耐力素质作为自己的基础素质来对待，重视这一素质的训练与提高。需要注意的是，运动员要想提高自身的耐力素质，还必须具备一定的运动技能水平，这是进一步发展耐力素质的重要因素。运动员的耐力素质会因为运动技能水平的提高而提高。反之，如果运动技能水平较低，则会对耐力素质的进一步发展造成严重的阻碍。

三、发展耐力素质的注意事项

（1）发展耐力素质要对年龄、性别及生理特点等要素予以充分地考虑。男子与女子发展耐力素质的最佳时期分别是在17岁与16岁以后。

（2）在发展耐力素质的过程中，应该先发展有氧耐力，然后在此基础上发展无氧耐力。

（3）在耐力素质训练过程中，运动负荷要逐渐适量增加。

（4）中等动作速度更有利于提高耐力素质。

（5）在耐力素质锻炼中，呼吸与动作的协调配合很重要，因此要予以重视。

（6）运动员必须具备良好的意志品质，持之以恒地进行耐力素质训练，这样才能取得明显的效果。

（7）在耐力锻炼后，需注意科学补充营养，并采取有效的途径消除疲劳。

第二节　有氧耐力训练的专门性策略

一、有氧耐力的相关概念

人体在长时间内进行以有氧代谢（脂肪和糖等有氧氧化）供能为主的运动能力就称为有氧耐力。下面对与有氧耐力有关的一些概念进行解析。

（一）氧亏

运动过程中，当机体的摄氧量不足，无法满足机体实际所需的氧量时，正常的运动状态就难以再继续维持，这时机体就会出现氧的亏欠现象，即氧亏。在剧烈运动过程中，这种现象较为普遍。但在低强度运动中，这种现象也会出现，通常出现在运动开始阶段。这主要是因为在开始运动时，内脏器官有较大的生理惰性，所以氧运输系统功能很难最大程度地发挥出来，这时机体的摄氧量也就无法满足实际需要（图4-1）。

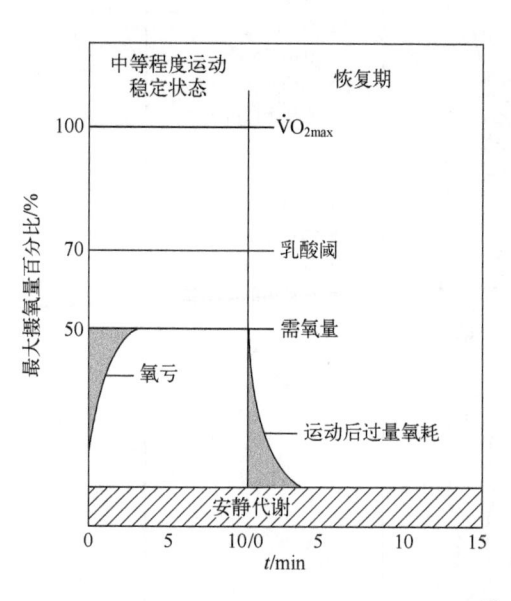

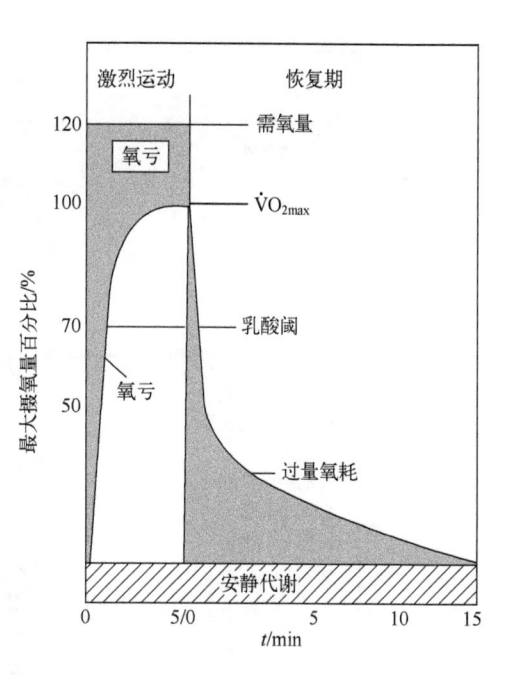

图 4-1

（二）最大摄氧量

人体在从事有大量肌肉群参加的长时间剧烈的运动中，当心肺功能和肌肉利用氧的能力与本人极限水平持平时，单位时间内（每分钟）所能摄取的氧量就是最大摄氧量，即 VO_{2max}。最大摄氧量是人体有氧工作能力评定中一个非常关键的指标。

1. 最大摄氧量的限制因素

有关最大摄氧量的限制因素，运动科学家提出了以下两个不同的理论。

第一个理论认为，中枢和外周的循环因素是对人的耐力素质造成限制性影响的主要因素。

第二个理论认为，线粒体内没有足够浓度的氧化酶是对人的耐力素质造成限制性影响的主要原因。

Rowell 也曾研究过有关最大摄氧量限制因素的问题，他认为呼吸、中央循环、外周循环以及肌肉代谢是影响最大摄氧量的主要限制性因素，图 4-2 直观地反映了 Rowell 的观点。

2. 最大摄氧量的影响因素

（1）遗传。人体的最大摄氧量在很大程度上受到遗传因素的影响，这也是不同人的最大摄氧量保持在不同范围的主要原因，而通过耐力训练可以提高最大摄氧量范围的上限。

（2）年龄、性别。男、女最大摄氧量达到峰值的年龄段分别是在 18～20 岁和 14～16 岁，而且各自峰值的年龄可分别延续到 30 岁左右和 25 岁左右。之后，最大摄氧量随年龄增长而减小（图 4-3）。经常参与体育锻炼的人可较长时间地延续峰值，并使最大摄氧量的下降速度减缓。

图 4-2

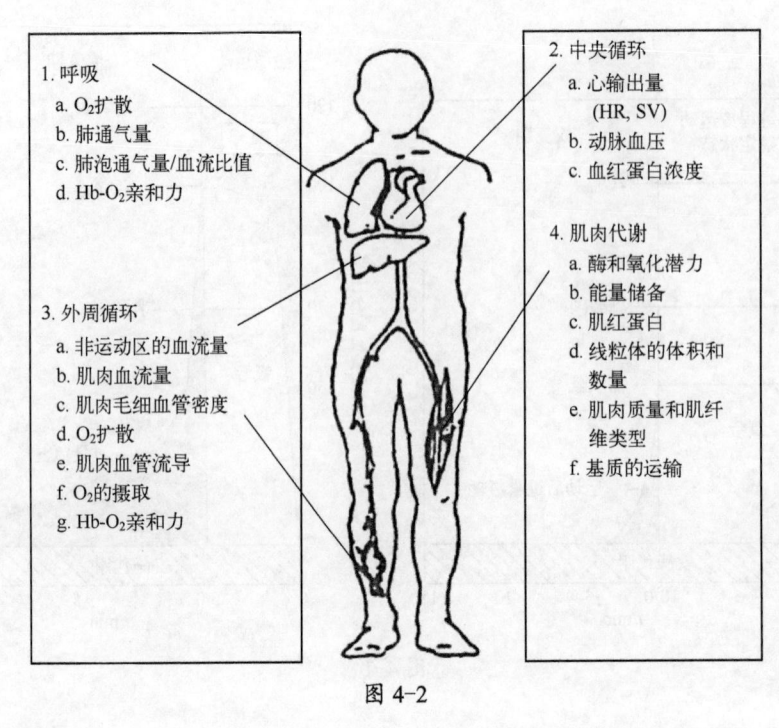

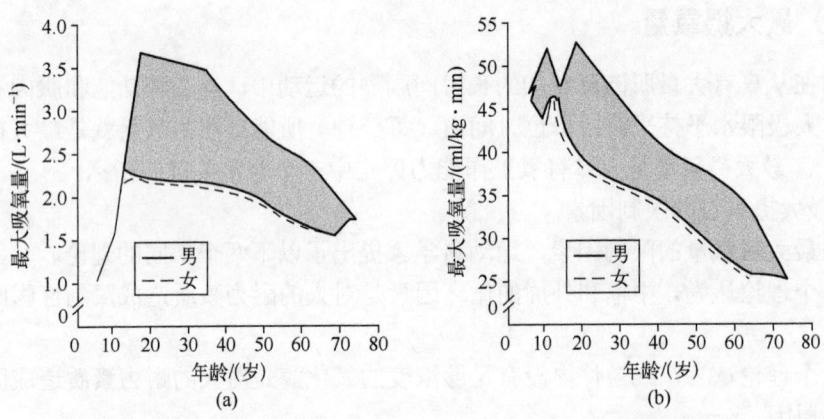

图 4-3 最大摄氧量随年龄变化（图中阴影部分为男女摄氧量差异）

（3）训练因素。有氧训练是促进最大摄氧量增加的有效手段。Bouchard 提出，遗传因素会决定对训练计划的应答。图 4-4 反映的是 10 对同卵双胞胎进行为期 20 周的耐力训练的情况，从图中可以看出每对双胞胎的应答都是比较相似的。

3．最大摄氧量的测定

（1）直接测定。对最大摄氧量进行直接测定时，常用的测量手段有跑台跑步、台阶试验、蹬踏功率自行车等。

（2）间接推算。一般通过间接推算的方法来获得可靠的最大摄氧量数据。这一测定方法比直接测定要复杂，而且要求具备相应的设备条件，如跑台、收集和分析气体的仪器等。此外，这一测定方法比较适合体质好的年轻人，对于体质较弱和老年人来说并不适用，存在一定的危险。

图 4-4

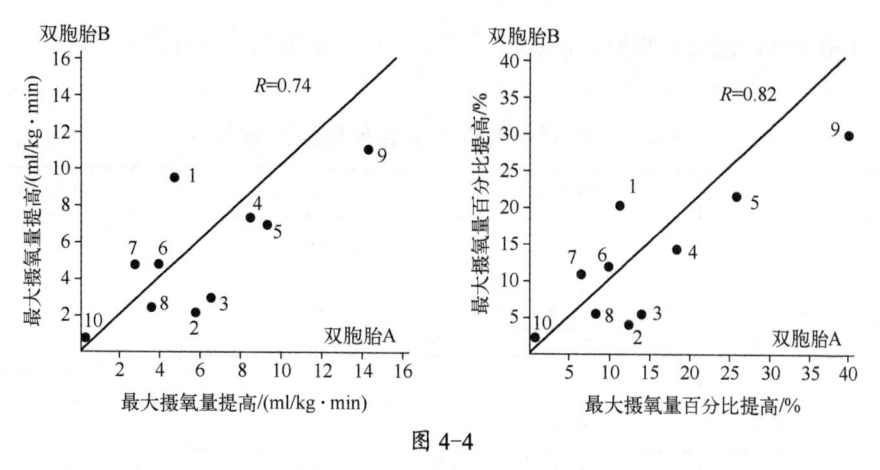

目前，国内外普遍采用的间接推算法是瑞典学者奥斯特兰德的列线图法（图 4-5）。奥斯特兰德以亚极量负荷时测得的摄氧量与心率的线性关系为依据设计了对最大摄氧量进行测算的列线图。

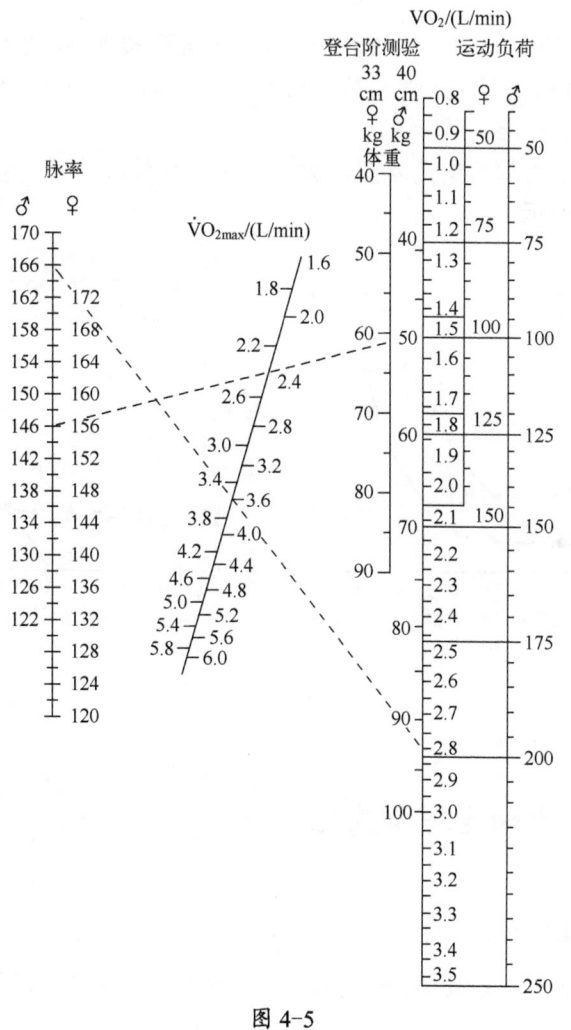

图 4-5

奥斯特兰德经过进一步研究,提出了对最大摄氧量推测值进行修正的方法,具体见表 4-2。

表 4-2 推测最大摄氧量的年龄修正系数表

年龄/岁	修正系数	最大心率	修正系数
15	1.10	210	1.12
25	1.00	200	1.00
35	0.87	190	0.93
40	0.83	180	0.83
45	0.78	170	0.75
50	0.75	160	0.69
55	0.71	150	0.64

(三) 乳酸阈

乳酸阈是判断有氧耐力能力的重要生理指标,乳酸阈越高,表明有氧耐力水平就越高。提高乳酸阈的主要方法之一是进行有氧训练。参与耐力训练后和训练前的乳酸阈有显著的差异,如图 4-6(a)所示。

乳酸阈与有氧耐力项目的跑步速度关系密切,乳酸阈的提高会促进跑步速度的增加,如图 4-6(b)所示。

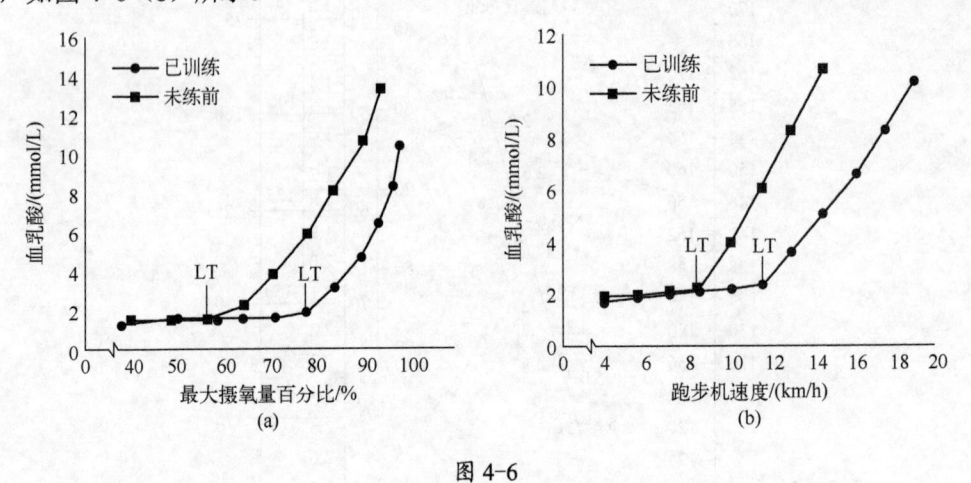

图 4-6

二、有氧耐力的生理学基础

(一) 能量供应特点

人体能量供应情况会影响有氧耐力水平,具体来说,在有氧条件下,糖和脂肪是否能够长时间持续供能直接影响着人的有氧耐力。耐力型运动项目的主要特点就是运动持续时间长，运动强度较小，在这类项目中，机体所需能量主要来源于氧代谢供给的能量。随着运动时间延长，脂肪成为机体所需能量的主要来源，脂肪供能比例不断提高，而糖原产能的比例就会相应减少。人体动员脂肪供能的能力如何，可以通过血浆中自由脂肪酸的含量多少进行判断（表4-3）。科学参加耐力训练可以提高人体动员脂肪供能的能力。此外，各种氧化酶的活性也会在耐力训练中不断提高。

表 4-3　不同持续时间中糖和脂肪的供能比例

运动时间/min	0～30	30～60	60～90	90～120
需氧量/(L/min)	2.48	2.51	2.52	2.61
糖供能比例/%	71	66	63	56
脂肪供能比例/%	29	34	37	44

（二）肌组织利用氧的能力

人体慢肌纤维的百分比组成会受其最大摄氧量的影响，这是经过研究证明的事实。不同运动员的最大摄氧量因为其所从事的运动项目的不同而存在一定的差异（图4-7）。相对来说，最大摄氧量较大的是从事耐力项目（越野滑雪运动员、长跑运动员等）的专项运动员，因为这类运动员最大摄氧量较大，所以与其他项目的运动员相比而言，其慢肌纤维百分比也比较高，而且选择性肥大现象也比较普遍，正因为这样，这类运动员摄氧和利用氧的能力才比较好，而且有氧耐力成绩也能够得到很好的保持。

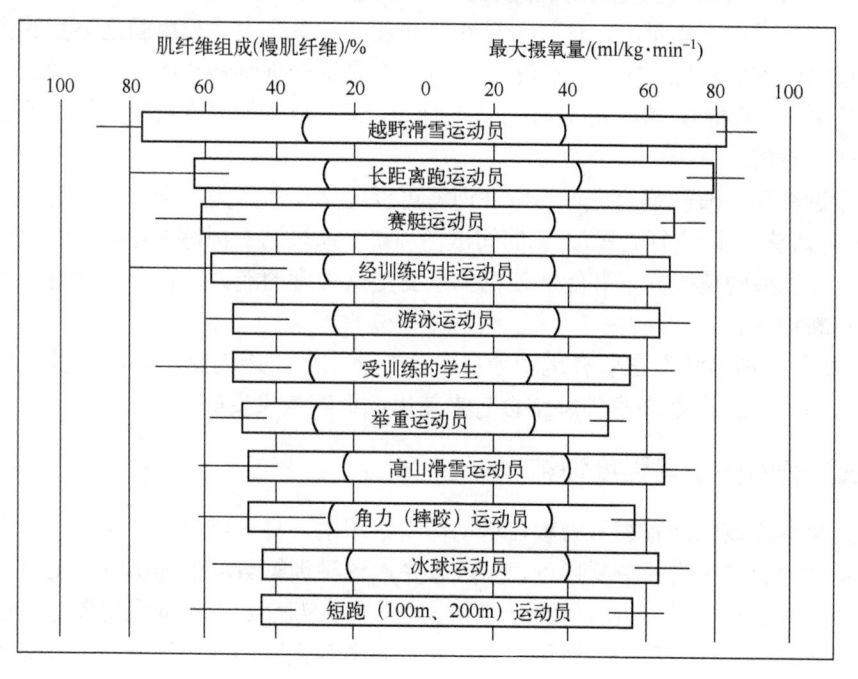

图 4-7

三、有氧耐力训练策略

有氧耐力的训练可以从以下几个策略着手。

（一）短时间高强度训练

有氧耐力运动员普遍会通过间歇性训练来进一步提高自己的耐力水平。间歇性训练的强度与 VO_{2max} 相等或稍高，一般持续 30 秒到 5 分钟的时间。

通常，有氧耐力训练中的间隔休息时间和运动时间相同或稍少一些，练习与休息时间之比大约为 1∶1～2∶1。练习-休息比是可以调整的，在不同训练阶段可以安排不同比例的时间。总之，在较短时间内进行大量高强度训练是可以有效提高有氧耐力水平的。

有关间歇性训练的短期和慢性效应的研究有很多。间歇性训练类似于传统有氧耐力训练，可以促进心肺能力和心血管能力、血流量、乳酸阈值和肌肉缓冲能力的提高。这些因素又是促进竞技能力提高的必要因素。所以，间歇性训练 20 分钟和慢速长跑训练 45～60 分钟所产生的有氧耐力能力的变化几乎是相同的，这样来看，间歇性训练的效果显然更好。

（二）中等时间高强度训练

中等时间高强度训练中采用的运动强度是高于比赛强度的，即比乳酸阈强度略高。乳酸开始积累时的运动强度就是乳酸阈值，在乳酸开始积累时，有氧供能是难以使更高水平的能量需求得到满足的，这样会导致运动疲劳早早产生。采用固定不变的步速能够顺利完成高强度的训练，所以"速度/节奏训练"是这一训练策略的又一种说法。在这一训练策略中，一般持续 20～30 分钟的训练时间，这是可以促进有氧和无氧生理适应能力提高的适宜时间。

用接近乳酸阈值的强度进行间歇性训练可以提高有氧耐力水平，这也是平时所说的"法特莱克训练"，即进行有氧/无氧的间歇性训练。通过这一训练方法，可以对速度感进行培养，使乳酸阈值提高，并能够使机体承受更高强度的能力、在更长时间中持续运动的能力不断提高。

"法特莱克训练法"在所有运动项目中都是适用的，因为这一方法可以和慢速长跑训练、中等时间的速度/节奏训练结合起来使用，训练效果良好。

（三）长时间中等强度训练

长距离慢速训练是有氧耐力项目运动员最常用的一种训练策略，在长时间内保持中等强度是这种训练策略的主要特点。一般来说，这种训练策略的训练时间至少比比赛时间多 0.5 小时。有氧耐力运动员的总训练量中，绝大部分是中等强度的训练，也就是长距离中慢速训练。对于耐力运动员而言，长时间中等强度训练属于一种"基础训练"模式。通过这一策略，运动员不但可以参与相对较大的训练量，而且也不会将过大的压力加到肌肉骨骼系统上。此外，这一训练策略对于有氧耐力练习所预期产生的心肺系统和心血管系统适应能力的提高也有积极的促进作用。对基础有氧能力进行培养还能够促进训练课之间机体恢复能力的提高。研究表明，长时间运动可以使肌糖原消耗量增加，并使脂肪代谢的速度极大地提高，同时还可有效增加心搏量、线粒体密度及提升氧化能力。此外，与比赛距离相同或稍大的长时间持续运动对于心理素质的发展也是有利的。

第三节　耐力素质训练的方法与手段

一、耐力素质训练方法

（一）持续训练法

持续训练法的特点是持续时间长，但运动强度较低。在一般耐力素质训练中采取这一训练方法是比较有效的，大学生采用这一方法进行耐力素质训练，机体有氧代谢系统供能能力会得到有效的提高，而有氧代谢能力的提高又会促进其无氧代谢能力的增强。

在持续训练中，大学生既可以采用单一的技术动作进行训练，也可以组合多种技术动作进行训练。在选择具体的以有氧代谢系统供能为主的练习动作时，需要考虑的要点有两个：一是平均强度适中，二是负荷时间相对较长。大学生在采用这一训练方法的过程中，每练习的持续时间应不小于 10 分钟，负荷强度心率应保持在 160 次/分钟左右，而且在这段时间内不能中断训练。通过这一训练方法，不但能够使大学生的有氧耐力得到提高，还可以使大学生更加稳定地应用技术动作。

持续训练法对于一般耐力、摄氧和输氧能力以及专项力量耐力的提高都有很大的帮助。不同大学生采用这一训练方法想要达到的目的不同，因此在训练中也应对训练持续时间、强度进行不同的安排（表 4-4）。

表 4-4　练习目的与刺激负荷的关系

训练目的	刺激强度（心率）	负荷（强度）	持续时间
调整、休整、恢复体力	120～150 次/分钟	小强度	30～50 分钟
提高有氧耐力	150～180 次/分钟	中强度	50～90 分钟
提高承受大负荷的能力	120～150～180 次/分钟	小、中强度	90～120 分钟
提高力量耐力	120～150～180 次/分钟	小、中强度	不能再做为止

（二）间歇训练法

在间歇训练过程中，大学生间歇一定的时间后，在机体还未完全恢复时又要进行下一次的训练，这一训练方法可以使大学生的心脏功能得到增强，糖酵解代谢供能能力不断提高，并能使机体组织系统适应外界环境刺激的能力得到有效的提高。

在短跑和中长跑的速度耐力及有氧耐力训练中，采用间歇训练法可以获得良好的效果。在间歇过程中，大学生不能以静止不动的方式来休息，而应通过慢跑、慢走，或做整理运动等方式进行积极性休息。

大学生在机体未能完全恢复的情况下进行下一次练习具有以下几方面的意义。

(1) 可使糖原有氧分解能力和有氧耐力水平得到有效的提高。

(2) 可使有氧无氧混合供能能力大大提高。

(3) 可使每分钟血液输出量水平、心脏输出量水平、心肌收缩力水平等得到有效的提高。

(4) 可以使呼吸系统功能、最大吸氧量水平得到改善。

不同大学生采用间歇训练方法进行训练想要达到的目的不同，因此在具体训练过程中应有针对性地对训练时间、强度、间歇时间和重复次数等要素进行合理的安排（表4-5）。

表4-5 不同类型的间歇训练法参数

训练目的	训练时间	训练强度	间歇时间	重复次数
提高有氧耐力	8～15分钟	小强度	长	较少
提高无氧耐力	8秒～2分钟	最大强度或大强度	短	多
提高混合耐力	2～8分钟	中等强度	中	中
提高专项耐力	8秒～15分钟	大强度	短、中、长	少、中、多
提高力量耐力	8秒～15分钟	中等强度	短、中、长	多

（三）循环训练法

大学生可采用循环训练法来提高自己的耐力素质，并对自身的训练情绪进行激发与有效的调整，使自身保持训练的积极性。在循环训练中，大学生要进行多个站的练习，因此要对总站数、每站之间的间歇时间、每次循环之间的间歇时间、循环次数等进行合理安排，此外还应对每站的训练内容、运动负荷进行适当的安排。循环训练法能够避免身体局部承受的负担过重，可以使疲劳的发生时间得到延缓，从而能够使大学生坚持不懈地完成所有站的练习。

二、一般耐力素质训练手段

（一）肌肉耐力训练手段

1．重复爬坡跑

在斜坡道（15°）进行上坡跑练习，至少练习5次，距离最少为250米。练习一段时间后，可穿沙背心按照同样的方法重复进行练习。

2．1分钟立卧撑

保持直立姿势，并拢两腿，下蹲两手撑在地上，腿伸直成俯撑姿势，然后收腿成蹲撑姿势，回到准备姿势。每次做1分钟，4～6组，间歇5分钟，50%～55%的强度。动作必须做到位，站起来恢复起始姿势才算做完一次。穿沙背心进行练习效果更好。

3．沙滩跑

在沙滩上进行快慢交替跑练习，每组500～1000米，根据个人情况变化速度，穿沙背心进行练习也可。

4．原地间歇高抬腿跑

原地高抬腿跑练习，共做 6~8 组，每组 100~150 次，每组之间休息 2~4 分钟。

动作一定要做到位，对时间没有要求，但要不间断完成动作，负重练习也可，适当减少每组练习次数及组数。

5．连续跑台阶

在 20 厘米高的楼梯上连续跑 30~50 步，每步跑 2 级台阶，重复 6 次，每次间歇 5 分钟，保持 55%~65% 的强度。

不能间断动作，放松向下走，心率下降到 120 次/分钟时进行下一次练习，穿沙背心练习也可。

6．后蹬跑

每次负重后蹬跑 60~80 米，共练习 6~8 组，每组之间有 3~5 分钟的间歇时间，保持 50%~60% 的强度。

7．半蹲连续跳

在草地上双脚连续向前跳，落地成半蹲姿势，然后迅速起身继续练习，半蹲时膝关节弯曲度为 90°~100°。

8．连续深蹲跳

分腿站立，连续原地深蹲跳起，每组 20~30 次。该练习要求落地即起。

9．长距离多级跨跳

在跑道上进行多级跨跳练习，每组跳 80~100 米。练习过程中对组间恢复情况多加注意。

10．沙地负重走

在沙滩上肩负杠铃杆练习，每组 200 个。心率为 130~160 次/分钟。

11．负重连续跳

肩负轻器械（杠铃杆等）原地连续轻跳或提踵，每组 30~50 次。

12．连续跳推举

原地蹲立，双手将杠铃杆握好，将杠铃提到胸前，连续进行跳推举杠铃杆练习，每组 20~30 次。

13．沙地竞走

在沙地上竞走，每组 500~1000 米。动作必须做到位，速度慢慢加快。

14．沙地后蹬跑或跨步跳

在沙地上进行后蹬跑或跨步跳练习，跨步跳每组 50~60 米，后蹬跑每组 80~100 米。

15．双摇跳绳

原地正摇跳绳，摇两圈跳一次，连续进行练习，每组 30~40 次。

大学生需对二摇一跳的技巧熟练加以掌握。进行下一组练习前，要确保心率恢复到 120 次/分钟以下。

16．连续跳深

站在跳箱上双脚向下跳，落地后迅速向上跳上跳箱。每组需连续跳 20~30 次。

17．连续跳栏架

将 20 个高 30~40 厘米的栏架纵向排列好，然后进行连续过栏练习（双脚起跳）。

77

每组往返一次，共做9组左右。

18．连续引体向上或屈臂伸

在单杠上连续做引体向上练习，或在双杠上连续做屈臂伸练习，每组做20～30次，共做5组左右。

19．划船练习

在水中划小船（单桨和双桨交替进行），每次10分钟，共4～5次，每次间歇10分钟左右。

20．拉胶皮带

连续拉胶皮带练习可结合专项练习进行，如做拉胶皮带支撑高抬腿、拉胶皮带扩胸等动作。

21．双杠支撑连续摆动

双杠上直臂支撑，以肩为轴做摆动，每组40次，共4～5组，两组之间间歇3分钟左右的时间，保持40%～55%的强度，前后摆两腿要摆出杠面水平，两腿并拢、伸展。

22．俯卧撑

连续做俯卧撑，每组30个，共4～6组，练习过程中，始终保持屈臂俯卧撑姿势。

23．手倒立

手倒立练习可独立完成，也可对墙练习。每组1～3分钟，共3～4组，每组之间间歇5分钟左右。

（二）有氧耐力训练手段

1．定时跑

进行15分钟左右的定时跑练习，时间更长一些也可，保持50%～55%的练习强度。

2．定时定距跑

先选择练习距离，然后定时跑完，如选择的距离范围为3600～4600米，用18分钟左右的时间跑完。

3．重复跑

在跑道上进行重复跑练习，距离、次数与强度以专项任务与要求为依据来进行安排，保持50%～60%的练习强度。

4．沙地连续走或负重走

在沙地上进行徒手快走或负重走练习。

（1）徒手快走。每组400～800米，共5～7组，每组之间间歇3分钟左右，保持45%～60%的练习强度。

（2）负重走。每组200米，共5～7组，每组之间间歇3分钟左右，保持45%～60%的练习强度。

5．5分钟以上的跳舞

跳健美操、迪斯科舞蹈等，每组至少持续5分钟，共4～6组，每组之间间歇5～8分钟，保持40%～60%的练习强度。

6．5分钟以上的循环练习

选择8～10个练习动作组成一套循环练习，每组循环时间至少为5分钟，共循环练习 3~5 组，每组之间有 5~10 分钟的休息时间，保持 40%~60% 的练习强度。

（三）无氧耐力训练手段

1．高抬腿跑转加速跑

行进间高抬腿跑 20 米左右转加速跑 80 米。重复练习 5~8 次，每次之间有 2~4 分钟的间歇时间。保持 80%~85% 的练习强度。

2．原地间歇高抬腿跑

原地快速高抬腿，采用 80% 的练习强度，要求动作做到位。

（1）发展非乳酸性无氧耐力。每组 5 秒、10 秒、30 秒快速高抬腿练习，共 6~8 组，越快越好。

（2）发展乳酸性无氧耐力。分钟高抬腿练习或 100~150 次为一组，共 6~8 组，每组之间保持 2~4 分钟的间歇时间。

3．间歇后蹬跑

行进间后蹬跑，每组 30~40 次或 60~80 米，共 6~8 次，每组之间保持 2~3 分钟的间歇时间。采用 80% 的练习强度。

4．反复跑

进行 60 米、80 米、100 米、120 米、150 米等短距离的反复跑练习。根据跑距长短决定重复次数，通常每组 3~5 次，共 4~6 组。

5．反复起跑

起跑 30~60 米（蹲踞式、站立式均可），每组 3~4 次，共 3~4 组。

6．间歇行进间跑

进行 30 米、60 米、80 米、100 米等短距离的行进间跑练习。在练习中注意计时。每组 2~3 次，共 3~4 组。

7．间歇接力跑

两人一组，两组学生相距 200 米站在跑道上，听口令起跑，每人跑 200 米后交接棒，每人重复做 8~10 次，要求对每棒跑的时间进行适当的控制。

8．计时跑

进行重复计时跑（短于专项距离）或计时跑（长于专项距离）练习。根据运动水平及跑距选择重复次数。如果距离短，可采用较大的练习强度。

9．迎面拉力反复跑

将学生分为两队，每队 4~5 人，两队相距 100 米站在跑道上准备迎面接力跑，每人重复 5~7 次，对每棒时间进行适当的控制。采用 70%~80% 的练习强度。

10．反复超赶跑

10 名大学生按一列纵队在田径场跑道上慢跑或中等速度跑，听到口令后，排尾加速跑到排头，每人重复循环 6~8 次。采用 65%~75% 的练习强度。

11．反复加速跑

跑道上加速跑 100 米或更长距离。跑完后放松走回再继续跑，反复 8~12 次。采用 70%~80% 的练习强度。

12．变速跑

快跑与慢跑结合进行练习。根据专项决定快跑段与慢跑段的距离。采用60%～80%的练习强度。

（1）发展非乳酸性无氧耐力。用50米快、50米慢、100米快、100米慢或直道快、弯道慢或弯道快、直道慢等方式进行练习。

（2）发展乳酸性无氧耐力。用400米快200米慢，或300米快200米慢，或600米快200米慢等方式进行练习。

13．变速越野跑

越野跑中做50～150米或更长些距离的加速跑或快跑（距离1000～1500米）。在公路、草地等地练习均可。

14．反复变向跑

听口令或看信号做不同方向的变向跑。每次2分钟，共3～5次，每次之间有3～5分钟的间歇时间，采用65%～70%的练习强度。

15．反复连续跑台阶

在每阶高20厘米的楼梯上连续跳30～40步台阶，每步2级台阶，重复6次，每次之间有5分钟的间歇时间，采用65%～70%的练习强度。

每次练习中间不间断，可规定完成时间。

16．法特莱克跑

变速跑3000～4000米，变速方法可采用阶梯式。

17．跳绳跑

进行两臂正摇跳绳跑练习，每次跑200米，做5～8次，每次之间有5分钟左右的间歇时间。采用60%～70%的练习强度。

18．上下坡变速跑

在斜坡跑道（7°～10°）上，上坡阶段加速快跑100～200米，下坡阶段慢跑返回起点。每组4～6次，共4～6组。

19．组合练习

进行沙坑纵跳—途中跑双杠臂屈伸—双杠支撑前进的组合练习。

练习中要注意，沙坑纵跳这一动作要求全蹲跳起，途中跑要求保持最大速度的70%的跑速，双杠臂屈伸动作要做规范，支撑前进动作不能间断。

三、大学生参与不同项目的耐力素质训练

（一）篮球耐力训练

1．弹跳耐力训练

（1）用本人绝对弹跳80%的高度连续跳20～30次为一组，跳若干组（组间休息2～3分钟）。

（2）5分钟跳绳练习。

（3）连续原地或助跑单手摸高，连续助跑起跳摸篮板。

（4）双脚连续跳高栏架，跳 8～10 个高栏架。

（5）原地或沙地连续直膝跳、蹲腿跳、跳起抱膝。

2．速度耐力训练

（1）多组 200 米或 400 米全速跑，每组间歇时间为 1.5～2 分钟。

（2）1500 米变速跑，直道时快速跑，弯道时慢速跑。

（3）30 米冲刺：10 次，每次间歇 15～20 秒。

（4）60 米冲刺：10 次，每次间歇 30 秒。

（5）长距离定时跑：3000 米、5000 米或越野跑。

3．移动耐力训练

（1）看教练员手势向各个方向移动，2～3 分钟为 1 组。

（2）单人全场防守滑步。

（3）30 秒 3 米左右移动 5～8 组。

（4）全场、半场篮球赛，或小场地足球赛，要求人盯人防守。

（二）足球耐力训练

1．有氧耐力训练

（1）不同距离的定时跑或越野跑（3000 米、5000 米、8000 米、10000 米等）。

（2）12 分钟有氧低强度训练。

（3）400～800 米变速跑。

（4）半场 7 对 7 控球对抗训练。

（5）100～200 米间歇跑。

（6）跳跃-传球循环训练。

（7）5 对 5 传抢对抗训练。

2．无氧耐力训练

（1）重复多次的 30～60 米冲刺。

（2）1 分钟内 1 对 1 追拍或 1 对 1 过人。

（3）进行 5 米、10 米、15 米、20 米、25 米折返跑训练。

（4）100～400 米高强度的反复跑和 1～2 分钟极限训练。

（5）往返冲刺传球，队员甲往返冲刺在限制线之间（间距 10 米），在限制线附近回传乙、丙分别传来的球，乙、丙离限制线约 5 米。

（6）100～400 米逐渐缩短间歇时间跑。

（7）编组训练。

（8）短段落间歇跑（100 米、110 米栏、100 米栏、200 米）。

（9）追逐游戏训练。

（10）争球射门训练。

（三）排球耐力训练

1．移动耐力训练

（1）连续地跑动滚翻或鱼跃救球。

(2) 20~30 米冲刺跑 7~8 组。
(3) 队员连续移动接教练员抛出的不同方向、不同弧度的球。
(4) 个人连续地跑动传球或垫球 10~15 次。
(5) 单人全场防守，要求防起 15 个好球为一组。
(6) 通过观察教练员的手势连续向右前、前、左前方进退移动，2~3 分钟为一组。
(7) 运动员连续移动接教练员掷出的不同方向、不同距离的地滚球。
(8) 跑动滚翻或鱼跃救球练习。
(9) 36 米移动练习。

2．弹跳耐力训练
(1) 连续小负荷多次数的力量训练。
(2) 3~5 人一组，连续滚翻救球，每人 30~50 次。
(3) 连续收腹跳 8~10 个栏架。
(4) 连续原地跳起单或双手摸篮板或篮圈。
(5) 规定次数、时间、节奏的跳绳练习。
(6) 30 米冲刺跑 10 次，每次间歇 15~20 秒。
(7) 用本人弹跳 80%的高度连续跳 20~30 次为一组，跳若干组，组间休息 2~3 分钟。
(8) 个人连续扣抛球 10~20 次为一组，扣若干组，组间休息 3 分钟。
(9) 连续移动拦网。

3．综合耐力训练
(1) 身体训练以后再进行排球比赛或比赛以后再进行身体训练。
(2) 象征性排球比赛模仿练习。
(3) 连续打 5~7 局或 9~11 局的教学比赛，可训练比赛耐力。
(4) 按场上轮转顺序，在 6 个位置上做 6 个不同的规定动作，连续进行若干组。例如，1 号位跳发球-6 号位左右补位移动救球-5 号位滚翻防守救球-4 号位扣球-3 号位拦网-2 号位后撤鱼跃救球。

四、耐力游戏训练

（一）袋鼠跳

1．游戏目标
促进大学生跳跃能力和耐力素质的提高。

2．场地器材
在一块空地（平坦）上画一组平行线，两线相距 10~15 米，其中一条为起点线，另一条为折返线；2 个麻袋。

3．游戏方法
将参与游戏的大学生分成均等人数的两个队，两队分别在起点线后按纵队队形站好。教师发出开始信号，每队第一人迅速向麻袋跳入，双手提麻袋口向前跳跃，到达折返线后跳出麻袋，手提麻袋原路跑回，本队第二人接到麻袋后按照相同的方法参与游戏，直至有一队的所有人都完成了游戏后结束本轮游戏，该队获胜（图4-8）。

4．游戏规则

（1）在教师发出开始的信号之前，每队第一人不可跳进麻袋。

（2）在过折返线之前不可从麻袋钻出。

（3）抛传麻袋属于犯规行为。

（4）两队游戏者不得以任何方式干扰对方。

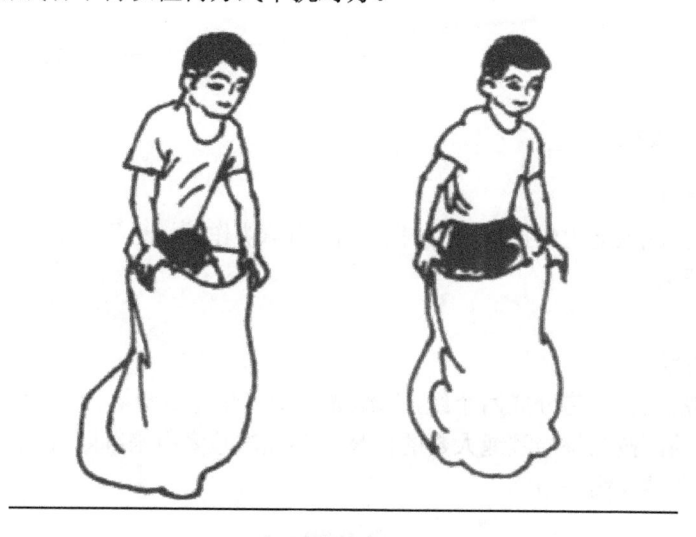

图4-8

（二）跳棒接力赛

1．游戏目标

促进大学生弹跳力、快速反应能力和耐力素质的提高。

2．场地器材

画一条起跑线，将两个标志物摆放在距离该线10米的地方，两根体操棒。

3．游戏方法

将参与游戏的大学生分成均等人数的两个队，每队在起跑线后按照纵队队形正对本队标志物站好，排头第一名学生手持体操棒。教师发出开始信号，持棒的学生快速向前跑，从标志物绕过向本队跑回，将体操棒的一端递给第二名学生队友，二人各握一端，放低体操棒，在本队队员脚下横扫而过。本队所有人都跳过木棒后，第一人排在队尾，第二人向标志物跑进，按照同样的方法继续游戏。直到有一队所有学生都完成了游戏，且将体操棒交给排头，则游戏结束，该队获得胜利（图4-9）。

4．游戏规则

（1）持棒横扫而过时，不得脱手。

（2）排头必须站在起跑线后。

（3）持棒从标志物绕过后才能跑回队伍。

图 4-9

(三) 跳长绳

1. 游戏目标

促进大学生跳跃能力的提高，并对学生的团结协作精神进行培养。

2. 场地器材

2 根长绳。

3. 游戏方法

将参与游戏的大学生分成两个组，每组先选两名学生负责摇绳，其他学生连续跳绳，跳绳停摇为一局，按照每局跳绳人数的数量和跳绳次数多少来判断胜负，一局计 1 分，最后积分多者获胜（图 4-10）。

图 4-10

4. 游戏规则

（1）不限制学生的跳绳方法。

（2）有人绊住跳绳时，接替摇绳者摇绳，摇绳者加入跳绳队伍。

（四）闯三关

1．游戏目标

对大学生果断的精神及目测能力进行培养。

2．场地器材

3根长绳，每根长约5~6米。

3．游戏方法

将参与游戏的所有学生两两分组，游戏者以两路纵队的队形站立，选3组学生负责摇绳，每组之间保持一定距离，摇绳节奏相同。开始游戏后，每组两名学生手拉手从3根摇动的长绳中跑过，顺利跑过3次为胜。如果中途碰绳，则负责摇绳（图4-11）。

图4-11

4．游戏规则

（1）摇绳速度必须保持均匀，节奏需统一。

（2）从长绳中跑过时，动作要快。

（五）空中接球

1．游戏目标

促进大学生跳远踏跳能力、协调性、弹跳力的提高。

2．场地器材

大沙坑、起跳板（布置好），在距离沙坑另一端 2 米远的地方画条线，指定两抛球者各持 1 个排球。

3．游戏方法

把参与游戏的学生分成均等人数的两队，两队各自选定起跑点，并做好相关标志，然后两队分别在助跑道两边按照一路纵队的队形排好。教师发出开始信号，各队排头从起跑标志处加速助跑踏跳成腾空步，在空中将迎面抛来的球接住，落地后再给抛球者传球，其他学生按照同样的方法进行游戏。在空中接住球得 1 分，最后累计总分多的一队为获胜方（图 4-12）。

图 4-12

4．游戏规则

（1）在落地时和落地后接住球不计分。

（2）未接住球不计分。

（六）抛球换位

1．游戏目标

促进大学生耐力素质的发展和动作速度的提高。

2．场地器材

画一个等边三角形，边长 5 米，以 3 个顶点为圆心分别画半径为 0.5 米的圆圈。3 个篮球。

3．游戏方法

将游戏者分为 3 组，每组 5~8 人，3 组队员在 3 个圆圈外面向三角形成纵队队形站好，排头的学生持球在顶点上站好。教师发出开始的信号，排头听到信号后垂直向上用力抛球，然后逆时针跑动换位接右方一组抛起的球，接球后将球交给身后队员，并站到本组排尾，接球者按照相同的方式抛球练习，每名游戏者抛接数次后结束游戏（图 4-13）。

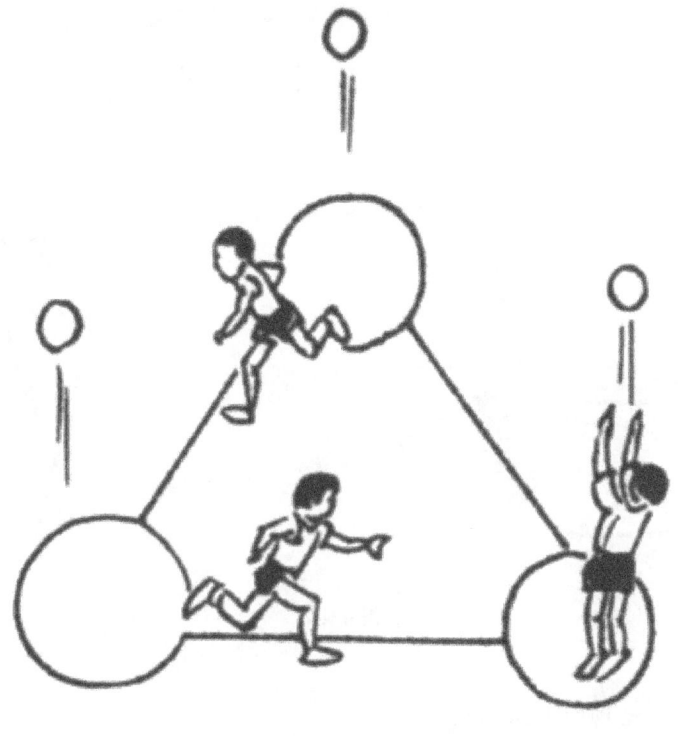

图 4-13

4．游戏规则

（1）垂直上抛球，使球与三角形顶点在一条垂直线上。
（2）抛出的球需具有一定的高度。

（七）传球比赛

1．游戏目标

促进大学生身体协调性和耐力素质的提高。

2．场地器材

画一条传球线（直线），在距离传球线 3~5 米的地方画两个直径为 1.5 米的圆圈，两圆间隔 3 米。将 2 个排球分别放在两个圆圈中心。

3．游戏方法

将参与游戏的学生分成相等人数的两个队，两队分别面对一个圆圈按照纵队的队形在传球线后站好。教师发出开始信号后，排头第一名学生快速跑到圈内拿球，通过上手传球的方式给本队第二名学生传球，第二名学生接球后同样采用这一方法回传球，然后跑到队尾，其他队员依次按照同样的方法进行游戏，本队队员均和排头传球一次后，排头把球放回圆圈中心，回到本队拍本队排第二位的手后站到本队排尾，排在第二位的学生快速拾球按照同样的方法和本队队员每人传球一次……其他队员同样如此进行比赛，直到有一队的排尾先传球完毕并跑回传球线后结束游戏，该队获得胜利（图4-14）。

图 4-14

4．游戏规则

（1）学生必须按规定方法和顺序传球。

（2）传球时如果出圈过线，视为犯规。

（3）传球失误后拣回重新传球。

（八）依次击球

1．游戏目标

促进学生步法移动速度的提高。

2．游戏准备

1副球台，1个乒乓球，若干球拍。

3．游戏方法

参与游戏的学生顺序报数，并按奇偶数在球台两侧站好。教师发出开始信号，1号学生发球击第一板，然后迅速站到偶数队队尾；2号学生接球并击出第二板后站到奇数队队尾；3号学生接球并击第三板后站到偶数队队尾……以此类推，10分钟内以个人失误次数排列名次（图4-15）。

4．游戏规则

（1）按乒乓球比赛规则接发球。

（2）接球时不允许发力攻球。

图 4-15

第四节　耐力运动员突破成绩瓶颈的训练方法

一、耐力运动员成绩出现瓶颈的原因

大学生运动员中，从事耐力项目的称为耐力型运动员，这类运动员成绩出现瓶颈的原因主要有以下几方面。

（1）运动员支撑力量不足，力量传导能力薄弱也是导致成绩出现瓶颈的一个主要原因。

（2）耐力运动员长时间进行同一姿势的训练，容易导致动作节省化的现象，这又会引发参与比赛的部分肌肉训练不足的问题。

（3）运动员心肺功能下降，耐乳酸能力有限也会导致成绩难以提高。

（4）运动员散热能力存在问题。

二、耐力运动员突破成绩瓶颈的方法

（一）解决支撑力量和力量传导环节薄弱的问题

影响耐力型运动员比赛成绩的一个关键性因素就是高强度的动作经济性。而动作经

济性又与运动员的支撑力量和力量传导环节有关。运动员各关节周围肌肉的薄弱以及核心力量不足是导致其支撑力量及力量传导环节薄弱的主要原因。所以，要想提高动作经济性，就要对这些薄弱环节问题加以解决。

例如，提高中长跑项目运动员支撑力量的训练方法主要是超等长训练法，如单腿跳跃、双腿跳跃、低落地跳起、障碍跳跃、双足跳围栏等。提高力量传导效率主要是提高腹横肌、多裂肌、内斜肌、深横脊肌群、腹膈肌等对腰、髋部位起稳定性作用的肌肉的力量，这主要可以通过垫上或健身球上的支撑性练习来实现。需要注意的是，这种训练效果是日积月累的，不会在短时间内迅速提高成绩，所以运动员必须坚持不懈地训练。

（二）解决部分参与比赛的肌肉训练不足的问题

耐力运动员参与平地长距离训练的过程中，无氧阈强度要比比赛强度低，这就导致参与比赛的肌肉无法都得到充分的锻炼，随着训练时间的增加，参与比赛的肌肉比例就会因为得不到锻炼而不断降低，这样就会对比赛成绩造成影响。一些运动员试图通过大强度训练来解决这一问题，虽然这一问题得到了解决，可又有新的问题出现了，即由于大量参与高强度训练而引起不良（交感神经疲劳、心肌炎等）症状，通过间歇训练可以避免这些症状出现，但因为运动量达不到一定的程度而又无法解决之前肌肉训练不足的问题。

体育项目的动作姿态和运动强度决定了运动员在比赛中要动用哪些肌肉群。长时间进行高强度的运动不利于人体健康，所以改变肌肉训练不足这一问题的比较可行的方案是改变动作姿态，使参与比赛的部分肌肉的训练量增加。换言之，总负荷不变，只增加局部肌肉的负荷，这样就可以有针对性地训练平时不易动用的但又会参与比赛的肌肉了，而且能够使心肌疲劳、神经疲劳症状的出现得到避免。例如，中长跑运动员可通过以下3种方式来达到这一效果。

（1）在有坡度的地方（丘陵等）进行无氧阈强度训练。
（2）借助力量器械进行力量耐力训练。
（3）用功率自行车（较大阻力）进行中低强度训练，使大腿和臀部大肌群得到充分的锻炼。

（三）解决心肺功能及耐乳酸能力低下的问题

在同一环境下，受适应本能的影响，运动员各方面能力的挖掘是相对有限的，心肺功能、耐乳酸能力同样也是如此。心肺功能、耐乳酸能力与环境因素有关，如果环境发生变化，人就继续挖掘自身的能力来适应新环境。有关人员在进行长期的研究后提出，高原训练对提高心肺功能及耐乳酸能力很有帮助。经过系统的平原训练后，运动员具备了一定的运动能力，在此基础上进行1个月左右的大强度高原训练可以促进心肺功能及耐乳酸能力的提高。

（四）解决散热能力不足的问题

高水平体能类项目运动员的比赛成绩会受到其自身散热能力的影响。一些运动员因为散热能力较差，所以在高温、高湿环境下训练或比赛，成绩就会大幅下降。发汗是所有人散热的主要途径，发汗能力虽然会受到先天因素的影响，但后天进行有效的适应性训练是可以有效改善这一能力的。

相关研究表明，运动员在炎热环境下每天进行 100 分钟的运动，从第 5 天起，发汗量的变化就不明显了。所以说，通过 5 天热适应练习可以使运动员的发汗能力大大提高。耐力项目运动员同样可以通过这种方式来提高自身的散热能力和运动能力。

运动员在热环境中训练要特别注意补充营养，具体策略如下。

（1）运动员体内的糖分在热环境下会大量消耗，所以要充分补充主食。

（2）在热环境下训练，水分会大量丢失，因而体重也会随之下降，下降到一定程度，有氧能力和无氧能力就会不同程度地降低。所以在训练间歇期要注意对运动饮料的补充。

（3）机体内的铁会随着出汗而丢失。所以适当补铁也是在热环境中训练需要注意的事项。

（4）在训练之前，运动员应多吃碱性物质（水果、蔬菜等），补充微量元素，避免在热环境训练中出现内环境酸化的现象。

第5章

柔韧素质训练的基本理论与方法

在一些体育运动项目中，柔韧和灵敏是其所需的主要的素质，也就是说这些项目需要在柔韧和灵敏素质的主导下来完成。因此，对于大学生参与这些体育运动项目以及自身身体全面发展来说，进行柔韧和灵敏素质的相关训练都是非常有必要且重要的。本章主要围绕柔韧素质和灵敏素质的基本知识以及相关的训练方法和手段展开论述。

第一节 柔韧素质及灵敏素质概述

一、柔韧素质的概述

（一）柔韧素质的概念

柔韧素质是指人体中的每一个关节的活动幅度以及相关肌肉、韧带、肌腱等软组织的伸展能力。

对于柔韧素质的概念，可以从以下两个方面来进行理解。

第一，人体各个关节的活动受到人体骨骼与关节解剖结构的影响，这主要从关节活动的幅度受到限制表现出来。

第二，从概念中所提及的有关肌肉、韧带、肌腱等的伸展性主要是指跨过关节的那一部分软组织的伸展能力。

（二）柔韧素质的分类

1. 一般柔韧素质与专项柔韧素质

根据柔韧素质与专项的关系，可将其分为一般柔韧素质和专项柔韧素质。

（1）一般柔韧素质：为了更好地满足一般技能发展的需要所应具备的柔韧能力。

（2）专项柔韧素质：为了满足一定强度的体育运动与训练需要所应具备的柔韧素质。

2. 静力性柔韧素质与动力性柔韧素质

从柔韧素质外部运动表现的状态来看，可将其分为静力性柔韧素质和动力性柔韧素质。

（1）静力性柔韧素质：是指为了更好地满足静力性技术动作的相关需要，肌肉、韧带、肌腱拉伸到动作所要求的位置角度，并保持一定时间的能力。

（2）动力性柔韧素质：是指为了更好地满足动力性工作的具体需要，将肌肉、韧带、肌腱拉伸到解剖穴位上的最大控制范围，在通过记住与弹性回缩力来对动作进行完成时所表现出来的能力。

3. 主动柔韧素质与被动柔韧素质

根据柔韧素质训练的完成表现，可将其划分为主动柔韧素质和被动柔韧素质。

（1）主动柔韧素质：是指运动员通过主动参与运动锻炼所表现出来的柔韧素质水平。

（2）被动柔韧素质：是指需要借助外力才能表现出来的柔韧水平。

二、灵敏素质的概述

（一）灵敏素质的概念

灵敏素质是指在面对各种条件突然变换的情况下，运动员能够快速、协调、准确地完成动作的能力。它是运动员各种运动素质和运动技能在运动过程中的综合表现。

（二）灵敏素质的分类

从灵敏素质与专项之间的关系来看，其可以分为一般灵敏素质和专项灵敏素质两类。

（1）一般灵敏素质：是指在参与各类活动之中，运动者在面对条件突然变化的情况，能够准确、快速完成各种动作的能力，它是专项灵敏素质得以发展的重要基础。

（2）专项灵敏素质：是指在各种专项运动中，运动者能够对各种专项运动动作进行准确、快速、协调完成的能力。

第二节　柔韧素质训练的方法与手段

一、柔韧素质训练的方法

（一）静力拉伸法

这种训练方法是指通过进行缓慢动作，来使某些环节以某一种姿势进行长时间的固定，对肌肉、韧带、肌腱等软组织进行拉伸的练习方法。这种方法可以分为两种，即被动的静力拉伸法和主动的静力拉伸法。

被动的静力拉伸练习法是指通过使用外力来对固定姿势进行保持的练习。

主动的静力拉伸练习法是指在最大幅度动作的情况下,通过借助自身肌肉力量来对静止姿势进行保持的练习方法。

(二)动力拉伸法

这种训练方法是指练习者通过进行自身动作,使原动肌进行有节奏、较为快速并多次重复的收缩,以使与环节运动相反的一侧的对抗肌受到反复拉伸的练习方法。其可以分为被动性动力拉伸法和主动性动力拉伸法两种。

被动的动力拉伸练习是指借助教练员或同伴的帮助来对肌肉、韧带进行拉长的练习。

主动的动力拉伸练习是指借助自身的力量,来使肌肉、韧带、肌腱等软组织得以拉长,促使其伸展性得以提高的练习。

(三)本体感受神经肌肉伸展法

此种方法,也被称为"PNF 法"。起初,这种方法主要被用于对各种神经肌肉瘫痪的病人进行治疗,但随着体育运动的快速发展,一些学者发现这种方法能够促使个体的柔韧素质在短时间内得到快速提升。

这种方法需要借助教练员或同伴等外力的帮助,相关关节的活动幅度可以在一次的伸展练习中得到显著提高,不容易产生肌肉损伤或酸痛,具有高效、安全、简单等特点。

二、柔韧素质训练的手段

(一)各关节柔韧素质训练的手段

1. 肩关节柔韧素质训练

(1)向内拉肩。训练手段:采用站立或坐立,将一只手臂的肘关节抬到与肩部同高的位置,屈肘;将另一只手臂抬起到与肩部同高的位置并用手抓住对侧肘关节,呼气,并向后拉。然后交换手臂进行重复练习。

训练要求:在整个过程中要尽量增大动作幅度,动作结束要保持 10 秒钟左右。

(2)向后拉肩。训练手段:采用站立或坐立,将两只手在背后进行合掌,手指向下,吸气,转动手腕使手指向上移动,直到双手最大限度,并将肘部向后拉。重复这一练习。

训练要求:要尽可能地增大动作幅度,将动作保持 10 秒左右。

(3)背向拉肩。训练手段:背对墙壁站立,将两手臂向后抬起,直至与肩部同高,直臂扶墙,两手手指朝上。呼吸,将双膝屈曲。重复这一练习。

训练要求:要尽可能地增加动作幅度,在动作结束后要保持 10 秒左右。

(4)助力顶肩。训练手段:采用跪立姿势,将两手臂向上举,两手在同伴的颈后进行交叉。同伴手扶练习者的肩胛进行,站在练习者身后采用两手左右开立姿势。将身体向后仰,使用腰部发力将练习者的肩胛部位向上顶,重复这一练习。

训练要求：要尽可能地增加动作幅度，在动作结束后要保持 10 秒左右。

（5）助力转肩。训练手段：将一只手臂成 90°侧举，在同伴帮助下将肘关节固定，向后进行推手腕。然后，交换手臂进行重复练习。

训练要求：要尽可能地增加动作幅度，在动作结束后要保持 10 秒左右。

（6）单臂开门拉肩。训练手段：在一扇打开的门框内，双脚前后开立，拉伸臂肘关节外展到肩的高度。拉伸臂前臂向上，掌心对墙。呼气，上体向对侧转动拉伸肩部。重复练习。

训练要求：要尽可能地增加动作幅度，在动作结束后要保持 10 秒左右。

（7）握棍直臂绕肩。训练手段：两腿成并拢站立姿势，两手握一毛巾或木棍于腰部前方。吸气，将两手臂直臂从腰前部经过头部上方绕到腰后部，然后再按照原路线返回，并重复这一练习。

训练要求：在此过程中，动作不能太多，要将两手臂始终保持伸直。

2．腕关节柔韧素质训练

（1）压腕。训练手段：站立姿势，将两手臂于胸前屈肘，将一只手的手掌根部顶在另一只手的四肢末端。用一只手的手掌根部用力压另一只手的四指末端，然后交换手臂进行重复这一练习。

训练要求：要尽可能地增加动作幅度，在动作结束后要保持 10 秒左右。

（2）跪撑正压腕

训练手段：两手臂直臂和两膝部撑地，两手之间的距离保持大约与肩同宽，手指向前。呼气，将身体重心向前移动。然后恢复到开始姿势重复进行练习。

训练要求：要尽可能地增加动作幅度，在动作结束后要保持 10 秒左右。

（3）跪撑侧压腕。训练手段：两手臂直臂和两膝部撑地，将两手手腕靠拢，手指指向体侧。呼气，将身体重心向前、向后进行缓慢移动。重复这一练习。

训练要求：要尽可能地增加动作幅度，在动作结束后要保持 10 秒左右。

（4）跪撑反压腕。训练手段：双膝和双臂直臂撑地，双手间距约与肩同宽，手指向后。呼气，身体重心后移。恢复开始姿势重复练习。

训练要求：要尽可能地增加动作幅度，在动作结束后要保持 10 秒左右。

（5）向内旋腕。训练手段：采用站立姿势，将两手臂伸直，两手合掌。呼气，将两手手腕尽量内旋，双手分离。重复进行练习。

训练要求：要尽可能地增加动作幅度，在动作结束后要保持 10 秒左右。

3．髋关节柔韧素质训练

（1）弓箭步压腿。训练手段：采用弓箭步站位，前腿膝关节成 90°。后面腿脚背触地，脚尖朝后。两手叉腰。通过屈膝将身体重心降低，后腿膝部触地。呼气，将后腿及腰部下压，然后换腿进行重复练习。

训练要求：要尽可能地增加动作幅度，在动作结束后要保持 10 秒左右。

（2）仰卧转压腿。训练手段：采用仰卧姿势，两腿伸展，将左腿屈膝提到胸部，使用右手扶住左膝部外侧。将左手臂向左侧进行伸展。呼气，使用右手横向将左膝压在身体右侧的地面。两腿进行交替练习。

训练要求：要保持头部、肘部和双肩与地面相接触。要尽可能地增加动作幅度，在动作结束后要保持10秒左右。

（3）身体扭转侧屈。训练手段：直立，左腿伸展、内收，在右腿前尽量与其交叉。呼气，躯干向右侧屈，双手力图接触左脚跟。身体两侧轮换练习。

训练要求：要尽可能地增加动作幅度，在动作结束后要保持10秒左右。

（4）台上侧卧拉引。训练手段：在台子边缘进行侧卧，将双腿进行伸展。呼气，将台上面的腿伸直，然后分腿向后移动，于空中保持悬停，以达到拉伸效果。然后，换腿进行重复练习。

训练要求：要尽可能地增加动作幅度，在动作结束后要保持10秒左右。

（5）坐立反向转体。训练手段：在地面上坐立，将两腿于体前进行伸展，将两手撑于腰部后方地面上。将一条腿与另一条腿进行交叉，屈膝使脚后跟向着臀部方向进行滑动。呼气，转体，将头转向身体后方继续转体，以使身体对侧的肘关节顶在屈膝腿的外侧，并将屈膝腿进行缓慢推动。

训练要求：要尽可能地增加动作幅度，在动作结束后要保持10秒左右。

（6）垫上前后分腿。训练手段：在垫子上坐立，将两腿向前进行伸展，用两手撑放在腰部两侧的地面上。右腿大腿向外展，与垫子相接触并屈膝，以使右脚与左膝部相接触。吸气，两手臂将身体撑起。左腿向身体后方进行伸展，大腿上部、膝盖、胫前部和脚掌内侧接触垫子。呼气，将左腿的髋关节向下压。换腿进行重复练习。

训练要求：要尽可能地增加动作幅度，在动作结束后要保持10秒左右。

（7）仰卧腰臀拉伸。训练手段：在台子边缘平卧，从台子上移下外侧腿悬垂空中。吸气，台子上的内侧腿屈膝，用双手抱膝缓慢拉向胸部。

训练要求：要尽可能地增加动作幅度，在动作结束后要保持10秒左右。

（8）仰卧交叉腿曲腿。训练手段：采用仰卧姿势，将左腿于右腿上进行交叉，两手在头后部进行交叉。呼气，右腿进行屈膝，并将右脚提起与地面相脱离。将左腿向着头部方向进行缓慢推动。两腿进行交替。

训练要求：要使头部、肩部、背部同地面保持接触。要尽可能地增加动作幅度，在动作结束后要保持10秒左右。

4．踝关节柔韧素质训练

（1）跪撑后坐。训练手段：跪在地面，双手撑地，双脚并拢以脚掌支撑。呼气，向后下方移动臀部。

训练要求：要尽可能地增加动作幅度，在动作结束后要保持10秒左右。

（2）上拉脚趾。训练手段：将一条腿的小腿放于另一条腿的大腿上。一只手抓住踝关节，另一只手抓住脚掌和脚趾。

训练要求：呼气，并向脚背方向拉引脚趾。双脚轮流练习。

（3）下拉脚趾。训练手段：将一条腿的小腿放在另一条腿的大腿上。一只手抓住踝关节，另一只手抓住脚趾和脚掌。

训练要求：呼气，并将脚趾向着脚掌的方向进行拉引。双脚进行轮流练习。

（4）踝关节向内拉伸。训练手段：将一条腿的小腿放在另一条腿的大腿上。用一只手将踝关节上部小腿抓住，另一只手将脚的外侧抓住。呼气，并将踝关节向着足弓方向拉引，两脚进行轮流练习。

训练要求：要尽可能地增加动作幅度，在动作结束后要保持10秒左右。

(5) 脚趾上部拉伸。训练手段：保持两脚前后开立，前腿膝部微屈，脚趾前部支撑于地面，两手放在前大腿上。两腿交换进行练习。要注意的是，在吸气的过程中要将身体重心向前腿的脚趾进行移动，并向下缓慢压。

训练要求：要尽可能地增加动作幅度，在动作结束后要保持10秒左右。

(6) 脚趾下部和小腿后部拉伸。训练手段：面对墙站立，并成前后开立，前脚距离墙壁50厘米左右。用两手扶墙，将身体向墙壁倾斜。后脚正对墙，将后脚脚跟贴在地面上。呼气，将脚后跟提起，将身体重心移动到后脚的脚掌上，向下压。然后两腿轮流练习。

训练要求：要尽可能地增加动作幅度，在动作结束后要保持10秒左右。

(二) 各部位柔韧素质训练的手段

1. 颈部柔韧素质训练

(1) 前拉头。训练手段：采用站立或坐立姿势，两手在头后方交叉。呼气，将头部向着胸部方向拉，下腭与胸部相接触。

训练要求：将肩部向下压。要尽可能地增加动作幅度，在动作结束后要保持10秒左右。

(2) 侧拉头。训练手段：采用站立或坐立姿势，将左手手臂在背后屈肘，右手手臂从背后将左手臂肘关节抓住。将左手臂肘关节拉过身体中线。呼气，将右耳贴在右肩上。

训练要求：要尽可能地增加动作幅度，在动作结束后要保持10秒左右。

(3) 后拉头。训练手段：采用站立或坐立姿势，将头部小心向后仰，将两手放在前额，将颈部向后缓慢拉。

训练要求：要尽量保持动作轻缓，保持结束动作10秒左右。

(4) 仰卧前拉头。训练手段：屈膝仰卧，双手在头后交叉。呼气，向胸部方向拉头部。

训练要求：肩胛部位贴在地面上。要尽可能地增加动作幅度，在动作结束后要保持10秒左右。

(5) 团身颈拉伸。训练手段：身体开始从仰卧姿势进行举腿团身，使用头后部和肩部来支撑起身体重量，身体由仰卧姿势开始举腿团身，头后部和肩部支撑体重，双手膝后抱腿；呼气，向胸部拉大腿，双膝和小腿前部接触地面。重复练习。

训练要求：动作结束后要保持10秒左右。

(6) 持哑铃颈拉伸。训练手段：双脚并拢站立，右手持哑铃使肩部尽量下沉。左手经过头顶扶在头右侧。呼气，左手向左侧拉头部，使头左侧贴在左肩上。改变方向重复练习。

训练要求：动作缓慢进行，动作结束后要保持10秒左右。

2. 胸部柔韧素质训练

(1) 跪拉胸。训练手段：跪在地面，身体前倾，双臂前臂交叉高于头部放在台子上。呼气，下沉头部和胸部，一直到接触地面。重复练习。

训练要求：要尽可能地增加动作幅度，在动作结束后要保持10秒左右。

（2）开门拉胸。训练手段：在一扇打开的门框内，双脚前后开立，双臂肘关节外展到肩的高度。双臂前臂向上，掌心对墙。呼气，身体前倾拉伸胸部。重复练习。

训练要求：要尽可能地增加动作幅度，在动作结束后要保持 10 秒左右。也可以将双臂继续提高，拉伸胸下部。

（3）坐椅胸拉伸。训练手段：在椅子上坐立，将双手在头后方进行交叉，椅背高度在胸中部。吸气，将两手臂向后移动，躯干上部进行后仰，将胸部拉伸。

训练要求：缓慢进行动作，保持结束动作 10 秒左右。

（4）直臂开门拉胸。训练手段：在一个门框内，双脚成前后开立，两手臂向斜上方伸直顶在墙壁和门框上。双手掌心对墙。呼气，身体前倾对胸部进行拉伸，然后，重复这一练习。

训练要求：要尽可能地增加动作幅度，在动作结束后要保持 10 秒左右。

3．腹部柔韧素质训练

（1）仰卧背弓。训练手段：在垫子上仰卧，屈膝，脚跟向着腰背部进行移动。吸气，使用两手将双踝关节抓住。臀部肌肉进行收缩，将胸部和双膝提离垫子。然后，重复这一练习。

训练要求：要尽可能地增加动作幅度，在动作结束后要保持 10 秒左右。

（2）跪立背弓

训练手段：跪立于垫子上，两脚脚尖朝后。将两手扶在臀上部，形成背弓，臀部肌肉收缩并向前送髋。呼气，将背弓幅度加大，头后仰、张口，将两手逐渐滑向脚跟。重复进行练习。

训练要求：要尽可能地增加动作幅度，在动作结束后要保持 10 秒左右。

（3）上体俯卧撑起。训练手段：俯卧，将两手手掌心向下，将两手指向前放在腰髋两侧。呼气，用两手臂将上体撑起，头部后仰，形成背弓。重复这一练习。

训练要求：要尽可能地增加动作幅度，在动作结束后要保持 10 秒左右。

4．背部柔韧素质训练

（1）坐立拉背。训练手段：坐立，双膝微屈，躯干贴在大腿上部，双手抱腿，肘关节在膝关节下面。呼气，上体前倾，双臂从大腿上向前拉背，双脚保持与地面接触。

训练要求：要尽可能地增加动作幅度，在动作结束后要保持 10 秒左右。

（2）站立伸背。训练手段：两脚并拢站立，使身体向前倾，直到平行于地面，用两手扶在栏杆上，比头部稍高，使四肢保持伸直、曲腰。呼气，两手抓握住栏杆，并向下压上体，以使背部向下凹，形成背弓。

训练要求：要尽可能地增加动作幅度，在动作结束后要保持 10 秒左右。

5．腰部柔韧素质训练

（1）仰卧团身。训练手段：仰卧在垫子上，屈膝，两脚向臀部滑动。两手扶握在膝关节下部。呼气，两手将双膝向着胸部和肩部进行牵拉，并从垫子上将腰髋部提起。重复这一练习。

训练要求：要尽可能地增加动作幅度，在动作结束后要保持 10 秒左右，之后伸膝放松。

（2）俯卧转腰。训练手段：俯卧在台子上，躯干上部伸出边缘之外悬空，颈后肩上扛一根木棍。双臂体侧展开固定木棍。呼气，尽量大幅度转动躯干，不同方向重复练习。

训练要求：动作结束保持数秒再回转躯干。

（3）倒立曲腰。训练手段：身体从仰卧姿势转变为垂直倒立姿势，用头后部、肩部和上臂来对身体形成支撑，用两手扶在腰部。呼气，将两腿并拢，直膝，将双脚的高度缓慢降低，一直到与地面相接触。重复进行练习。

训练要求：动作结束后保持10秒左右。

（4）体前屈蹲起。训练手段：将两脚并拢，俯身下蹲，将两手手指向前，放在脚两侧的地面上。躯干贴在大腿上部。将膝部伸直到最大限度，重复进行这一练习。

训练要求：要尽可能地增加动作幅度，在动作结束后要保持10秒左右。

（5）站立体侧屈。训练手段：两只脚左右开立，将两手相交叉举过头顶并向上伸直手臂。呼气，将一侧耳朵贴在肩上，体侧屈到最大限度。向身体的另一侧进行重复练习。

训练要求：要尽可能地增加动作幅度，在动作结束后要保持10秒左右。

（6）助力腰腹侧屈。训练手段：两只脚成左右开立，一只手臂自然向下垂，另一只手臂向上举起并在头部上方进行屈肘。在同伴的帮助下，同伴一手固定其腰髋部，另一手抓住其上举臂的肘部。呼气，在同伴的帮助下向着下垂臂的一侧进行侧屈上体。然后，交换进行重复练习。

训练要求：要尽可能地增加动作幅度，在动作结束后要保持10秒左右。

6. 臂部柔韧素质训练

（1）上臂颈后拉。训练手段：采用站立或坐立姿势，将左手臂进行屈肘向上举起到头部后方，左肘关节放在头侧，左手向下垂到肩胛处。将右手臂屈肘向上举起，在头后部用右手抓住左臂肘关节。呼气，并用右手向右拉左手臂肘关节。然后，交换进行重复练习。

训练要求：要尽可能地增加动作幅度，在动作结束后要保持10秒左右。

（2）背后拉毛巾。训练手段：采用站立或坐立姿势，一只臂肘关节在头侧，另一只臂肘关节在腰背部。吸气，两只手握住一条毛巾并逐渐相互靠近。然后交换进行重复练习。

训练要求：要尽可能地增加动作幅度，在动作结束后要保持10秒左右。

7. 腿部柔韧素质训练

（1）大腿前部。

① 坐压脚。训练手段：跪在地面，脚趾向后。呼气，坐在双脚的脚跟上。训练要求：将动作保持10秒，然后放松之后继续进行重复练习。如果膝部受伤，则不宜采用这一练习。

② 分腿拉脚。训练手段：两腿前后分开，右腿在前，并屈膝约90°成支撑，左腿在后以膝关节来进行支撑，右手扶地。将上体向前倾，左手在身后抓住左脚，并向臀部方位进行提拉。两腿进行交替练习。训练要求：保持髋关节、膝关节、踝关节和脚在前后方向上成一线。要尽可能地增加动作幅度，在动作结束后要保持10秒左右。

③ 扶墙上拉脚。训练手段：面对墙壁站立，一腿支撑，另一腿屈膝，使脚后跟扣紧臀部，用一只手扶墙。呼气，使用另一只手抓住屈膝腿将脚背提起，吸气，将脚向臀部方向进行缓慢提拉。训练要求：要尽可能地增加动作幅度，在动作结束后要保持10

秒左右。

④ 垫上仰卧拉引。训练手段：跪坐在垫子上，使臀部接触垫子，将身体向后倒，于垫子上平躺，两脚脚跟在大腿两侧，脚尖向后。身体后倒过程中呼气，直到背部平躺在垫上。重复练习。训练要求：要尽可能地增加动作幅度，在动作结束后要保持10秒左右。

⑤ 台上仰卧拉引。训练手段：在台子边缘平躺，使台子内侧腿屈膝，脚跟靠近臀部，以更好地将髋关节固定，台子内侧手抓住台子内侧腿的膝关节下部。呼气，将外侧腿于髋关节部位从台子上向外侧水平倾倒，直至水平。使用台子外侧手，抓住外侧腿的踝关节或脚，向着臀部方向进行缓慢拉引，然后换腿进行重复练习。训练要求：要尽可能地增加动作幅度，在动作结束后要保持10秒左右。

⑥ 台上平卧拉引。训练手段：在台子边缘平卧，呼气，将外侧腿及髋关节从台子上移下。台子内侧手将外侧腿的踝关节或脚抓住，向着臀部方向进行缓慢拉引。换腿进行重复练习。训练要求：要尽可能地增加动作幅度，在动作结束后要保持10秒左右。

⑦ 坐立后仰腿折叠。训练手段：采用坐立姿势，一条腿进行屈膝折叠，使大腿和膝内侧于地面相接触，脚尖向后。呼气，使身体向后仰，先使用两手臂的前臂和肘关节对上体进行支撑，最后于地面平躺。双腿交替练习。训练要求：要尽可能地增加动作幅度，在动作结束后要保持10秒左右。

（2）大腿后部。

① 压腿。训练手段：在台子侧站立，将一条腿支撑于地面上，另一条腿伸膝放在台子上。呼气，保持两腿膝关节伸直，髋关节正对台子。将上体向前倾，与台子上的大腿相贴近，重复这一练习。训练要求：要保持腿膝部伸展，背部伸直，将肘关节向上提。要尽可能地增加动作幅度，在动作结束后要保持10秒左右。

② 坐压腿。训练手段：坐于地面，将两腿分开，一条腿伸直，另一条腿屈膝，脚跟与伸展腿的内侧相接触。呼气，将上体向前倾，与伸展腿的大腿上部相贴近。然后，换腿进行重复练习。训练要求：要保持腿膝部伸展以及背部伸直。要尽可能地增加动作幅度，在动作结束后要保持10秒左右。

③ 坐拉引。训练手段：于地面坐立，将两腿在体前伸展，两手放在腰部后方地面上进行支撑。一条腿屈膝，用一只手抓住脚跟内侧。呼气，屈膝腿伸展，直到垂直于地面。训练要求：要尽可能地增加动作幅度，在动作结束后要保持10秒左右。

④ 仰卧拉引。训练手段：仰卧于地面上，屈膝，脚跟与臀部相靠近，吸气，将一条腿向上伸膝。呼气，将空中伸展的腿向头部进行直膝拉引。训练要求：要注意始终保持被拉引腿处于直膝状态。要尽可能地增加动作幅度，在动作结束后要保持10秒左右。

⑤ 站立拉伸。训练手段：背贴墙壁站立，吸气，将一条腿直膝抬起。同时，同伴用两手抓住踝关节上部，协助将腿进行上举。训练要求：帮助腿上举时呼气，要尽可能地增加动作幅度，在动作结束后要保持10秒左右。

⑥ 仰卧拉伸。训练手段：成仰卧姿势，将一条腿直膝抬起，固定骨盆成水平姿势。同时，在同伴的帮助下对地面腿进行固定，保持直膝，并协助其继续提腿。训练要求：在同伴帮助下，继续向上提腿时要呼气，要尽可能地增加动作幅度，在动作结束后要保持10秒左右。

⑦ 长凳坐压腿。训练手段：坐在长凳上，一条腿伸膝放在凳上，另一条腿的脚接触地面。双手头后交叉。呼气，上体前倾贴近长凳上伸展腿的大腿上部。重复练习。训练要求：保持腿膝部伸展和背部伸直，将肘关节继续向上提。要尽可能地增加动作幅度，在动作结束后要保持10秒左右。

（3）大腿内侧。

① 青蛙伏地。训练手段：在地面上成分腿跪姿势，脚趾指向身体两侧，前臂向前以肘关节支撑于地面。呼气，将两腿向着身体两侧继续分，同时将两手臂向前伸，上臂和胸部完全贴在地面上。训练要求：要尽可能地增加动作幅度，在动作结束后要保持10秒左右。

② 体侧屈压腿。训练手段：在一个与腰髋部同高的台子前侧相对站立，两只脚平行于台子，将一只脚放在台子上。在头部上方将两手交叉，呼气，将上体向台子方向进行体侧屈。双腿交替练习。训练要求：要尽可能地增加动作幅度，在动作结束后要保持10秒左右。

③ 扶墙侧提腿。训练手段：双手扶墙站立，吸气，一条腿屈膝，向体侧分腿提起。同伴抓住踝关节和膝关节，帮助继续向上分腿提膝，同时呼气。训练要求：要尽可能地增加动作幅度，在动作结束后要保持10秒左右。

④ 跪撑侧分腿。训练手段：双腿于地面跪立，脚趾指向后方，双手直臂支撑于地面。将一条腿进行侧伸，呼气，两手臂屈肘，将跪撑腿的髋关节下压至地面，同时向外侧转髋。双腿交替练习。训练要求：要尽可能地增加动作幅度，在动作结束后要保持10秒左右。

⑤ 弓箭步拉伸。训练手段：成弓箭步站立姿势，两脚之间的距离大约60厘米，将后脚向外旋转90°，两手叉腰。呼气，将前脚向前继续移动，后腿的腰髋部向下压。然后，交换腿继续进行重复练习。训练要求：要尽可能地增加动作幅度，在动作结束后要保持10秒左右。

⑥ 顶墙坐拉引。训练手段：将腿部顶墙而坐，两腿在体前进行屈膝展开，使两脚脚掌相对，两手握住两脚脚掌并向着腹股沟方向尽量拉。呼气，将上体缓慢前倾。训练要求：要尽可能地增加动作幅度，要尝试将胸部与地面相接触，在动作结束后要保持10秒左右。

⑦ 分腿坐体侧曲。训练手段：坐于地面，将两腿向体侧直膝并尽最大幅度进行分腿，左手臂同腿前部相贴近，将右手臂向头上进行伸展。呼气，上体从腰部尽量向着左侧屈。然后，再向右侧重复这一练习。训练要求：要尽可能地增加动作幅度，在动作结束后要保持10秒左右。

⑧ 肋木大腿滑拉。训练手段：两手扶在肋木之上，将一只脚放在肋木上，保持与腰部同高，另一只脚在地面上同肋木保持平行。呼气，将支撑腿的脚向着远离肋木的方向进行滑动，一直到最大限度，双腿交替练习。训练要求：要尽可能地增加动作幅度，在动作结束后要保持10秒左右。

⑨ 直膝分腿坐压腿。训练手段：坐于地面，将双腿尽量分开，呼气，转体，将上体向前倾，并贴在一条腿上部。两腿交换拉伸，继续重复这一练习。训练要求：将双腿和腰部进行充分伸展。要尽可能地增加动作幅度，在动作结束后要保持10秒左右。

第三节　灵敏协调素质发展的方法与手段

一、灵敏素质训练的一般方法

（一）徒手训练法

这种方法主要是通过借助身体各个部位的相互配合来进行灵敏性训练的方法，其可分为单人练习法和双人练习法两大类。

单人练习法是指练习者通过对自身各部位加以协调运用，来提高灵敏性的方法。

双人练习法是通过两人之间的相互配合来提高灵敏性的训练方法。

（二）器械训练法

这种训练方法是指通过对一些运动器械加以运动来促使灵敏性素质得到提高的方法，包括单人训练和双人训练两类。

（三）组合训练法

这种组合训练法包括两个动作之间的组合、三个动作之间的组合和多个动作之间的组合。

（四）游戏训练法

灵敏性训练也包括很多游戏类方法，这些方法的特点就是能够使练习者在获得娱乐的同时，促使自身灵敏性素质水平得以提高。这种训练方法主要适用于初学者以及水平较低的训练者。

二、灵敏素质训练的具体手段

（一）徒手训练手段

1. 单人练习

（1）正踢腿转体。一腿支撑，站立不动，将另一条腿由下向前上方踢直至最高点时，以支撑腿作为轴心向后转体180°，两条腿进行交替练习。

训练要求：在踢腿的过程中，应将两腿伸直，快速上踢，并缓慢下落，在上踢到距离前额30厘米以内时做转体动作。进行练习3组，每组20次。

（2）腾空飞脚。右脚上步，将左脚向前摆踢，右脚蹬地跃起，身体腾空，将右脚向着前上方进行弹踢，绷直脚面，脚尖朝下。

训练要求：右腿在空中踢摆时，腾起高度要高，左腿在击响的一瞬间，收控于右腿侧；在空中上体要直，微向前倾。练习20次。

（3）旋风腿。开步站立，两腿稍微弯曲，两臂向身体右（左）斜下方平行伸出，此时左脚出左侧迅速提起向上高摆，上体左转，两臂上摆，右脚蹬地腾空。上体从左后前方围绕身体的垂直轴旋转一周。右腿上摆后由外侧随旋转大腿内收向里摆动。左手于体前上方拍击右脚底，然后落地。

训练要求：右脚蹬地时要迅速，右腿伸直后腾空。练习5组，每组3次。

（4）后扫腿。向前上左脚，屈左膝，成半蹲，伸直右膝成弓步。将左脚脚尖内扣，屈左膝成全蹲，成侧弓步姿势。同时，向右转动上体，并向前俯，两手随着身体右转在右腿内侧进行撑地，右手在前。随着两手撑地上体向右后拧转的惯性力量以左脚前脚掌为轴，右脚贴地面向后扫转一周。

训练要求：整个动作过程要快速连贯，左右腿进行交替练习。练习 4 组，每组 10 次。另外，也可做前扫腿练习。

（5）快速移动跑。站立两眼注视指挥手势或判断信号。当练习者听到信号或看到手势后，按照指挥方向进行前、后、左、右快速变换跑动。一般发出指令的间隔时间不超过 2 秒。

训练要求：反应迅速、判断准确，变换起跑快；每组15秒，共练习3组。

（6）越障碍跑。面向跑道站立，并在跑道上设置一些障碍。在听到开始指令之后，练习者通过跑、跳、绕等各类动作，越过相应的障碍物体，跑完全程，可以采用计时的方式来进行练习。

训练要求：快速、灵巧地通过障碍物体。练习2~3组。

2. 双人练习

（1）模仿跑。两人一组，成前后站立，相距间隔为 3 米。在开始之后，前者在跑动中做各种不同动作的变化练习，如急停、变向、跳跃、转身等，后者紧跟，并模仿前者跑的动作，并在跑动的过程中做出相同的动作变换。

训练要求：后者要集中注意力，跟随前者的动作而做出相应的动作，动作要保持协调，有节奏；每组持续 15 秒，间隔 30 秒，共进行 4 组练习。

（2）躲闪摸肩。两人一组，在一个直径为 2.5 米的圆圈内站立。在开始之后，练习者在规定的圆圈内跑动做一对一巧妙拍摸对方左肩的练习。

训练要求：统计并记录 30 秒内拍中对方肩的次数，重复2~3组。

（二）器械训练手段

1. 单人练习

这种练习包含有很多种形式，例如，利用球进行运球、传球、颠球、追球、接球、托球和多球练习、滚翻传接球练习，还可以借助单双杠悬垂摆动，或者借助一些器械进行翻越肋木、钻山羊、钻栏架，以及各种专项球类练习和技巧练习、体操练习等。

2. 双人练习

（1）扑球。两人分为一组，相对而立。一人抛球，一人接球，抛球者要将球抛向对方的体侧，接球者可以通过利用交叉步、交叉垫步、侧垫步起跳扑向球，并用手将球接住。然后，两人交换继续进行练习。

训练要求：逐渐加快抛球速度，判断准确、主动接球。

（2）跳起踢球。两人一组，相对而立，相距 15 米。一人抛球，将球抛向对方的体前或体侧，对方快速跳起用脚将球准确踢出。交替进行练习。

训练要求：抛球到位，踢球准确；持续练习 15 次/组，重复练习 2~3 组。

（3）接球滚翻。两人分为一组，一人坐在垫子上准备接球，另一人相对站立准备传球。坐于垫子上的人接来自不同方向和不同速度的球。在接左右两侧的球后做接球侧滚动；接正面的球后做接球后滚翻。然后交换继续进行练习。

训练要求：要将球传到位，接球滚翻动作要迅速、协调；每组持续 30 秒，做 2~3 组。

（三）组合训练手段

1. 两个动作的组合练习

两个动作的组合练习主要有：后踢腿跑接圆圈跑、前踢腿跑接后撩腿跑，交叉步接后退步，立卧撑接原地高频跑，前滚翻接挺身跳转 180°或 360°，变换跳转接交叉步跑、俯卧膝触胸接躲闪跑、转体俯卧接膝触胸、侧手翻接前滚翻、坐撑举腿接俯撑起跑、盘腿坐接后滚翻等。

2. 3 个动作的组合练习

3 个动作的组合练习主要有：腾空飞脚→侧手翻→前滚翻；交叉步→侧跨步→滑步；滑跳→交叉步跑→转身滑步跑等；转髋→过肋木→前滚翻；立卧撑→原地高频跑→跑圆圈；旋风脚→侧手翻→前滚翻等。

3. 多个动作的组合练习

多个动作的组合练习主要有：分腿跳→后退跑→鱼跃前滚翻→立卧撑；跨栏架→钻栏架→跳栏架→滚翻，后滚翻转体 180°→前滚翻→头手倒立前滚翻→挺身跳；腾空飞脚→旋子→前滚翻→乌龙绞柱；跨栏→钻栏→跳栏→滚翻、悬垂摆动→双杠跳下→钻山羊→走平衡木；倒立前滚翻→单肩滚翻→侧滚→跪跳起；摆腿→后退跑→鱼跃前滚翻→立卧撑等。

第6章 灵敏素质训练的基本理论与方法

灵敏素质主要表现在运动技能、神经反应和各种身体活动能力的综合运用上，是一种复合运动素质。许多项目都要求大学生在时空极具变化的条件下能够迅速对动作进行准确的判断、快速敏捷、灵活应变和快速改变身体或身体某部位运动的方向。因此，灵敏素质的训练是大学生运动训练的基本素质。

球类、滑雪、武术、散打、拳击、摔跤、击剑、体操等运动项目中，要求大学生在突然变化的条件下能迅速表现出对动作的准确判断与灵活应变、敏捷的反应速度、高度的自我操纵能力以及迅速改变身体或身体某部位运动方向的能力。这些都是灵敏素质的表现内容。因此，灵敏素质的提高与发展在体育运动项目中极为重要。

第一节 灵敏素质概述

一、灵敏素质的概念

灵敏素质是指人体在各种突然变换的条件下，快速、协调、敏捷、准确地完成动作的能力。它是大学生的运动技能、神经反应和各种身体素质的综合表现。

灵敏素质之所以是运动技能、神经反应和各种素质的综合表现，是因为不同训练项目对动作的要求都有不同程度的体现。它建立在力量、速度、耐力、柔韧等多种素质和技能之上。

通过力量特别是爆发力量，控制身体的加速或减速；通过速度，特别是爆发速度，控制身体移动、躲闪、变换方向的快慢；通过柔韧保证力量、速度的发挥；通过耐力保证持久的工作能力。

根据这些素质的综合运用和动作技能掌握的熟练程度，在中枢神经支配下，才能灵活地运用，使其动作不断地完善和技能不断的提高。神经反应决定了反应速度的快慢、判断是否准确、随机应变及时做出应答动作的快慢。因此，反应迅速、判断准确、及时做出应答动作是灵敏素质的先决条件，各素质协同配合是完成应答动作的基础。大学生的身体素质的某一项得到了发展，并熟练地掌握了运动技能，灵敏素质就能得到充分的发展和提高。

所以说，身体综合素质越好，完成动作越熟练，所表现的灵敏素质就越好。灵敏素质离不开其他素质和运动技能，现实中根本没有单纯的灵敏素质。

灵敏素质没有客观衡量标准，只能通过动作的熟练程度来显示灵敏素质的高低。其他素质的测定都有其客观的衡量标准，灵敏素质则没有，例如，我们常见的力量素质是用重量的大小来衡量，单位是千克；速度是用距离和时间的比来衡量，单位是米/秒；耐力用时间的长短或重复次数的多少来衡量；柔韧用角度、幅度的大小来衡量；而灵敏素质只有用迅速准确协调完成动作的能力来衡量。例如在判断大学生躲闪能力时，必须通过躲闪动作来体现，灵敏度越高，躲闪的速度就越快。因而，灵敏程度的高低决定了躲闪速度的快慢。同时，躲闪的能力也离不开其他素质，如反应能力和判断能力的素质要求。

速度力量又决定了反应动作的快慢，因此大学生在没有做出躲闪动作之前无法衡量在躲闪方面的灵敏素质，诸如急跑急停、转体、平衡等动作也都如此。

因此，身体素质越好，完成动作越熟练，所表现的灵敏素质就越好。离开其他素质和运动技能根本谈不上有灵敏素质，而灵敏素质只有通过熟练的动作才能表现出来，单纯的灵敏素质是不存在的。

判断和评价灵敏素质主要从以下3个方面来衡量。

（1）能力上。具有快速的反应、判断、躲闪、转身、翻转、维持平衡和随机应变的能力。

（2）动作上。在完成动作时，是否能自如地操纵自己的身体，在任何不同的条件下都能准确熟练地完成动作。

（3）其他素质上。是否能把力量（爆发力）、速度（反应速度）、耐力、协调性、节奏感等素质和技能通过熟练的动作综合表现出来。

在不同项目的体能训练中，对灵敏素质的要求也不相同，主要体现在以下3个方面。

（1）球类项目和部分对抗项目中，要求反应、判断、躲闪、随机应变方面的灵敏素质。

（2）体操、跳水等项目则需要身体位置迅速改变及空中翻转方面所表现的灵敏素质。

（3）滑雪、滑冰要求迅速调整身体平衡、快速改变身体方向等方面的灵敏素质。

以上所列举的项目，能够体现灵敏素质的作用，即灵敏素质在于优美、熟练、准确地完成动作，并在体能训练中有突出的表现。

二、灵敏素质的分类

根据体能训练目的和项目类型的不同，通常将灵敏素质分为一般灵敏素质和专项灵敏素质。

各专项体能训练对灵敏素质有着不同的要求。

球类项目和格斗类项目的动作变化较多，没有固定的程序和动作模式，是根据场上的变幻莫测的情况，随机应变，从而改变动作的方向、速度、身体姿势，主要强调反应、判断、躲闪、移动、随机应变、动作敏捷等能力。

体操、跳水等运动项目则侧重要求快速改变身体位置、空中翻转、时空感、节奏感和控制身体平衡等方面的能力。

灵敏素质具有明显的项目特点，必须根据专项技能的特异性，发展专项所需的灵敏素质。

（一）一般灵敏素质

一般灵敏素质，是指在各种活动中，人体在突然变换条件下，迅速、准确、合理完成各种动作的能力。它是灵敏素质发展的基础。

（二）专项灵敏素质

专项灵敏素质，是指在专项体能训练中，人体迅速、准确、协调自如地完成专项各种技术和战术动作的能力。它是在一般灵敏素质的基础上，多年重复技战术训练和提高专项技能的结果。

三、灵敏素质的意义

灵敏素质是协调发挥各种身体素质能力、提高技术动作质量、创造优异成绩的重要条件。它在体能训练中主要有两点意义。

（1）是大学生在体能训练中，准确、熟练、协调完成动作，提高运动技能和身体素质的重要保证。

（2）在运动比赛中能够巧妙地战胜对手，取得良好的成绩。

第二节　灵敏素质训练的影响因素

影响灵敏素质的因素是多种多样的，其中主要有解剖、生理、年龄、性别、疲劳、情绪、运动经验和气温等。

一、解剖因素

（一）体型

不同运动项目的体能训练对体型的要求也不相同，例如：篮、排球运动项目具有篮高、网高的特点，要求大学生必须身材高大。足球项目的场地大、范围广，就要求大学生在体能训练方面注重速度、耐力、灵活的动作、快速的反应并能充分进行合理冲撞对抗的训练，因此建议选身高、体重在中上等的、下肢有力的大学生。跳高项目就要求大学生身材高大、体型偏瘦、躯干短、下肢长，下肢长、重心高、摆动半径大获反作用力大，身瘦体轻有利于空中控制身体顺利过竿。

从以上不同项目的体能训练特点来看，不同的项目要求不同的体型，这种体型必须有利于本专项技术的发挥，能在本专项中表现出高度的灵敏素质来。灵敏素质的好坏并不是由体型来定义的。但一般情况下：过高而瘦长的，过胖的或梨形体型的大学生，灵敏素质不高；"O"型腿、"X"型腿的人缺乏灵活性；肌肉发达的中等或中等以下身高的人，往往有高度的控制力而表现得非常灵活。

（二）体重

体重是由脂肪、肌细胞、水、矿物质构成。其中脂肪和肌细胞的增长占有重要的比例，当每日的饮食能量超过一天的标准时，其多余的部分就会引起脂肪增长。而肌细胞增长是通过锻炼来实现的，锻炼能促进肌细胞增长。脂肪过多影响肌肉收缩效率，增加了不必要的体重等于增加了体能训练时的阻力，从而影响了身体的灵活性，因此必须进行合理的训练增加肌肉比重，再配以低卡进食逐渐减少脂肪。

二、生理因素

（一）神经过程的灵活性

高度的灵敏素质是在其娴熟的运动技能基础上表现出来的，也就是在大脑皮层分析综合能力高度发展的情况下体现的。大脑皮层的分析综合能力是在时间和空间上紧密结合进行的。因此，在学习每一个动作时都要按一定顺序进行，大脑皮层概括动作的难易度，所给予的刺激也按一定顺序正确地反映出来，多次重复会形成熟练动作。

例如篮球运动中的上篮动作。
（1）通过视觉判断上篮时的距离及篮的高度。
（2）通过位觉感觉起跳后身体空间方位。
（3）通过皮肤触觉感知地面硬度及手投篮的力量。

这些刺激所引起的兴奋传到大脑皮层相应区，都按严格的时间和顺序产生兴奋、抑制，经过多次强化，各感觉中枢与运动中枢的动觉细胞发生暂时联系而形成运动技能。

只有通过大量动作的重复训练，使动作不断地熟练，才能在突然变化的环境中把这些动作顺利地完成，使大脑皮层的兴奋和抑制的转换能力加强，从而提高大脑皮层神经过程的灵活性。通过这样的体能训练，任何环境中都能熟练地把这些动作表现出来。

运动实践证明，不同的体育项目都有不同的体能训练方法（如篮球的传球、运球、投篮；足球的传递、带球、躲闪、射门；体操的空翻、回环、倒立、全旋等），只有掌握了这些专门的技能，并且在体能训练中运用自如，才能使大学生的专项体能训练迅速提高。而灵敏素质寓于这些运动技能之中，以动作形式灵活熟练地表现出来。因此，基本动作、基本技术掌握得越多越熟练，不仅学习新的动作快，而且在战术运用中也更富有创造力，人也显得灵活，随机应变能力更强，从而表现的灵敏素质也更高。

（二）运动分析器的机能

人体在完成动作时，肌肉产生收缩，通过肌肉肌梭（感知肌纤维长度、张力变化）、腱梭（感知牵张变化）产生的兴奋传入神经中枢进行分析综合活动而感知身体在空间的位置、姿势以及身体各部位的运动情况，并与视觉、位觉、触觉以及内感受器相互作用，实现空间方位感觉。在肌肉感觉及空间方位感觉的基础上，大脑皮层才能随环境变化调节肌紧张，以保证实现各种协调精确的动作。运动分析得越完善，则大学生对肌肉活动用力大小、快慢肌分析能力越高，完成动作时间的判断越精确。有些大学生即使闭上眼睛也能完成某些动作，这就是运动分析的作用。

在体能训练中，有的大学生脚表现得灵活，有的手表现得灵活，这是因为经常使用哪些部位，哪些部位也就表现得较灵活。如参加网球训练的大学生习惯用哪只手，哪只手就相对地灵活，篮球要求大学生左右手运球、投篮都应灵活，足球运动中要求左右脚射门、带球都应灵活，体操运动中大学生习惯一个方向的转体、一个方向的全旋等，这是因为支配该部位运动器官的神经中枢的分析综合能力高度完善的原因。

（三）前庭分析器的机能

前庭分析器对空翻、转体及维持身体平衡、变换身体的方向位置的灵敏性有很大作用。前庭分析器包括耳石装置和 3 个半规管。下面主要介绍 3 个半规管的作用。

3 个半规管在颅内相互垂直，所以当身体朝任何方向旋转时，都能接受刺激，调整身体的平衡，但 3 个半规管接受的刺激是不一样的。

（1）当做横轴向前或向后翻转时，水平面和横面内的半规管的内淋巴液在翻转开始和结束时，对壶腹内毛细胞起作用，而纵面内的半规管的内淋巴液做圆的滚动，由于翻转惯性内淋巴液在整个翻转过程中起作用，所以滚横轴翻转时，纵面内的半规管（上半规管）起主要作用。

（2）围绕纵轴转体时，水平面内的半规管（外半规管）起主要作用。

（3）作矢状轴翻转时，横面内的半规管（后半规管）起主要作用。如果完成空翻转体动作时，要求 3 个半规管的转换能力都要强。

由于前庭分析器的作用，身体在翻转时，才能感觉身体在空间位置的变化，并借助各种反射来调节肌紧张以完成翻转动作。

所以，从事体操、蹦床、小弹板等体能训练能提高和改进前庭分析器的机能，因此体操中的一些训练可用于提高其他项目大学生的灵敏素质的辅助训练。

三、年龄、性别因素

（一）年龄因素

人从出生到 7 岁左右，平衡器官就已经得到了充分的发展。到 12 岁左右，灵敏素质稳定提高，这个时期是提高动作频率、反应速度及单个动作速度的最佳年龄，因此，从事体操体能训练的人应尽量多体会一些难度较大的翻转动作。13～15岁为青春期，身高增长较快，灵敏素质相对有所下降，以后随年龄增长又稳定提高直至成人。

（二）性别因素

灵敏素质与性别有关。在儿童期，男女孩的灵敏素质不存在较大差异，在进入青春期后，男孩的灵敏素质高于女孩，在青春期以后，男子灵敏素质的发展明显高于女子。女子进入青春期，由于体重增加，有氧能力下降，内分泌系统变化，灵敏素质会一度出现明显的生理性下降趋势。所以，在了解这一规律的同时，就应在青春期以前加强女子的灵敏素质训练，使之得到较好发展。

四、疲劳因素

大学生在体能训练疲劳时动作反应迟钝，速度降低，动作不协调，其灵敏性也会明显下降。这主要是因为疲劳将导致中枢神经系统灵活性与机体活动能力降低。由于大脑皮质的能源供应不足（缺乏 ATP），从而产生保护性抑制，使肌肉力量不能发挥，因此，在发展灵敏素质训练中和训练后都要注意恢复，及时消除疲劳。在兴奋性比较高、体力充沛的时候发展灵敏素质效果最好。

五、情绪因素

人的情绪在高涨时显得特别灵敏，而情绪低落时，灵敏性则会降低。因此大学生情绪的好坏会影响感觉的机能，良好的感觉机能会使动作表现得更为准确，反应迅速，并且在空间和时间上表现出准确的定时定向能力。

由于体能训练环境的影响及其他生理、心理原因会导致情绪的变化，可能会过度兴奋，使兴奋扩散不能集中，造成身体失控，也可能过度抑制，精神不振，造成动作无力不协调。因此，综合素质全面的大学生在体能训练时应学会自我情绪的调节，使自己在体能训练中具有相适宜的情绪。

大学生情绪高涨时，其头脑清晰，身体充满力量，对完成动作充满信心，身体觉得轻快灵活。如篮球运动中，大学生投篮命中率的提高，体操运动中，大学生完成动作自然、调控能力强，足球运动中，大学生感到球在自己脚下随心所欲等，达到这种程度除身体素质好、技术熟练外，主要是良好情绪的作用。但这种状态有时不是人的意识所能决定的，应加强心理训练，提高对环境的适应能力和学会调节自然情绪等方法。

六、运动经验因素

科学理论证明，掌握基本技术越多、越熟练，不仅学习新的运动技能快，而且技术运用也显得更灵活，更富有创造力，表现出的灵敏素质也就越高。因为长期学习、运用各种技术动作和提高运动技能，可以丰富人的运动实践经验，增加身体素质和技术动作"储备"，从而促进灵敏素质水平的不断提高。

七、气温因素

气候阴雨潮湿，天气温度差别大，也会降低关节的灵活性与肌肉韧带的伸展性，造成灵敏性下降。因此，大学生在进行体能训练时，要注意气温的变化，自我调节身体机能，以提高身体的灵敏素质。

第三节 灵敏素质训练的基本方法

灵敏素质是各种素质的综合反映，受遗传因素影响很大。教师应尽可能采取逐渐增加复杂程度的训练方式，也可以通过改变条件、器械、器材等方式增加技术动作的复杂性和难度，来提高大学生的灵敏素质。同时，还应着重培养和提高大学生掌握动作的能力、反应能力、平衡能力、观察能力、节奏感等。

一、灵敏素质训练方法分析

（一）灵敏素质训练基本方式

（1）在跑、跳中做迅速改变方向的各种躲闪、突然起动以及各种快速急停和迅速转体训练等。

（2）做各种调整身体方位的训练。

（3）做专门设计的各种复杂多变的训练，如用"之字跑""躲闪跑""穿梭跑"和"立卧撑"4项组成的综合性训练。

（4）以非常规姿势完成的训练，如侧向或倒退跳远、跳深等。

（5）限制完成动作的空间训练，如在缩小的球类运动场地进行训练。

（6）改变完成动作的速度或速率的训练，如变换动作频率或逐步增加动作的频率。

（7）做各种变换方向的追逐性游戏和对各种信号做出应答反应的游戏等。

此外，体能训练中灵敏素质的训练还有很多，常见的训练方式主要有以下几种可供参考（表6-1）。

表6-1 发展灵敏素质的训练方式

序号	训练方式	训练实例
1	用非常规姿势完成训练	各种侧向或倒退方向的训练，如侧向或倒退跳远、跳深等
2	用对侧肢体或非常规姿势完成动作	用对侧臂掷铁饼或推铅球；用对侧脚盘带球或踢球，做反方向拳击防护

续表

序号	训练方式	训练实例
3	限定完成动作的空间	如缩小球类运动场地的训练
4	改变完成动作的速度或频率	变换频率；逐步增加频率
5	改变技术环节或动作	如采用不熟悉的跳高、跳远技术；以起跳腿或非起跳腿进行越过机械或障碍的常用跳远技术训练
6	通过增加辅助动作提高训练难度	采用不同器械，设立不同目标，完成各种不同任务的来回跑和接力跑
7	已掌握技能与新技能相结合	完成部分体操或花样滑冰中的成套动作。运用新学技能进行游戏或比赛
8	增加训练同伴的对抗能力	增加对方队员人数并使用不同战术；与不同的队进行比赛
9	制造非常规的训练条件	改变训练场地条件
10	进行相关与非相关项目训练	各种游戏或比赛；完成各种项目的技术动作或技能

（二）灵敏素质训练具体方法

发展灵敏素质的途径主要包括徒手体能训练、器械体能训练、组合体能训练和游戏等。

1．徒手体能训练

（1）单人体能训练：弓箭步转体、立卧撑跳转体、前后滑跳、屈体跳、腾空飞脚、跳起转体、快速后退跑、快速折回跑等训练。

（2）双人体能训练：障碍追逐、手触膝、过人、模仿跑、撞拐、巧用力等双人训练。

2．器械体能训练

（1）单人体能训练：单人体能训练包括各种形式的个人运球、传球、顶球、颠球、托球等训练，单杠悬垂摆动、双杠转体跳下、挂撑前滚翻、翻越肋木、钻栏架、钻山羊以及各种球类运动、技巧运动、体操运动的专项技术动作训练等。

（2）双人体能训练：各种形式的传球、接球、抢球，包括吊球、扑球、跳起踢球、接球翻滚等，以及双杠杠端支撑跳下换位追逐、肋木穿越追逐等体能训练。

3．组合体能训练

（1）2个动作组合体能训练：主要有交叉步-后退跑、后踢腿跑-圆圈跑、侧手翻-前滚翻、转体俯卧-膝触胸，变换跳转-交叉步跑、立卧撑-原地高抬腿跑等训练。

（2）3个动作组合体能训练：主要有交叉步侧跨步-滑步-障碍跑、旋风脚-侧手翻-前滚翻、弹腿-腾空飞脚-鱼跃前滚翻、滑跳-交叉步跑-转身滑步跑等训练。

（3）多个动作组合训练：主要有倒立前滚翻-单肩后滚翻-侧滚-跪跳起、悬垂摆动-双杠跳下-钻山羊-走平衡木、跨栏-钻栏-跳栏-滚翻、摆腿后退跑-鱼跃前滚翻-立卧撑等训练。

4．游戏

发展灵敏素质的游戏具有综合性、趣味性、竞争性的特点，能引起训练者的极大兴趣，使人全力以赴地投入活动，既能集中注意力、积极思维、巧妙应对复杂多变的活动场面，又能锻炼提高神经系统的灵活性和反应过程，有效地发展身体素质和运动技能。发展灵敏素质的游戏主要包括各种应答性游戏、追逐性游戏和集体游戏等。

二、灵敏素质训练方法举例

发展灵敏素质须从专项特点出发，重点综合发展反应、平衡、协调等能力。

（一）反应能力训练

（1）做与口令相反的动作。
（2）按有效口令做动作。
（3）原地、行进间或跑步中听口令做动作。例如，喊数抱团成组，加、减、乘、除简单运算得数抱团组合，看谁最快等。
（4）一对一追逐模仿。
（5）一对一抢对方后背号码。
（6）听信号或看手势急跑、急停、转身、变换方向训练。
（7）听信号的各种姿势起跑。如站立式、背向、蹲、坐、俯卧撑等姿势。
（8）跳绳。例如，两人摇绳，从绳下跑过转身，从绳上跳过等。
（9）一对一脚跳动猜拳、手猜拳、打手心手背、摸五官等训练。
（10）各种游戏，如叫号追人、追逃游戏、抢占空位、打野鸭、抢断篮球等。

（二）平衡能力训练

（1）一对一面向站立，双手直臂相触，虚实结合相互推，使对方失去平衡。
（2）一对一弓箭步牵手面向站立，虚实结合互推互拉使对方失去平衡。
（3）各种站立平衡，如俯平衡、搬腿平衡、侧平衡等。
（4）头手倒立，如肩肘倒立、手倒立停一定时间。
（5）在肋木上横跳、上下跳训练。
（6）急跑中听信号完成急停动作。
（7）在平衡木上做一些简单动作。
（8）发展旋转的平衡能力训练。
①用手扶住体操棒，然后松手转身击掌再扶住体操棒使其不倒；②向上抛球转体2～3周再接住球；③跳转360°后，保持直线运行；④闭目原地连续转5～8周，然后闭目沿直线走 10 米，再睁眼看自己走的方向是否准确；⑤绕障碍曲线转体跑；⑥原地跳传180°、360°、720°落地站稳。

（三）协调能力训练

（1）一对一背向互挽臂蹲跳进、跳转。
（2）模仿动作训练。
（3）多种徒手操训练。
（4）双人头上拉手向同方向连续转。
（5）脚步移动训练。例如，前后、左右、交叉的快速移动，单脚为轴的前后、转体的移动。左右侧滑步、跨跳步的移动。

(6) 跳起体前屈摸脚。
(7) 双人跳绳。
(8) 做不习惯方向的动作。
(9) 改变动作的连接方式。
(10) 选用健美操、体育舞蹈中的一些动作。
(11) 简单动作组合训练。例如，原地跳转360°接跳远，前滚翻交叉转体接后滚翻，跪跳起接挺身跳等。
(12) 双人一手扶对方肩，一手互握对方脚腕，各用单脚左右跳、前后跳、跳转。

（四）体操动作训练

(1) 前滚翻、后滚翻、侧滚翻。
(2) 连续前滚翻或后滚翻。
(3) 双人前滚翻，即一人仰卧，另一人分腿站在仰卧人的头两侧，双方互握对方的两脚踝，然后做连续的双人前滚翻或后滚翻。
(4) 连续侧手翻。
(5) 鱼跃前滚翻（可越过一定高度的障碍物）。
(6) 一人仰卧，两人各抓一只脚，同时用力上提，使其翻转站立。
(7) 前手翻、头手翻、后手翻，团身后空翻。
(8) 跳马、跳上、挺身跳下，分腿或屈腿腾越，直接跳越器械，跳起再马上做前滚翻。
(9) 在低单杠上做翻上、支撑腹回环、支撑后摆跳下、支撑摆动向前侧跳下等简单动作。
(10) 在低双杠上做肩倒立、前滚翻成分腿坐、向前支撑摆动越杠下，向后摆动越杠下等简单动作。

（五）跳绳项目训练

(1) "扫地"跳跃。训练者将绳握成多段，从下蹲姿势开始，将绳子做扫地动作，两脚不停顿地做跳跃训练。
(2) 前摇两次或三次，双足跳一次。
(3) 后摇两次，双足跳一次，俗称"后双飞"。
(4) 交叉摇绳。训练者两手交叉摇绳，每摇1~2次，单足或双足跳长绳一次。
(5) 集体跳绳，两名训练者摇长绳子，其他训练者连续不断地跳过绳子，每人应在绳子摇到最高点时迅速跟进，跳过绳子，并快速跑出。
(6) 双人跳绳，同集体跳绳，要求两名训练者手拉手跳3~5次后快速跑出。
(7) 走矮子步，即教练与一名队员将绳拉直，并把高度适当降低，队员在绳子下走矮子步和做滑步动作。
(8) 跳波浪绳，即教练与一名队员双手握一根长绳，并把绳子上下抖动成波浪形，队员必须敏捷地从上跳过，谁碰到绳子，与摇绳者交换。
(9) 跳蛇形绳，即教练与一名队员双手握一根长绳，并把绳子左右抖动，使绳子像一条蛇在地上爬行，数个队员在中间跳来跳去，1分钟内触及绳子最少者为胜。

（10）跳粗绳（或竹竿），即教练双手握一根粗绳或竹竿，队员围成一个圆圈站立，当教练握绳或竿做扫圆动作时，队员立即跳起，触及绳索或竹竿者为败。

（六）游戏训练方法

在灵敏性游戏的设计、选择、运用中，要注意把思维判断、快速反应、协调动作、节奏感等内容有机地结合起来。进行游戏时，要严格执行规则，防止投机取巧，注意安全。

（1）形影不离，即两人一组，并肩站立。右侧的人自由变换位置和方向，站在左侧的人必须及时跟进仍站到其右侧位置。要求随机应变，快速移动。

（2）照着样子做，即两人一组，其中一人做站立或活动中的各种动作，并不断更换花样，另一人必须照着他的样子做。要求领做者随意发挥，照做者模仿逼真。

（3）水、火、雷、电，即训练者在直径为15米的圆圈内快跑，教师接连喊已商定的口令，所有人必须做出与之相适应的动作。要求想象力丰富，变换动作快。

（4）互相拍肩，即两人相对1米左右站立，既要设法拍到对方的肩膀，又要防止对方拍到自己的肩膀。要求伺机而动，身手敏捷。

（5）单、双数互追，即训练者按单、双数分成两组迎面相距1～2米坐下，当教练喊"单数"时，单数追双数，双数转身向后跑开20米；当教练喊"双数"时，双数追单数，单数转身向后跑开。要求判断准确，起动迅速。

（6）抓"替身"，即训练者成对前后站立围成圈，指定一人抓，另一人逃，被抓者通过站到一对人的前面来逃脱被抓，其后面的人要立即逃开。当抓人者拍打到被抓者时，两人交换继续抓"替身"。要求反应快、躲闪灵活。

（7）双脚离地，即训练者分散在指定的地方任意活动，指定其中几个为抓人者，听到教练的哨音后，谁的双脚离地就不抓他，抓人者勿缠住一人不放。要求快速悬垂、倒立、举腿等。

（8）听号接球，即训练者围圈报数后向着一个方向跑动，教练持球站在圈中心，将球向空中抛起喊号，被喊号者应声前去接球。要求根据时间和空间采取应急行动。

（9）老鹰抓小鸡，即"小鸡"跟在"母鸡"背后，用手扶住前面人的腰部，排成纵队。"老鹰"站在"母鸡"前面要抓后面的"小鸡""母鸡"伸开双臂设法阻止。要求斗智斗勇，巧用心计。

（10）围圈打猴，即指定几个人当"猴"在圈中活动，余者作为"猎人"手持2～3个皮球围在圈外，掷球打圈中的"猴"（只准打腿部），被击中的"猴子"与掷球的"猎人"互换。要求眼观六路，耳听八方，掷球准确，躲闪机灵。

（11）跋山涉水，即用各种器械和物体设置山、水、沟、洞等，训练者采取相应动作越过去，山要攀登，水要划行，沟要跳跃，洞要匍匐前进，看谁跋山涉水快。此游戏可分成两组计时比赛。要求协调灵活，及时改变动作。

（12）传球触人，即队员分散站在篮球场内。两个引导人利用传球不断移动，追逐场上队员并以球触及场内闪躲逃跑的队员，凡被球触及者参加传球，直到场上队员全部被触及为止。要求传球者不得运球或走步，闪逃者不准踩线或跑出界外。

（13）追逐拍、救人，即队员分散站在场内，指定 4 名引导人为追逐者，其他队员闪躲逃跑。当有人被追到时，需马上原地站立。两手侧平举。此时，同伴可去拍肩救他，使之复活逃脱。由于在救人时可能被追拍，因此，该游戏可以培养自我牺牲的精神。要求判断准确，闪躲敏捷，救人机智。

（14）"活动篮圈"，即队员分两组，每组设活动篮圈一个（两人双手伸直，互相握手）。教练抛球，两组抢球开始比赛，队员设法将球投入对方的活动篮圈中去，比哪组投中次数多。要求按篮球规则进行比赛，活动篮圈可以跑动，但不能缩小，防守队员可以在篮圈附近防守。

第四节　灵敏素质训练的注意事项

一、训练方法经常改变

灵敏素质的发展与各种分析器和运动器官机能的改善有密切的关系。大学生对动作的熟练程度一旦达到对某一动作技能熟练到自动化程度时，再用该动作去发展灵敏素质的意义就不大了。为此，发展灵敏素质训练的方法应是多种多样的，并且要经常改变。这样不仅可以使人掌握多种多样的运动技能，还可以提高人体内各种分析器的功能，使大学生在体能训练中能够表现出准确定向和定时的能力。

二、掌握部分基本动作

体能训练中运动技能的本质是条件反射，这种在大脑皮层中建立的条件反射暂时联系的数量越多，临场时及时变换动作就越迅速准确。大学生在已掌握的运动技能的基础上，可以快速形成新的应答性动作来应付突然发生的情况。

三、把握训练最佳时期

灵敏素质是在中枢神经系统的指挥下，各种能力的综合表现。人体的神经系统发育期较早，一般在青年时期就已发育成熟，在反应能力、动作速度、平衡能力和节奏感等方面具有很大的发展潜力，这些都为发展灵敏素质提供了有利的条件。因此，应抓紧在这一时期前进行灵敏素质训练。

四、合理安排训练时间

灵敏素质的训练在整个训练过程中都应该适当安排，并使之系统化。但训练时间不宜过长，训练重复次数不宜过多。肌体疲劳时不宜安排灵敏素质训练。有经验的教师都是根据不同训练过程的特点来安排灵敏素质的训练。

例如，随着比赛临近，技术训练比重增加，协调能力的训练相应加强；准备期以一般灵敏素质训练为主，比赛期以专项灵敏性训练为主。在一次训练课中应尽量把灵敏素质的训练安排在课的前半部分。

五、充足训练间歇时间

足够的间歇时间可以保证氧债的偿还和肌肉中 ATP 能量物质的合成。但休息时间又不可过长，因为休息时间过长会使中枢神经系统的兴奋性大幅度下降，在下次训练中就会减弱对运动器官的指挥能力，使动作协调性下降、速度减慢、反应迟钝，这必然会影响训练的效果。一般来说，训练时间和休息时间的比例可控制为 3∶1。

六、结合要求进行训练

灵敏素质具有专项化的特点。经验丰富的教师会针对本专项对灵敏素质的特殊要求安排灵敏素质训练，使训练效果与专项要求相一致。例如，篮球运动中，大学生多做发展手的专项灵敏性训练，以提高手感和控球能力；足球运动中，大学生多做一些脚步移动和用脚控球的训练；体操、技巧等项目运动中，大学生多做一些移动身体方位的训练；等等。

第7章
体能训练的医务监督

要获得体能训练的最佳效果,除了训练过程本身的科学化之外,还包括医务监督、运动营养、运动训练设施等诸多因素,这些因素对体能训练的目标起着重要的支持作用。合理、科学的医务监督能够降低运动性疲劳、运动性疾病对运动员造成的伤害,有效延长运动员的运动寿命。体能训练医务监督的内容重点应该包括以下几个方面。

1. 区别生理与病理之间的界限

体能训练是一种以发展身体机能潜力和使机能潜力得到最大发挥为目的的大负荷训练,是人体在困难条件下,长时间、高强度、大负荷持续工作能力的训练,它突出对人体各器官和机能系统的超负荷适应训练。这种训练有可能会改变生理极限,需要进行病理和生理界限的鉴别诊断。研究区别生理与病理的诊断方法是医务监督的一项重要内容。

2. 运动员身体机能状况的医学评定

通过形态检查和机能测试,对运动员身体机能状况进行综合评定,这种检查可在不同的阶段和不同的状态(如安静状态、训练过程、恢复过程)下进行,除阶段性的定期检查外还可进行动态观察和比较。

3. 运动性疾病的防治

运动负荷超出了人体的生理限度就会导致病理状态。运动性疾病与训练的量和强度有密切关系,常见的有过度训练、过度紧张、运动性贫血、运动性血尿等。定期进行身体机能检查,及时发现潜在的功能障碍是预防运动性疾病的有效措施。

4. 伤病后训练的恢复

运动员患各种疾病(如流感、肝炎、心肌炎等)和运动损伤后开始恢复训练的适宜时机、训练内容和运动量的掌握,能否参加比赛以及参加比赛的项目和时机,这些问题的合理处理对巩固伤病疗效、恢复体能及进一步提高运动成绩,都有重要的作用。

5. 运动性疲劳的消除

体能训练引起的精神疲劳和身体机能的下降,是人体为维护正常的功能做出自我保护的一种生理现象。如不采取有效措施及时消除疲劳,则可能产生机体调节的紊乱和过度疲劳。消除疲劳的基本方法有心理法、理疗法、运动放松法和饮食调节法等。

第一节 运动性疲劳程度的判别

自 1880 年意大利生理学家 Mosso 研究人类的疲劳开始,运动性疲劳的研究已有近 140 多年的历史。研究人员基于不同的理论和方法，从不同的角度对运动性疲劳进行了大量研究，同时对运动性疲劳进行了各自的界定。美国应用心理学家 Simonson 认为疲劳是代谢基质产物的积累，活动所需基质的耗尽，基质生理化学状态变化和调节，协调机能失调等。1982 年，在第 5 届国际运动生物化学学术会议上，运动性疲劳被定义为"机体的生理过程不能持续其机能在特定水平上和（或）不能维持预定的运动强度"。英国心理学家 Gibson 认为疲劳是在持续或重复收缩中不能维持力量（或功率）。美国南亚拉巴马大学的研究人员 Lewis 等从生理学角度指出疲劳是指在肌肉活动中出现最大力量的产生能力降低。英国爱丁堡大学心理医学教授 Sharpe 指出疲劳是以缺乏动机和警觉为特征的一种主观感觉。根据疲劳发生的原因和表现可以将其划分为生理性疲劳（躯体疲劳）和心理性疲劳（精神疲劳）；根据疲劳发生的部位，生理性疲劳又分为中枢疲劳和外周疲劳。目前，多数研究是围绕着生理性疲劳展开的，而针对心理性疲劳的研究相对较少。生理性疲劳往往导致机体结构成分和功能的改变，而心理性疲劳则导致机体行为和情绪的改变。

疲劳是运动训练的必然结果，如何科学准确地判别疲劳程度是科学训练的一个重要环节。判断晚了，导致过度疲劳，甚至是损伤；判断早了，运动负荷不足，不能够实现运动训练效果的最佳化。

一、自我感觉

运动性疲劳首先表现为自我感觉到疲倦或者疲惫，主观上要求休息。当运动员自我感觉到有运动积极性下降，呼吸紊乱、口干舌燥、心悸、恶心、全身乏力、头部昏沉、动作迟钝、脚步沉重，甚至动作僵硬、失调、肌肉痉挛或疼痛、食欲不振、睡眠不好等症状时，说明已处于疲劳状态。由于运动项目、运动性疲劳产生的原因以及运动员自身状况的不同，处于疲劳状况的运动员的自我感觉各不相同。运动员可以根据表 7-1 列出的自觉症状的多少判断其疲劳的性质和程度，症状总数越多，疲劳程度越深。

表 7-1 运动性疲劳自我感觉症状检测对照表

精神症状	躯体症状	神经感觉症状
（1）脑子不清醒，头昏眼花； （2）思想不集中厌于思考问题； （3）不爱动，不爱说话，表情淡漠； （4）针扎似的疼； （5）困倦； （6）精神涣散、呆滞迟钝； （7）对事情不积极； （8）很多事情想不起来； （9）做事没有信心，做事出错误； （10）对事情放心不下，事事操心； （11）信心不足，敏感固执； （12）孤僻，沮丧，缺乏兴趣； （13）记忆力减退； （14）厌烦训练； （15）睡眠不好	（1）头沉； （2）头痛； （3）全身懒倦； （4）身体某处或全身无力、疼痛或抽筋； （5）肩酸； （6）呼吸困难，气短； （7）腿无力； （8）没有唾液，口发黏、发干； （9）打哈欠； （10）出冷汗； （11）动作不协调、不精确； （12）心悸，呼吸紊乱	（1）眼睛疲劳，眼冒金星，眼无神； （2）眼发涩，发干； （3）动作不灵活，动作出错误； （4）脚跟发软，脚步不稳； （5）味觉改变，味觉厌腻； （6）眩晕； （7）眼皮和其他肌肉跳动； （8）听觉迟钝，耳鸣； （9）手脚发颤； （10）不能安静下来； （11）恶心； （12）食欲不振

二、身体检查

可以通过观察运动员运动训练后身体的反应对其疲劳状况进行判断，比如脸色苍白、眼神无光、表情淡漠、连打哈欠、反应迟钝、情绪改变；动作准确性、协调性、节奏性紊乱；比赛时技术发挥不好、运动成绩明显下降等。这时结合相应的一些身体指标检查将有助于对运动员疲劳程度的判断，例如血压下降、体温升高、心率加快等。

近年来，研究人员运用中医理论对优秀运动员出现的运动性疲劳症候进行调查研究，将运动性疲劳的各种症状归纳总结为3种类型，即形体疲劳、脏腑疲劳和神志疲劳。

1．形体疲劳

形体疲劳主要指肌肉、肌腱和韧带、骨和关节的疲劳。疲劳症状有肌肉酸痛、发紧、发硬，肌腱、韧带和肌肉压痛广泛，动作不协调、僵硬，脉搏多弦；关节处肌腱、韧带和骨疼痛，有压痛、微肿或不肿等。

2．脏腑疲劳

脏腑疲劳主要指大负荷运动训练或比赛后机体脏腑功能失调和下降。疲劳症状有脾胃功能失调、食积阻滞、食少腹胀、口淡无味、厌食；面色淡白、气短懒言、头晕目眩、舌淡脉弱、心悸腰酸、神疲乏力；女性月经失常等。

3．神志疲劳

神志疲劳主要指运动员的精神和情志的改变。疲劳症状有失眠不寐、精神不振、困倦厌训等。

三、生理生化指标检测

运动员的自我感受反映了其疲劳状况，但是主观感受到的疲倦不能够准确反映人体内疲劳状况发生的程度。通过检测运动员不同组织、器官和系统的生理功能指标以及生物化学指标的变化，能够更加精确地量化运动员的疲劳状况，有助于运动员疲劳程度的判断。

（一）判断运动员疲劳程度的生理机能指标

1．运动系统的指标

（1）肌肉力量和耐力。肌肉力量和耐力下降是肌肉疲劳的主要特征，可在训练前后或次日凌晨检测肌肉力量和肌肉耐力的变化及恢复程度，由此对疲劳的程度和恢复情况进行评价。肌肉力量评价的常用检测指标是最大随意收缩力，而肌肉耐力可以通过测量定量重量负荷的持续时间或重复次数进行评价。肌肉疲劳的程度与肌肉力量和肌肉耐力下降的程度成正比。

（2）肌肉硬度。肌肉疲劳时收缩机能下降，而且放松能力也下降，表现为肌肉不能充分放松，肌肉硬度增加。

（3）肌电图。肌电图（electromyography，EMG）是肌肉兴奋时所产生的电位的变化，也可反映肌肉兴奋收缩程度，运动过程中的 EMG 变化可确定神经系统和骨骼肌的机能状态，通过 EMG 可反映出肌肉是否疲劳。神经肌肉系统疲劳时，肌电图的一般特征为积分肌电值增加，肌电功率谱的高频成分减少，低频成分增加，即肌电功率谱左移。

2. 心血管系统的指标

（1）心率。心率是评定运动性疲劳最简易的指标，一般常用基础心率、运动后即刻心率和恢复期心率对疲劳进行评价。

基础心率是基础状态下的心率，即在清晨起床前，运动员处于清醒、静卧状态时的心率，一般用脉搏表示。身体机能正常时，基础心率相对稳定；如果大运动负荷训练后，经过一夜的休息，基础心率较平时增加 5～10 次/分以上，则认为有疲劳累积现象。如果连续几天持续增加，则应调整运动负荷。

可采用遥测心率方法测定运动中的心率变化，或用运动后即刻心率代替运动中的心率。按照训练-适应理论，随着训练水平的提高，完成同样运动负荷时，心率有逐渐减少的趋势。通常情况下，如果完成同样强度的定量负荷运动心率增加，则表示身体机能状态不佳。

人体进行一定强度运动后，经过一段时间的休息，心率可恢复到运动前状态。身体疲劳时，心血管系统机能下降，可使运动后心率恢复时间延长。因此，可将定量负荷后的心率恢复时间作为疲劳诊断指标，如在 30 秒时间内进行 20 次深蹲的定量负荷运动。一般心率可在运动后 3 分钟内恢复到运动前水平，而身体疲劳时，这一恢复时间则会明显延长。

（2）心电图。心脏疲劳时，心电图（electrocardiogram，ECG）会发生改变，如 T 波下降或倒置，S-T 段下移，心律不齐等。

（3）血压体位反射。大运动负荷训练后，植物性神经系统调节机能因疲劳而下降，使血管收缩与舒张运动的调节发生障碍。血压体位反射主要是测定心血管系统的调节机能，其方法如下：

①受试者成坐位姿势，静息 5 分钟，测定安静时的血压。②受试者仰卧并保持卧姿 3 分钟。③测试人员推受试者背部使其恢复坐姿（不能让受试者自己坐起），立即检测血压，并每隔 30 秒检测一次，共持续 2 分钟。如果在 2 分钟内血压完全恢复即为正常，2 分钟内恢复一半以上为调节机能欠佳，2 分钟内完全不能恢复为调节机能不良。

3. 感觉与神经系统指标

（1）反应时。反应时间（reaction time，RT）简称反应时，又称为反应潜伏期，是指从接受刺激到机体做出反应动作所需的时间，即刺激与反应之间的时间间隔。RT 可分为简单反应时（simple reaction time，SRT）和复杂反应时（complex reaction time，CRT）。疲劳时 RT 明显延长，特别是 CRT 延长更明显，表明大脑皮层分析机能下降。

（2）闪光融合频率。闪光融合是以闪烁的光作为视觉刺激，当其达到一定的频率时引起的心理效应，称为闪光融合现象。对于刚刚产生闪光融合感觉的闪光频率，称为闪光融合频率（flicker fusion frequency，FFF）。疲劳时由于视觉机能下降，FFF 也下降，故可通过测量比较运动前后 FFF 值来判断疲劳的程度。

（3）皮肤空间阈值。疲劳时触觉机能下降，机体辨别皮肤两点最小距离的能力下降。疲劳时其阈值较安静时大 1.5 倍以上为轻度疲劳，如果大 2.0 倍以上为重度疲劳。

(4) 脑电图。脑电图（electroencephalogram，EEG）是脑神经细胞生理活动在大脑皮层或头皮表面的总体反映。EEG 可反映中枢神经系统机能状态，一般安静状态下慢波极少，而在运动后出现疲劳时，EEG 中慢波明显增多，表明大脑皮层抑制过程占优势。

4. 呼吸系统指标

呼吸系统指标通常可以用呼吸肌的疲劳来衡量，采用肺活量计，连续测定 5 次肺活量，每次间隔 30 秒。如果 5 次肺活量值连续下降，说明存在呼吸肌疲劳现象。

（二）判断运动员疲劳程度的生化代谢物质指标

1. 血液指标

血红蛋白（Hemoglobin，Hb）俗称血色素，是红细胞中一种含铁的蛋白质。Hb 的主要生理功能是运输氧气和二氧化碳，并对酸性物质起缓冲作用，参与体内酸碱平衡调节。Hb 的含量对运动员的运动能力影响很大，对耐力运动员的专项素质尤为重要。我国普通人群 Hb 含量为男性 120~160 克/升，女性 110~140 克/升。运动员基本也处于这一范围。在训练和比赛期间，运动员的 Hb 含量受营养、运动负荷和休息等因素的影响。因此，Hb 是评定运动员机能状况最常用的指标。一般情况下，在大运动量训练初期，机体对大运动量不适应，Hb 下降，这是由于红细胞的破坏增多，Hb 的生成和破坏平衡失调造成的。一般坚持训练 3 周后，运动员对运动量逐渐适应，Hb 回升，有的运动员甚至出现超量恢复，这时运动员机能状况良好。如果运动员 Hb 持续下降或处于较低的水平（下降 10%~15%），则表明运动员处于疲劳状态，如果下降达到 20%或更高，则表明运动员处于过度疲劳状态，应及时补充营养，调整运动量。

2. 尿液指标

正常成年人尿中蛋白质含量极少，人体一天尿中排出蛋白质的总量在 150 毫克（一般为 2~8 毫克/（100 毫升））以内，采用常规方法不易检查出来，故称为尿蛋白阴性。运动会引起一些人尿液中蛋白质含量增多。这种由于运动引起蛋白质含量增多的尿，被称为运动性蛋白尿。运动后尿中蛋白质排出的数量可以作为评定运动员身体机能状况、运动负荷强度和数量的指标。运动后尿蛋白的数量与运动有关，尤其与运动强度关系密切，同时也与运动员身体机能状况有关，因而可用尿蛋白出现的数量评定运动量，特别是评定运动强度。在运动实践中应用尿蛋白指标可以评定一次训练课的负荷量，也可以评定身体机能状况及恢复情况。一般采集运动后约 15 分钟的尿液观察运动后的变化，以评定运动负荷的大小或机能状况，运动后 4 小时或次日晨取尿，观察疲劳及恢复状况。运动员运动后比原来负荷后的尿蛋白含量突然增加 3~4 倍，但相对恢复较快，在运动后 4 小时左右，是运动员疲劳的表现；如果运动员的尿蛋白连续几天在训练后增加 3~4 倍，晨安静时连续几天处于较高水平或持续升高，则表明运动员过度疲劳。但是，尿蛋白的个体差异较大，因此在使用该指标判断运动员疲劳程度时更适合运动员的自身前后对照。

3. 内分泌系统指标

（1）血清睾酮。睾酮是人类 3 种主要的分泌型雄性激素中活性最高的一个。睾丸组织分泌睾酮的功能受下丘脑和脑垂体（腺垂体）分泌的激素调节和控制。雄性激素的生物学功能广泛，主要是促进雄性器官的发育，并调节性腺机能，此外还能促进组织摄取氨基酸、核酸和蛋白质的合成、肌肉和骨骼的生长及磷酸肌酸的合成，刺激红细胞生成，增加肌糖原储备，维持雄性攻击意识等。运动训练对人体形态和机能产生刺激作用，人体逐渐适应而出现运动能力提高的过程中，雄性激素起着重要的作用，因此测定运动员血清睾酮值有重要的意义。一般来说，运动员身体机能状况良好时，血清睾酮处于较高的水平，机体的合成代谢旺盛，能够迅速恢复，可以继续大强度的运动训练，以获得更好的训练效果。当运动员血清睾酮持续出现明显下降时，如较正常水平下降15%～20%，则是运动性疲劳的表现，如果运动员晨安静时血清睾酮水平下降25%～30%，则说明运动员处于过度疲劳状态，这时应该考虑运动员有血清睾酮相对不足和下丘脑-垂体-性腺轴功能下降的可能。由于血清睾酮水平的个体差异较大，因此仅用某一次血清睾酮检测结果来评价运动员血清睾酮水平是不全面的，应该注意积累资料进行纵向的对比研究。

（2）血清皮质醇。皮质醇是由肾上腺皮质分泌的一种糖皮质激素，在垂体产生的ACTH（促肾上腺皮质激素）的作用下，在肾上腺皮质细胞线粒体内合成。皮质醇的生物学功能是参与物质代谢，维持机体糖代谢的正常进行，保持血糖浓度的相对稳定，促进肝外组织蛋白质的分解，抑制氨基酸进入肝外组织，使血液中氨基酸含量上升，加强糖原异生作用，促进四肢的脂肪组织氧化分解。由此可见，皮质醇是一种促进机体分解代谢的重要激素。在运动训练中，血清皮质醇是代表机体分解代谢快慢的指标。一般认为，当运动员运动后血清皮质醇仍然保持较高的水平，如持续升高20%左右，就会导致机体分解代谢过于旺盛，将导致疲劳。有人认为血清皮质醇的变化往往是节律性变化的，而且变化幅度很大，因此一般不单独使用皮质醇指标，多与血清睾酮等其他指标共同使用，说明运动员的机能状况。

（3）血清睾酮/血清皮质醇。在运动训练实践中，可以定期检测运动员安静状况时血清睾酮与血清皮质醇的比值，用于监控运动员的机能状况。可以在阶段性训练前检测晨起数值，作为监控的基础值；然后，在阶段性训练过程中根据实际需要定期检测晨起数值，与基础数值进行比较，反映运动员机体总的合成代谢与分解代谢的平衡状况。如果血清睾酮/血清皮质醇的值出现大幅度下降，则有可能是运动员体内的分解代谢大于合成代谢，将会导致运动员疲劳状况的出现，需要对运动员加强营养补充，调整训练负荷，促进恢复，避免过度疲劳的出现。有芬兰学者认为，当血清睾酮/血清皮质醇的值持续下降，并且下降超过了30%，或者此比值小于0.35×10^{-3}则可以诊断为过度疲劳。我国学者的研究认为，血清睾酮/血清皮质醇的值下降25%是运动性疲劳的表现，下降30%或者持续下降为过度疲劳。由于运动员血清睾酮和皮质醇水平受多种因素的影响，因此在运动训练实践中常结合其他反映运动性疲劳或过度疲劳的指标来共同判断运动员的机能状况。

4．代谢产物

（1）血乳酸。乳酸是人体代谢供能体系中的一个重要的中间产物，它既是糖酵解代谢的底物，又是有氧代谢的底物，同时它还可以经糖异生作用转变为葡萄糖。因此，运动时人体内乳酸生成和消除的代谢变化，成为了解运动时能量代谢特点、掌握运动强度的重要指标。运动时，骨骼肌是产生乳酸的主要场所，乳酸透过骨骼肌细胞膜进入血液形成血乳酸。在正常情况下，血液中乳酸的生成与消除处于动态平衡之中，血乳酸浓度为 1~2 毫摩尔/升。运动员血乳酸安静数值与正常人无差异，但是在比赛前情绪紧张时，运动员血乳酸安静数值可能升高达到 3 毫摩尔/升左右。运动时血乳酸浓度的变化与运动强度有关。短时间剧烈运动时，如 1~3 分钟的全力跑后，血乳酸浓度可达到 15 毫摩尔/升以上；在长时间耐力运动后，血乳酸浓度上升较少。训练水平、运动员的身体机能状况可以影响运动后血乳酸浓度。速度耐力性运动项目的高水平运动员，运动成绩好，同时血乳酸最大浓度数值也高；耐力性运动项目的运动员，在完成相同的运动负荷后，优秀运动员血乳酸数值较低。如果运动员血乳酸安静数值超过正常值范围，而运动时的最大血乳酸数值下降则是疲劳的表现。

（2）血尿素。尿素是人体内蛋白质和氨基酸分解代谢的终产物。正常情况下，人体内尿素的生成和排泄处于平衡状态，使血液尿素水平保持相对稳定。运动时，特别是长时间大强度运动时骨骼肌中能量代谢平衡遭到破坏，蛋白质和氨基酸分解代谢加强，尿素生成增多，使血液中尿素含量增高。机体对运动负荷的适应性越差，运动过程中机体内蛋白质和氨基酸分解越多，尿素生成就越多。因此，血尿素可作为反映机体疲劳程度和评定机能状况的重要指标。一般在一次训练课后次日晨，运动员血尿素安静值在 8.0 毫摩尔/升以上是疲劳的表现；如果持续几天晨安静值超过 8.0 毫摩尔/升或持续升高则表明过度疲劳。

5. 其他

由于剧烈运动时间过长，乳酸生成增多，血液 pH 下降，使唾液 pH 也下降。因此，测定唾液 pH 可用于判断运动性疲劳。测试方法为让受试者将口腔中的唾液消除掉，然后使新产生的唾液沿口唇流出。用镊子把测试唾液 pH 的试纸贴在舌尖，待其充分吸湿后取出，立即与比色表对照。运动后唾液 pH 降低，表示机体疲劳。

四、心理学指标检测

"心理疲劳"这一词最早出现于 20 世纪 70 年代美国的一篇小说中，用来形容服务行业工作者厌倦工作后出现的种种表现。后来被美国心理学家 Fcudenberger 引入心理学来描述心理健康保健领域中工作人员在压力下的反应。由于影响心理疲劳产生的因素很多，目前也没有心理疲劳的公认概念。扬州大学体育学院教授颜军将运动性心理疲劳定义为由于运动员长期集中于重复性的单调且大强度训练和比赛情况下所造成的一种心理不安和疲劳感。北京体育大学刘方琳等将心理疲劳在性质上做了两种划分："真性"心理疲劳和"假性"心理疲劳。认为"真性"心理疲劳是伴随着由于过度训练引起的生理疲劳而出现的，是一种真实的心理上的疲劳感和无力感。"假性"心理疲劳主要是由生理疲劳以外的其他因素造成，包括常规训练竞赛因素和常规训练竞赛以外的因素。日本学者中西光雄认为心理疲劳是由于进行工作（运动）使工作效率降低，出现疲劳感觉及身心功能处于降低状态的现象。医学心理学研究表明，心理疲劳是由于长期的精神紧张、压力、反复的心理刺激及恶劣的情绪作用逐渐形成的。

从以上对心理疲劳的解释来看，心理疲劳不仅仅是由身体能量的消耗引起的，也是人主观体验的一种倦怠。长期的定式作用势必造成体育锻炼的紧张程度较大，练习方式的简单重复也易造成心理上的厌倦和疲乏，最终发展成心理疲劳。

如何通过分析运动性心理疲劳的表现症状，选择比较灵敏、客观的指标来判断运动性心理疲劳将对科学合理地指导运动训练和比赛产生很大的效益。目前，评定心理疲劳的指标和方法很多，大致可归纳为3类：观察评定、主观感觉评定和客观指标评定。

（一）观察评定

观察评定主要是指在训练过程中教练员（或队医）注意观察运动员的各种表现，从而合理地安排和调整训练内容与训练负荷的评定方法。有研究指出，当运动员在训练中表现出反应迟钝、注意涣散、精神恍惚、情绪烦躁、思维混乱、不可名状的恼怒和沮丧、肌肉松弛、肌群协调不良、动作缓慢不活泼，均可能是心理疲劳的表现。观察评定是一种在实际运动训练中容易操作的方法，但也存在问题，其评定的尺度很难掌握。其次，有的研究人员容易将运动量、运动负荷、运动强度、运动数量等概念混用，可能对心理疲劳现象的观察造成不正确的评定。

（二）主观感觉评定

1. 主观体力感觉等级量表

主观体力感觉等级（rating of perceived exertion，RPE）是瑞典心理学家 Borg 于20世纪70年代创立，根据运动时的中枢疲劳和外周疲劳信号综合制定。作为判断运动负荷和疲劳程度的一项指标，它已被世界各地广泛应用。国外许多报道已证实，RPE 是推测运动强度和医务监督的有效方法，同时也是介于心理学和生理学之间的一种指标。严格地说，RPE 的表现形式是心理的，但反映的却是生理机能的变化。欧美生理学家将 RPE 指标与一些生理指标变化同时检测并综合分析。Borg 的 RPE 等级量度如下，具体表现分别为：6 根本不费力；7~8 非常轻松；9 很轻松；10~12 还算轻松；13~14 稍累；15~16 累；17~18 非常累；19 非常非常累；20 精疲力竭（表7-2）。6~20 的运动负荷相当于心率 60~200 次/分的运动强度。1982 年，Borg 又提出一个新量表——12 级 RPE 量表（表7-3），更适合无氧运动或缺氧时自觉反应的需要。

2. POMS 心理量表

主观感觉评定主要是运用一些心理量表。国内外的研究者通过大量的研究指出，POMS 量表是监控运动员心理疲劳较好的情绪变化指标。心理状态剖面（profile of mood states，POMS）是由美国心理学家 McNair 等于 1971 年编制而成的一种情绪状态评定量表，它包括 6 个分量表（紧张、抑郁、愤怒、精力、疲劳和慌乱）。澳大利亚心理学家 Grove 等在 1992 年第 2 期《国际运动心理学杂志》上发表了他们新发展的简式 POMS 问卷，其中增加了"与自尊心有关的情绪"这一分量表，共 7 个分量表。情绪状态总估价（total mood disturbance score，TMD）的计算公式是：5 种消极情绪（紧张、愤怒、疲劳、慌乱、压抑）的总分数减去 2 种积极情绪（精力、自尊）的总分数，加上一个常数（100），最后得出 TMD 分数。TMD 分数越高，表明有更消极的情绪状态，即心情更为纷乱、烦闷和失调。但是未见学者将心理总积分值与疲劳程度对应趋势做深入研究。

表 7-2　15 级 RPE 量表

自我感觉	等级
根本不费力	6
非常轻松	7
	8
很轻松	9
	10
还算轻松	11
	12
稍累	13
	14
累	15
	16
非常累	17
	18
非常非常累	19
精疲力竭	20

表 7-3　12 级 RPE 量表

自我感觉	等级
没有感觉	0
非常非常轻松	0.5
非常轻松	1
轻松	2
适度	3
有些累	4
累	5
非常累	6
	7
	8
非常非常累	9
精疲力竭	10

（三）客观指标评定

RT 是评价人类活动的一个重要变量，是心理生理学实验中最普遍采用的心理活动指标之一。它可以测定大脑皮层的兴奋和抑制功能，分析人的感觉、注意、思维、个性差别等各种心理活动。

有研究者指出，脑电的波形可较明显地反映出心理疲劳时反应迟钝、判断失误、注意力不集中、厌倦训练，并伴有神经系统症状。

计算机化的内隐认知实验是监测心理疲劳的新设想。有研究者利用计算机化的内隐认知实验对人的身体自我观念进行了有益的探讨,研究首次发现:第一,采用受试者身体图片作为刺激,可以对受试者的身体自我观念做出评定;第二,计算机实验评定出的内隐身体自我观念与自我量表评定出的外显自我观念具有中等程度的负相关,说明两者测量的是不同观念;第三,内隐身体自我观念对生活满意感有一定的预测能力,说明这一观念具有一定效度。

由于目前的技术、资料和经验的限制,运用 EEG、计算机实验进行一次性测试的评价价值有限,测试与分析技术复杂,还有待进一步探索;RT 的测定结果容易受到被试者配合程度的影响。总的来说,哪种或哪些方法检测心理疲劳更为可靠和有效,仍有待探索。但不论采用哪种方式检测心理疲劳,有两个原则是必须遵循的:第一,检测应该是长期进行的;第二,评定主要是个人化的,也就是说,对测试结果的评定应以自身对照为主。

第二节　常见运动性疾病

运动性疾病是指机体对运动过量或缺乏,不适应或训练安排不当,引起机体内环境紊乱或原有的内环境紊乱加剧,发生身体机能异常或疾病,甚至生命活动障碍而出现的症状和体征。

一、过度训练

(一) 概念

我国学者认为,过度训练是运动负荷与机体机能不相适应,以至疲劳连续积累而造成的一系列功能紊乱或病理状态。过度训练在各个运动项目的训练中都可见到,更多见于力量、速度、耐力素质的训练中。过度训练的发生与以下因素有关。

(1) 连续大运动量训练,缺乏必要的间隙。
(2) 运动量增加过快。
(3) 伤病后训练开始过早和(或)训练量过大。
(4) 缺乏全面训练基础。
(5) 生活制度的破坏。

(二) 症状

1. 神经精神症状

神经精神症状有睡眠障碍(失眠、多梦、易惊醒等)、头痛、头晕、无训练欲望、心情烦躁、易激怒、记忆力下降等。

2. 心血管系统症状

心血管系统症状有运动员诉说心悸、心慌、胸闷、气短、心前区不适、心律不齐等。可出现晨脉加快,运动后心率恢复慢。血压的变化与运动项目有关,一般项目运动员的血压未见明显变动,而举重、投掷等力量性项目运动员安静状态和运动负荷后血压常明显偏高。

3．消化系统症状

消化系统可出现食欲下降、恶心、呕吐、肝区疼痛等症状,严重时可出现胃肠道功能紊乱。个别运动员可出现上消化道和（或）下消化道出血症状。

4．运动成绩和体重下降

个人项目中运动成绩下降比较明显,负荷能力下降,尤其是最大负荷能力和最大乳酸水平下降明显。集体项目运动员常表现为反应迟钝、动作不灵活和协调能力下降等。

5．运动系统

运动系统的症状常表现为肌肉持续酸痛、压痛、肌肉僵硬,易出现肌肉痉挛、肌肉微细损伤等。当下肢过度训练时可出现过度使用症状表现为疲劳性骨膜炎、小腿间隔综合征、张力性骨折、跟腱及跟腱周围炎等。

6．全身和其他系统症状

过度训练的运动员常诉说全身乏力、体重下降,易发生感冒、腹泻、低热、运动后蛋白尿、运动性血尿、运动性头痛等,甚至易患肝炎等传染病。

上述症状的轻重常与运动量大小,特别是运动强度的大小有密切关系。开始时仅在大运动量训练后出现,若未及时采取措施,则症状逐渐加重,在中、小运动量训练后也可出现。

（三）诊断

过度训练的诊断指标主要有以下几个。

1．体重

成年运动员在大运动量训练后,体重持续下降（休息、进食后不恢复）超过正常体重的 1/30（人工减重除外）是诊断过度训练的重要依据之一。

2．心血管系统

安静时心率较正常时明显增加。一般认为心率较平时增加 12 次/分以上应该引起注意。过度训练的运动员心电图可能出现 ST-T 改变（ST 段明显下降超过 0.075 毫伏被认为是诊断过度疲劳的重要参考指标）及各种心律不齐,如室性早搏、阵发性心动过速以及各种传导异常等心电图变化。过度训练的运动员可能出现贫血,但有时只表现为血色素水平较平时降低,但并未达到贫血的标准。此外,在血液检查时还发现运动员白细胞计数减少,特别是淋巴细胞减少,免疫机能低下,抵抗力低下,容易感染各种疾病。

3．呼吸系统

主要表现为 VO_{2max} 下降。

4．泌尿系统

表现为尿蛋白阳性,有时可出现血红蛋白尿或血尿。

5．消化系统

消化系统过度训练的运动员在运动时可出现右侧肋部痛,有时会出现个别运动员肝脏肿大,但是肝功能一般正常。

6．内分泌系统

女性运动员可出现月经紊乱，严重时出现闭经。由于应激引起的皮质醇升高，而促性腺激素抑制，导致睾酮/皮质醇升高。而促性腺激素抑制导致的睾酮和皮质醇的比值的变化是过度训练的敏感指标。睾酮/皮质醇比值为 0.03 或者更小则可以确定为过度训练，但还应该根据其他临床表现来判断。

7．免疫系统

过度训练同样也会影响机体的免疫系统，使运动员易受感染，内分泌系统也会出现应激反应。早期出现肾上腺素、去甲肾上腺素和肾上腺皮质激素的升高，继而使这些激素的水平下降。

除上述症状外，还可出现讨厌或害怕专项训练，见到专项训练场就出现恶心、呕吐等症状。进行体检时，在过度训练的不同阶段，有时候可以看见心电图上心肌缺血性改变，心脏急性扩大、心肺功能下降、贫血、胃肠功能紊乱等现象，因此过度训练不等同于过度疲劳。

（四）预防措施

1．合理安排训练负荷

制订训练计划一定要考虑运动员机体的可接受性和个体的特点，恰当规定训练任务，尽可能地安排轻松有趣的训练内容，采用多种多样的训练方法和手段。

2．加强训练中的机能评定

在训练中密切运动员、教练员、医务人员之间的联系与合作，运用医务监督手段督导运动员的训练过程，在大强度训练中做好运动员的机能评定，运动员必须详细记录对每次训练的主观感觉。另外还可通过对各种生化指标的定期检测来分析判定运动员负荷的适宜程度，预防运动损伤事故的发生。

3．培养运动员自我诊断的能力

运动员通过长期的运动训练能摸索出一套自我控制的方法，因为他们常常处于训练最佳状态与过度疲劳的边缘。自我控制能力也就是自我诊断的能力能及时地感知过度训练的早期信号，并及时采取措施，有效地预防过度训练。

4．避免过度训练

在训练方面要特别注意避免容易引起过度训练的高危险训练模式，包括没有充分恢复的连续比赛，或在一系列比赛之间没有足够的恢复时间；突然增加训练量或训练强度，而不循序渐进；使用单一的训练模式，导致某一肌群或某一能量系统的疲劳延续；生活中的应激因素增加，如睡眠不足，营养不良等。

5．加速疲劳的消除

促进疲劳消除的措施有生理学的、物理学的、药物的、心理的等。常用的措施有营养物质的补充，包括蛋白质、维生素和微量元素等的补充；保证足够的睡眠和休息，宜采用各种积极性休息的措施来消除精神的和体力的紧张（放松性旅游、听轻音乐、温水浴、桑拿浴、按摩等）。

（五）治疗

治疗基本上围绕4个方面进行：
（1）消除病因。
（2）调整训练内容和（或）改变训练方法。
（3）加强各种恢复措施。
（4）对症治疗。
多数过度训练的运动员经过治疗后可以恢复健康。

二、过度紧张

过度紧张是指运动员在训练或比赛时，体力和心理负荷超过了机体的潜力而发生的生理紊乱或病理现象。它在一次剧烈训练或比赛后立即出现或几次训练或比赛后发生。一般过度紧张多发生在训练水平低、经验较少的新手身上，也可发生在因伤病中断训练较长时间后重新恢复训练的运动员身上，有时也发生在受激烈精神刺激后的高水平运动员身上。

（一）过度紧张的类型

过度紧张的类型较多，轻重程度差异很大，可涉及某一系统或几个系统。

1. 单纯虚脱型

这一类型比较多见，多发生于短跑和中长跑运动员。在剧烈训练，尤其是比赛后，赛跑者出现头晕、面色苍白、恶心、呕吐、大汗淋漓等现象。轻者卧位休息片刻后就会逐渐好转，重者被迫卧床休息1~2天才能缓解。多数发生者神志清醒，能回答询问。

对单纯虚脱型的处理主要是卧位休息、保温，可饮用热水或咖啡。较重者可吸氧、静脉推注葡萄糖等，以加速恢复。这一类型多见于训练水平不高或已间歇训练一段时间突然参加比赛的运动员。预防单纯虚脱的关键是要遵守循序渐进的训练原则。

2. 昏厥型

昏厥型表现为在运动中或运动后突然出现一过性的意识障碍。清醒后诉说全身无力、头痛、头晕，可伴有心、肺、脑功能降低的症状。常见的昏厥有以下3种情况：

（1）举重时昏厥。做大重量挺举时，由于胸腔及肺内压突然剧增，造成回心血量减少，致使心脏排血量锐减，造成短暂的脑供血不足，可见到持续20~30秒的昏厥状态。

（2）重力性休克。多见于径赛运动员，尤其多见于短跑、中跑运动员，有时自行车和竞走运动员也可见到。运动员在进行运动时，四肢血管大量扩张，循环血量比安静时增加很多倍。这时依靠肌肉有节奏的收缩和舒张以及胸廓的吸引作用，血液可以正常向心脏回流。当运动者突然停止运动时，下肢肌肉对血管的收缩作用突然停止，出现血液淤滞在下肢，造成循环血量明显减少，血压下降，心跳加快而心搏量减少，使中枢神经血液供应减少，出现脑缺血而造成昏厥。

（3）强烈刺激后引起昏厥。这种情况经常发生在参加重大国际性比赛的高水平运动员身上。其表现为紧张剧烈的比赛后运动员突然意识丧失。有的运动员在剧烈比赛后，在直立位下可发生一过性虚脱或昏厥。这是由于强烈的神经反射使血管紧张性降低引起急性广泛性的周围小血管扩张、血压下降，从而导致脑部血液循环不足而引起昏厥。一般在受到强烈刺激发生昏厥后，可让运动员平卧休息，头可稍低，迅速进行初步的检查（脉搏、血压、体温、心电图等），排除可能的外伤后，应给予吸氧、静脉注射高渗葡萄糖 40～60 毫升、注意保暖、迅速送到附近医院做进一步处理等措施。

3．脑血管痉挛型

脑血管痉挛型表现为运动员在运动中或运动后即刻出现一侧肢体麻木，动作不灵活，常伴有剧烈的头痛、恶心和呕吐。

4．急性胃肠道综合征

详细内容见运动性胃肠道综合征相关内容。

5．急性心功能不全和心肌损伤

急性心功能不全和心肌损伤表现为运动后出现呼吸困难、憋气、胸痛、心跳加速或节律不齐、血压降低等症状。运动后出现急性心功能不全和心肌损伤的表现较多，有的可出现急性心力衰竭，有的为心肌梗塞，较轻者可出现心肌缺血、心肌轻度损害。有的急性心功能不全和心肌损伤的发生，是运动直接所致，有的是在原有心脏病（风湿性心脏病、病毒性心肌炎、肥厚性心肌病、马凡综合征、冠状动脉先天发育畸形等）的基础上发生的。

对运动后出现急性心功能不全者，在现场应给予吸氧、心脏起搏等急救处理后，立即送往医院进一步抢救。

（二）过度紧张的预防

（1）做好运动员的身体检查，在运动员集训前或参加激烈比赛前，应进行全面深入的体格检查，以排除各种潜在性疾病，如心血管系统、消化系统等。

（2）严格遵守循序渐进的训练原则，避免缺乏训练或训练不够者参加训练和比赛，对因故中止的训练者，恢复训练时要从小运动量开始，逐步增加训练强度。

（3）加强训练时的医学观察，尤其对新运动员和少儿运动员，要注意他们在训练场上的反应，及时调整运动量。对年老运动员的运动训练要重视个别对待，应坚持健身原则，不应过分追求比赛分数和成绩。

三、运动性猝死

世界卫生组织规定，未能预期的、非创伤的、非自杀性的，从症状或体征出现后 6～24 小时内的死亡称猝死，30 秒内称即刻死亡。运动性猝死是指运动中或运动后 6 小时内发生的非创伤性突然死亡。有报道，足球、橄榄球、曲棍球、篮球、举重和体操运动员在训练和比赛中可能发生猝死。

（一）运动性猝死的机理

运动性猝死病例中绝大多数都有器质性疾病存在，其中以心血管疾病最为常见，约占 70%～80%，其次为脑血管疾病、中暑和药物滥用等。在此重点介绍运动员心脏猝死。运动诱发原有心血管疾病的病情突然加重，使心脏不能搏出血液而发生猝死，一般见于 3 种情形。①严重心律失常。室性心动过速、心室扑动、室颤和室性停搏引起心室收缩快而无力甚至心室完全失去收缩能力。②急性左心泵衰竭。心肌斑片状坏死或纤维化减少心血输出量，发生休克。③心脏动脉瘤的破裂。

常见的易致猝死的器质性疾病有冠心病、心肌病、心肌炎、心脏畸形（如心尖动脉瘤和三尖瓣低位）、风湿性心脏病、脑溢血、蛛网膜下腔出血、急性胰腺炎等。

有时运动性猝死也见于心脏无器质性病变的"健康人"中，这是由于神经源性心脏停搏所致。强烈的运动性应激原引起机体植物神经功能严重紊乱，促使肾上腺素能和胆碱神经介质大量释放，同时激发心脏抑制-血管扩张反射，从而损伤心脏搏动和血管舒缩活动，发生猝死。

（二）运动性猝死的诊断

（1）有运动过量史。

（2）运动中或运动后 24 小时内有胸骨后或心前区与呼吸运动无关的持续性疼痛，常向颈部、臂或上腹放射；脉搏细弱、血压降低、心率快、心音低、心律不齐、奔马律、休克、心力衰竭；偏瘫、昏迷；神志突然丧失、大动脉搏动消失、心音消失、呼吸停止、发绀和瞳孔固定放大。

（3）运动中或运动后数秒、数分钟内来不及出现症状就发生猝死。

（三）运动性猝死的预防

（1）运动前进行严格的身体检查，排查可致猝死的器质性疾病患者，特别是冠心病人。

（2）运动训练安排要遵循系统性原则。训练要适合不同年龄、性别的解剖生理特点。

（3）密切注意猝死的先兆症状。

①神态或动作的改变。瞬间凝视、短暂意识丧失、呼吸突然减慢、双手紧握拳而凝视。②心绞痛顽固而严重。③心律失常。心跳极度缓慢，30～50 次/分或伴有血压降低；室性早搏大于 5～6 次/分，或呈二、三联律。④备用预防猝死的药物，如心得舒、阿司匹林、生脉散等。

（四）运动员 Marfan 氏综合征

Marfan 氏综合征是近年来备受运动医学界关注的先天性心脏病，也是运动性猝死的主要原因之一，多发生于身材高大的运动员，在运动实践中应予重点排查，防患于未然。

Marfan 氏综合征又名蜘蛛指（趾）综合征，属于一种先天性、遗传性结缔组织病，为常染色体显性遗传，有家族史，病变主要累及中胚叶的骨骼、心脏、肌肉、韧带和结缔组织。骨骼畸形最常见，全身管状骨细长、手指、脚趾细长，呈蜘蛛脚样外观。心脏二尖瓣关闭不全或脱垂，主动脉瓣关闭不全。眼晶状体脱位和半脱位，视网膜剥离等。血管方面表现为大动脉中层弹力纤维发育不良，主动脉或腹主动脉扩张，形成主动脉瘤或腹主动脉瘤。主动脉扩张到一定程度以后，可能造成主动脉破裂死亡。发病率约 0.04%～0.1%。

Marfan 氏综合征诊断标准：

（1）家族史。家族中有肯定的 Marfan 氏综合征患者，分析家谱时应符合常染色体显性遗传规律。

（2）眼部病变。晶体韧带松弛，晶状体脱位或半脱位，高度近视、视网膜剥离等。

（3）心血管病变。主动脉根部增宽，升、降主动脉扩张或发生主动脉夹层动脉瘤，主动脉关闭不全及二尖瓣脱垂等。

（4）骨骼异常。蜘蛛样指（趾），脊柱侧凸、后凸、鸡胸、硬脊膜膨出等。

凡符合上述 4 项标准中的 2 项或 2 项以上者，方可诊断为 Marfan 氏综合征。

Marfan 氏综合征患者主动脉根部中层薄弱，不能承受动脉内高压力负荷和大运动量训练，故怀疑 Marfan 氏综合征的运动员应做常规动态血压监测、胸部纵膈影像学监测、超声心动监测、心脏大血管核磁检查，以便确诊，并决定下一步治疗方案。

四、运动员贫血

（一）运动员贫血的原因

目前，多数学者认为运动员贫血与下述因素有密切关系：

1. 血浆稀释引起的相对性贫血

一些耐力项目运动员经训练后血浆容量增加，这被认为是机体对训练的适应性反应。通过血容量增加，剧烈运动使心搏出量和最大心排血量增多，有利于周围组织氧的运送和释放。另外，血容量的增加和血球压积的适当下降可使血液黏稠度降低，从而减少外周阻力，有利于周围组织的血液灌流。由于血浆容量的增加与血红蛋白的增加不成比例，即血浆容积的增加大于血红蛋白总量的增加，出现相对的血液稀释状态，其表现为血红蛋白浓度偏低，测试结果显示贫血。

2. 血红蛋白合成减少

运动员血红蛋白生成和（或）红细胞合成减少或速度减慢可导致贫血的发生。血红蛋白合成需要足够量的铁、蛋白质、维生素 B12 和叶酸等。运动员进行大运动量训练时，对蛋白质、铁等营养物质的需求量随之增加。如果其营养摄入量仅达到一般需要量（某些运动员（体操、舞蹈）还要限制饮食摄入量），而未增加额外的补充量，就更易出现造血原料不足，血红蛋白合成减少的情况。研究表明，运动员是发生缺铁的高危人群，缺铁性贫血对依靠有氧供能的运动员运动能力的影响是明显的。

3. 运动引起溶血和红细胞破坏增加

运动时由于肌肉的极度收缩、挤压或牵伸造成相应部位微细血管的淤血或红细胞破坏增多，从而造成血红蛋白、血细胞比容下降。

（二）影响运动员贫血的因素

（1）运动项目。田径，特别是长距离跑运动员、马拉松运动员发生贫血的百分率大大高于其他项目。

（2）加大运动量训练。当运动员进入冬训加大运动 1~2 个月后，多数人的血红蛋白浓度下降。

（3）营养补充对贫血的影响。补充营养的运动员的血红蛋白浓度下降减少。

（4）训练状态的影响。运动员在训练状态下降时，血红蛋白浓度偏低。

（三）运动员贫血的临床症状

运动员贫血症状的轻重取决于贫血发生的速度、贫血的原因和血红蛋白浓度降低的程度。当运动员患轻度贫血时，安静状态和中小训练量时不出现症状或症状很不明显，仅在大运动量训练时才出现某些症状；中度和重度贫血时，由于血红蛋白明显下降，可出现一系列症状，主要表现如下。

（1）心肺系统。血红蛋白水平降低，机体出现一些代偿现象，如心悸、心慌、呼吸急促，活动后更为明显。

（2）神经系统。可出现头痛、头晕、失眠、反应能力降低等。

（3）内分泌系统。女运动员可出现月经紊乱（稀少、周期缩短或经量过多）或闭经。

（4）体征。轻度贫血体征不明显；中、重度贫血可出现皮肤和黏膜苍白，心率加快，心尖部出现收缩期吹风样杂音，较重者可出现肢体浮肿、心脏扩大等体征。

（四）运动员贫血的诊断

（1）运动员贫血是剧烈运动初期（1~3 周）产生的一种暂时性贫血，多见于耐力训练中，是一种血浆稀释引起的相对性贫血。

（2）在运动员中长期慢性贫血中，缺铁性贫血为最常见的一种类型，此种贫血具有缺铁性贫血的各种特征。

（3）女运动员、少儿运动员和成年运动员贫血的发生率较高。贫血运动员运动时易出现心悸、气短、头晕、无力等症状。症状的轻重与贫血的严重程度成正比。

（4）贫血运动员的最大有氧能力、耐力下降。

（5）特殊检查可排除血液系统和肝、肾、胃肠道器质性病变。

（6）一般评定贫血的最简易指标为血红蛋白（Hb），国内诊断成人运动员贫血的标准为：女性为血液中 Hb 含量小于 105 克/升，男性为血液中 Hb 含量小于 120 克/升，14 岁以下儿童少年为血液中 Hb 含量小于 120 克/升。

（五）预防和治疗

1. 预防措施

运动员应服用营养平衡的膳食，包括充足的蛋白质、铁、维生素 C、B12 和叶酸。对铁蛋白低者（小于 30 克/毫升）应预防性补充铁，为防止过多补铁的不良作用，故不应超过 10 毫克。处于正铁平衡或无缺铁贫血的男运动员不宜采用预防性补铁。对铁储备耗尽者（铁蛋白小于 12 毫克/毫升），补铁应大于 18 毫克。

定期监测运动员 Hb 和血清铁蛋白，做到早期发现，早期预防。

适当加强运动员中贫血易感人群的全面营养，这里的易感人群主要指进行大运动量训练者、减体重者、月经量多者、少儿运动员和耐力项目运动员。

2. 治疗措施

采用传统的治疗贫血方法——饮食治疗，尤其要补充铁、蛋白质、造血原料，对有明显缺铁性贫血的运动员更应进行及时和积极的治疗，避免运动员在长期贫血下进行运动训练，否则会带来不良后果。

（1）合理安排运动训练。当女运动员的 Hb 低于 90 毫克/升时，应停止中等和大强度训练，以治疗为主，待 Hb 上升后，再逐渐恢复运动强度；当 Hb 在 90～110 毫克/升时，可边治疗边训练，但在训练中减少训练强度，避免长距离跑等；对重度贫血应以休息和治疗为主。

（2）药物治疗。西药常用硫酸亚铁、富血铁等。中药治疗辨证施治，常见的运动员贫血是心脾两虚和气虚型。

五、运动性血尿

健康人在运动后出现一过性的血尿，虽经详细检查但找不到其他原因的，这类血尿称为运动性血尿。运动性血尿仅为运动后血尿的一部分。血尿可表现为镜下血尿和肉眼血尿。由于镜下血尿易被忽略，因此以肉眼血尿求诊者较多见。

（一）影响因素

（1）运动项目。各项运动都可以见到运动性血尿。

（2）负荷量和训练强度。运动性血尿的发生与身体负荷量和（或）训练强度的加大、过快有直接关系。所以，运动性血尿多见于运动新手突然加大负荷量、训练强度后以及运动比赛季节和冬训开始阶段。对诱发运动性血尿来说，训练强度过大比运动持续时间过长更为重要。身体局部负担过大，如腰部动作过多、跳跃训练（蛙跳、蹲跳、向上跳、单足跳等）量过大和大强度的长跑是运动性血尿的重要诱因。

（3）身体适应能力。有时运动员完成的负荷量并不大，但因身体适应能力下降，完成原先的负荷量后就易诱发血尿，所以有的学者强调，运动性血尿可能为运动员发生过度训练的一个症状。

（4）外界环境因素。在寒冷（冬泳后）和高原条件下训练运动员易出现血尿，其确切原因尚待阐明，可能与寒冷、低氧环境对身体肾脏的刺激有关。

（二）运动性血尿的发生原因和机理

运动性血尿的发生原因和机理还未完全清楚。多数学者认为其发生原因主要与下列因素有关。

1. 外伤

运动时肾脏受打击、挤压或牵扯都可造成肾组织或血管的微细外伤。这时出现血尿较多见。膀胱壁外伤假说仅适用于发生运动性血尿的部分运动员身上。这一说法完全不适用于女子，因为她们的膀胱解剖关系是与男子不同的。

2. 肾血管收缩造成的缺血

运动时全身血液的重新分配，肾上腺素和去甲肾上腺素分泌量的增多，造成肾血流量减少，肾血管收缩，发生肾脏部位的缺血、缺氧和血管壁的营养障碍，出现红细胞外溢，形成运动性血尿。

3. 肾脏位置的下移

长跑运动员由于肾周围脂肪较少，在直立位下连续长时间的蹬地动作，使肾脏的位置下移，肾静脉与下腔静脉之间的角度变锐，可发生两静脉交叉处的扭曲，引起肾静脉压增加，造成红细胞漏出，出现运动性血尿。当运动员跳跃较多时，尤其是在踏跳力量大，同时腰部猛烈的屈曲和伸展动作时，易造成肾脏或肾脏部位组织、血管的挤压、牵扯或扭曲，甚至损伤。这几方面的综合因素引起运动性血尿。

（三）诊断

有人提出运动性血尿的 6 个临床特点：

（1）正在训练的运动员或健康人在运动后骤然出现血尿，其明显程度多数与负荷量大小有密切关系。

（2）除血尿症状外，不伴随全身或局部特异性症状和体征。

（3）男运动员多见，尤以跑、跳和球类运动员多见。

（4）各项肾功能检查、血液检查和 X 射线检查均正常。

（5）绝大多数人（约95%）的血尿持续时间不超过 3 天。

（6）血尿可在多年内反复出现，但一般预后良好。

（四）预防和治疗

（1）遵守运动训练的科学原则，负荷量和训练强度要循序渐进，避免骤然加大负荷量和训练强度，做好全身和腰部的充分准备活动。

（2）合理安排训练和比赛时的饮水方案，在剧烈训练和比赛过程中适当补充水分。运动中调整好步速。

（3）注意外界环境的变化，避免过度训练。

（4）对运动员运动后出现肉眼血尿者，不论有无主诉应暂时停止运动训练，进行必要的检查。对无特异性主诉的镜下血尿的运动员可采取边训练边检查的办法，尽快做出较明确的诊断。

对运动性血尿者，除合理调整和安排负荷量外，可试用一般止血药物。由于运动性血尿的原因还未完全清楚，药物治疗均为对症性或试验性的。必要时要停止一段时间剧烈运动，一般血尿可消失。

六、运动性胃肠道综合征

（一）主要症状

（1）腹痛。包括胃腹痛、右上腹和（或）左上腹痛、全腹痛或下腹痛，主要在运动中和（或）运动后出现。

（2）出现排便或便意。运动中或运动后要排大便或有便意，有时可以自控，有时被迫如厕。

（3）腹泻。运动中和（或）运动后出现，轻者为水泻，重者为血性腹泻。而上消化道出血常排出黑便，下消化道出血可排出新鲜血性腹泻物。

（4）呕吐。吐出咖啡样食物或液体等。

（5）其他症状。如恶心、干呕、吐酸水等症状。

（二）影响因素

运动中和（或）运动后出现胃肠道综合征常与多种影响因素有关。

（1）胃排空。运动中喝高糖饮料将抑制胃排空，使水分存积在胃内，造成胃膨胀和不想饮水，出现反胃、胃肠逆流、胃痛等不适感觉。

（2）内脏血流。运动可引起肌肉和内脏血流的重新分配，即骨骼肌的血管扩张以增加血流，胃肠道则发生血管收缩，血流减少，这样可造成服糖后吸收不良，从而导致由大强度运动引起的腹泻。

（3）高温与脱水。在高温下长时间运动和出现的低血糖将使儿茶酚胺浓度升高，而儿茶酚胺浓度升高将延迟胃排空和延长食物和饮料的通过时间。

（三）发生机制

1. 上消化道出血的原因和机制

上消化道急性出血的最常见原因是溃疡病，尤以十二指肠溃疡为主，这一原因约占上消化道出血原因的 1/2～2/3。其次为胃黏膜发生 Mallory-Weiss 撕裂引起的出血。还可较少见到运动诱发的肠道内出血。动物试验上可见到运动性溃疡，其发生机制是激烈运动引起体力衰竭，使机体处于一过性的休克状态，并伴有胃血循环的障碍，造成局部缺氧和胃黏膜的损伤而致出血。这种溃疡往往仅侵及黏膜层，由于损伤较浅，愈合较快，因而易被忽略。

2. 下消化道出血的原因和机制

运动性下消化道出血的原因主要与肠道缺血有关。极量运动时，内脏血流可减少80%左右，造成肠道相对缺血，出现肠道功能紊乱，在此基础上，加上高温、脱水等可导致肠管发生缺血性坏死，出现血便等症状。另一个可能的原因是下部胃肠道在运动时被反复震动引起损伤或出血。

（四）预防

（1）及时治疗各种原发疾病，对运动时出现各种胃肠道综合征的人群，应进行详细的检查，对患有十二指肠溃疡的运动员，有出血倾向者更应停止激烈的运动训练和比赛，集中进行治疗。

（2）遵守训练和比赛的卫生原则，主要包括遵守循序渐进原则、个别对待原则等。在炎热天气下进行训练或比赛时，应注意液体的补充和预防中暑。

（3）预防在跑程中因饮水量过多而出现的血钠过低，以致发生水中毒现象。

（五）治疗措施

（1）对症治疗，当运动中出现腹痛时，可采用适当减慢速度、按压腹部、调整呼吸等措施，必要时可服用阿托品等解痉药物。

（2）积极治疗出现中暑、水中毒的运动员，水中毒的治疗原则主要是纠正低钠、低氯，恢复血液中钠、氯的浓度，排出体内蓄积的过多水分等。

（3）对一时找不到明显原因的上、下消化道出血者，可采取暂时停止或减少训练，尤其是减少训练或比赛的强度，可采取口服或注射止血药物等措施。

七、运动性腹痛

运动性腹痛是指运动员在运动时因生理或病理原因发生的腹部疼痛症状，而在平时则不出现腹痛或腹痛不明显。运动性腹痛是运动员的常见症状，是妨碍运动成绩提高的重要因素。

（一）常见原因

腹内疾病包括病毒性肝炎（急、慢性肝炎）和肝炎后综合征。肝炎引起腹痛的机理一般认为与肝被膜受炎症刺激或牵扯、肝实质在炎症充血或痛感提高以及静脉内压力增加或血流淤滞等原因有关。胆道疾病包括胆石症、胆囊炎、胆管炎、胆道蛔虫等，其中以无菌性胆道感染较为多见。胆道疾病引起疼痛的机理与胆道平滑肌的痉挛性收缩、胆道过度膨胀以及炎症或出血的刺激等因素有关。肝胆疾病者在运动时，尤其在剧烈运动时，由于内脏血管的收缩、缺氧状态及新陈代谢产物的刺激，更容易出现腹痛。

腹外疾病常见的有右下肺炎、胸膜炎、肾结石以及腹外疾病。有关资料表明，在腹外疾病中，运动员的腹直肌慢性拉伤往往容易被忽略。

运动员的运动性腹痛中，约有 1/3 的人疼痛原因不明。在这些疼痛原因不明的运动员中，有某些诱发因素存在，如运动时呼吸节奏不好、运动速度增加过快、运动前饮食量过多或饥饿等。

（二）症状和特点

运动性腹痛的部位多数发生在右上腹部，呈钝痛，有的还出现左上腹部或下腹部疼痛，这种腹痛往往具有以下特点：运动员感到腹痛时间较长，从几个月到数年不等；大多数人在安静时不痛、运动时才痛；疼痛程度与运动量大小和运动强度成正比，一般活动量小、慢速度运动时疼痛不明显，随着运动量的加大，运动速度加快和运动强度的增大，疼痛才逐渐加剧；有的运动员仅在比赛时出现疼痛，而平时训练时疼痛不明显，经减慢运动速度，减小运动强度、做深呼吸或按压腹部后疼痛可减轻；少数运动员因疼痛难忍被迫停止比赛，此情况多见于田径、马拉松、公路自行车等项目的运动员；除腹痛症状外，一般不伴随其他特异性症状；个别运动员腹痛时伴随无力、胸闷、下肢发沉等症状；用保肝等药物治疗往往无效。

（三）预防和治疗

因腹内或腹外疾病所致的腹痛要针对原发疾病进行相应的治疗（药物、理疗、局部封闭等）。

对仅在运动时加快速度后才出现腹痛的运动员，首先要加强全面身体素质的训练和专项运动的技术、战术训练。观察说明，当运动员全面身体素质训练不够时往往容易出现运动性腹痛。

遵守训练的生理原则包括运动量的增加要循序渐进。激烈运动前既不要吃得过饱，不要吃平时不习惯的食物，又不要空腹参加运动；要做好充分的准备运动等。冬天参加长跑或自行车比赛时，不要在未经活动前就脱掉运动外套。

运动中要调整好动作与呼吸节奏。

运动中出现腹痛后，不要马上停止运动，可适当减慢速度，调整呼吸与动作的配合节奏，用手按压疼痛的部位。若这些方法无效，可服用颠茄、阿托品等解痉药物，若疼痛剧烈难忍时应立即停止运动。

八、运动性中暑

剧烈运动时机体产生的大量热量不能及时散发而积聚在体内，可以使体温升高到40℃甚至更高，特别是在闷热、潮湿的环境中这种情况更易发生，从而可能导致运动性中暑。运动性中暑主要发生在青少年人群和耐力训练中。一些年轻的运动员中暑的自我感觉不明显，可能因处理延迟而导致严重后果。

（一）运动性中暑的分类和症状

根据发生的机制，运动性中暑可分为热射病、日射病和热痉挛 3 种。

1. 热射病

热射病是发生在高热环境中的一种急性疾病。机体产热与散热是相适应的。当外界温度在 35℃以上，尤其超过了皮肤温度（32～34℃）时，由传导和辐射散热的方式受到阻碍，此时散热仅靠汗液蒸发来实现。在空气湿度和温度相对高的条件下，空气又不流动，仅有的蒸发散热方式也会受到影响。这时如果运动量很大，体内产热较多，散热量小于产热量，热量在体内积聚，使体温明显升高，有时可升至 41～42℃，从而影响生理活动,加上高温环境下体内水盐代谢失调,引起热射病。

热射病的症状轻重不等,轻者仅表现为虚弱状态,重者发生高热和虚脱。热射病一般发病急,体温上升,脉搏及呼吸加快,重者可引起昏迷,体温高达41℃以上,脉搏极快而呼吸短促,最重者可因心力衰竭或呼吸衰竭而致死。

2. 日射病

日射病是由于日光直接照射头部引起机体的强烈反应。强烈的日光对缺乏保护的头部的照射可使脑组织充血、水肿,其表现为呼吸和周围循环衰竭现象。体温升高可能不明显,但会出现头痛、头晕、眼花、兴奋性增高,重者可昏睡。检查时脉搏细速、血压降低等。

3. 热痉挛

大量出汗后,单纯补水而氯化钠(盐类)丧失过多,引起肌肉兴奋性增高,发生肌肉疼痛和强直性收缩,称为热痉挛。轻者只是对称性肌肉抽搐,重者则大肌肉群也发生痉挛,并呈阵发性。负荷较重的肢体肌肉最易发生痉挛。

(二) 中暑的预防

1. 合理安排训练

在夏季炎热季节时安排好训练时间,每次训练一段时间后,至少休息10分钟。饭后延长午休时间,保证充足的睡眠,避免夏季最热的时段(10:00～16:00)在阳光直射下进行训练。即使是模拟参赛地炎热气候而进行的适应训练,也应该逐步提高运动负荷和高温环境下的驻留时间,以减弱机体热应激反应的剧烈程度,避免体内热休克蛋白的过度衰减。

2. 饮食保障

选择一些可以促进食欲的食物,以保证能量的需求。特别注意蛋白质的补充不可缺乏,但也不可过量。因为蛋白质的特殊动力作用可以产生更多的热。及时加强水、无机盐、维生素(特别是维生素B1、B2、C)的补充,以保证心血管功能的稳定。

3. 做好个人防护

保证个人有效的睡眠时间,包括夜晚和午休时间。在阳光直射下训练要戴防护用品,如遮阳帽、浅色且通气性好的衣服,或戴专门的降温帽等。不要赤裸上身和头部参加体育运动训练,避免阳光直射,以免造成日射病。如果是在高温环境下比赛,则除了必要的适应训练外,防护用具、少量多次饮水是非常必要的。不要服用利尿剂、促红细胞生成素等违禁药物。

4. 做好医务监督

教练员和运动员,特别是队医,应该掌握中暑先兆的症状、轻型中暑的合理处置以及重症中暑现场急救措施。运动员训练结束后应测一次体温,以预防延迟性中暑的发生。常备解暑药品和添加药物成分的清凉饮料。

5. 预防为主

加强预防中暑知识的宣传。虽然在环境温度高(如34℃以上)的情况下进行训练容易导致运动性中暑的发生,但已经有资料表明,即使在25℃的环境中,剧烈运动加上湿度大、出汗少,也有可能造成中暑。在高温和(或)湿热环境中,运动训练后,即使没有中暑症状，也应该采取一些预防措施。很多患者是在运动或体力活动结束后的几个小时内发病的，这种情况更具突然性。

（三）中暑的处理

有中暑先兆的运动员应暂时脱离高温环境，并予以密切观察。当运动员发生中暑时，应就地采取以下措施：将患者移到阴凉处，去除衣服，向患者喷洒大量的自来水并用扇子扇风，排空粪便，立即用敞篷车送到医院进一步救治。高温患者的降温方法很多，常用的物理方法有如下几种。当体温降到38～38.5℃时，应停止降温，以免发生低温超射现象。

1. 浸水法

这种方法可因过度地降低皮肤温度而导致寒战和皮肤血管收缩而影响降温效率。要克服这种局限，可以采用降温同时进行皮肤按摩的方法。

2. 蒸发法

这种方法是通过不断地把水泼到皮肤上，同时用蒸发器或扇子来保持皮肤温暖干燥，从而促进水分蒸发。但所泼的水应该使用温水。

3. 冷敷法

冷冰放在患者颈部、腋窝、腹股沟处的大血管上可以显著降低体温。局部冰袋冷敷与蒸发法同时应用效果要更好一点。

第三节　体能训练后恢复的措施

在竞技体育运动不断发展的今天，运动训练计划的安排越来越系统化、科学化，而恢复手段是必须考虑在内的一个重要组成部分。疲劳在竞技体育的训练或比赛中是客观存在的普遍现象，没有训练就没有疲劳，而没有恢复就没有提高。只有解决好训练—疲劳—恢复对立统一的矛盾，才能不断提高运动员的体能和运动技术水平。

科学合理的恢复手段是"有的放矢"，针对运动性疲劳产生的具体原因。运动性疲劳是由于活动使工作能力及身体机能暂时降低的现象。自19世纪意大利生理学家Mosso研究人类的疲劳以来已有近140多年的历史，但至今关于运动性疲劳产生的机制仍无统一的说法。各国学者提出了多种假说。"衰竭"学说认为，运动性疲劳产生的原因是体内能源物质的耗尽。"堵塞"学说提出，肌肉收缩所需能量的唯一来源是ATP，当人体进行极大强度的运动时，体内存在的ATP-CP的数量仅能维持大约6～8秒的运动时间，超过这段时间，人体就需要糖原的无氧糖酵解来供能，在这一代谢过程中将有大量乳酸产生并积累，因此速度耐力训练疲劳的主要原因是由于组织中大量乳酸堆积造成的。苏联专家对中枢神经系统疲劳的发生从生物化学方面提出两个假说：第一个假说是以疲劳大脑中ATP-CP水平下降为基础，当ATP的含量降低时将导致大脑抑制的发展；第二种假说是长时间肌肉活动引起脑抑制物氨基酸含量升高，因此提出了运动性疲劳的"保护性抑制"学说。"突变"学说认为，运动疲劳的出现是一个突然变化过程，即突变，而不是一个渐变过程，就是说身体产生疲劳的运动过程是能源物质消耗、神经肌肉的兴奋性下降和肌肉力量的下降，当这些变化达到一定程度时，会突然以疲劳的形式表现出来，保护机体避免发生肌肉僵直或细胞受损。"自由基"学说认为，疲劳的产生是由于长时间的大负荷运动引起机体内各基本单位——细胞内的自身氧化过程增强，产生大量的活性氧自由基，同时伴有细胞内的抗氧化能力下降，这些活性氧自由基以及细胞内抗氧化能力的下降使细胞的结构和功能遭到破坏，不能维持正常的生理功能，产生了运动性疲劳的各种表现。

根据运动性疲劳产生的机制和疲劳的分类，消除疲劳的途径和方法如下。

一、人体的自然恢复过程

休息是消除运动性疲劳的最基本方法，同时也是最好的自然恢复手段。其目的是排除剩余的代谢物质，补充运动过程中的消耗。人体最好的休息方式就是睡眠。良好充足的睡眠是消除运动性疲劳的一种最直接、最有效且经济的方法。人体睡眠时大脑皮层的兴奋过程降低，体内分解代谢处于最低水平，而合成代谢过程则相对较高，有利于体内能量的蓄积。疲劳后机体最需要的是休息，睡眠不足会妨碍身体恢复。所以，建立良好的睡眠习惯将有助于更快恢复。成年运动员在平时运动训练期间，每天应有 8~9 小时的睡眠；在大运动量和比赛期间，睡眠时间应适当延长。青少年运动员的睡眠时间应比成年运动员的长，必须保证每天有 10 小时的睡眠。

二、教育学恢复措施

教育学恢复手段是运动员恢复的基本措施之一，它包括了在训练的各个阶段确定的生活制度、负荷安排、休息时间等。教育学恢复措施首先是各练习项目之间、各训练课之间、各不同运动负荷时期等的休息间隔时间的变化，主要表现在无论是在一次训练课中还是在单元训练计划中、单元训练计划之间和年训练计划等周期中，都应该是波浪式的安排运动负荷，及时调整运动训练的量和强度，变换练习内容，改变训练环境和手段。

三、运动训练学恢复手段

1. 动态休息

动态休息是相对静态休息而言的，通常情况下动态休息是安排在间歇训练的各个练习之间或持续时间在十几到几十分钟的运动之后。动态休息能够有效地维持机体的血液循环速度，加快代谢产物的消除，从而有效地促进身体机能的恢复。研究发现，动态休息的生理学作用与动态活动的强度大小有关，动态休息的活动强度在 30%~45%VO_{2max} 之间消除血乳酸的效果最好。

2. 整理活动

整理活动是一种常用的积极性恢复手段，是指在正式身体练习后所做的一些加快机体功能恢复的较轻松的练习。整理活动是消除疲劳，促进体力恢复的一种良好方法。剧烈运动后进行整理活动可减少肌肉的延迟性酸痛，有助于消除疲劳；可使肌肉血流量增加，加速乳酸利用；可使心血管系统、呼吸系统仍保持在较高水平，预防激烈活动骤然停止可能引起的机体功能失调。

做整理活动时量不能大，尽量缓和、放松，使身体逐渐恢复到安静状态。整理活动的内容主要包括一些深呼吸运动和全身性放松练习，且要有针对性，使运动中主要负荷部位的肌群得到充分放松。整理活动应包括慢跑、呼吸体操及各肌群的伸展练习。整理活动的时间应该根据运动中的负荷量与强度来安排，一般为5～15分钟。

四、理疗恢复手段

（一）水疗法

水疗包括蒸汽浴、热水浴、桑拿浴、空气浴和漩涡浴等多种形式，通过提高体温，促进血液循环、消除代谢产物以达到尽快消除疲劳、恢复体力的作用。水疗的水温以40℃左右为佳，持续时间以10～20分钟为宜。

1. 温水浴

训练后进行温水淋浴是最简单易行的消除疲劳的方法。温水浴可促进全身的血液循环，调节血流，加强新陈代谢，有利于机体内营养物质的运输和疲劳物质的排除。水温为40℃±2℃为宜；时间为10～15分钟，勿超过20分钟。训练结束半小时后，还可进行冷热水浴。冷水温度为15℃，热水温度为40℃。冷水淋浴1分钟，热水淋浴2分钟，交替3次。

2. 桑拿浴

桑拿浴是指利用高温干燥的环境，加速机体血液循环，使人体大量排汗，从而能及时排出体内的代谢产物。桑拿浴一般不要在运动结束后即刻进行，以免造成脱水和加重运动疲劳。

（二）吸氧疗法

短时大强度运动项目训练或比赛后，利用高压氧舱，在2～2.5个标准大气压下，吸高压氧5～10分钟，从而使血氧含量增加，血液中二氧化碳浓度降低，pH值上升，提高组织氧的储备量，对疲劳的消除有显著的作用。

（三）电磁疗法

电磁疗法是利用电磁刺激振动肌肉放松的方法，改善血液循环，促进能源物质和电解质等功能物质的合成与转运，减少能量消耗和加速代谢产物的消除，促进机体的恢复。

五、营养学恢复手段

(一) 合理膳食营养

产生运动性疲劳的一个很重要的原因是能源物质的大量消耗。恢复机体能源物质储备的最根本方法是根据不同运动项目的能源物质消耗特点进行合理的饮食营养安排。合理膳食营养指的是运动员饮食中的各种营养素数量充足,种类齐全,比例适当,且与运动训练和比赛对机体营养的需要保持动态平衡。运动员日常的饮食营养是其恢复过程的物质基础。青少年及儿童运动员在训练或比赛期间通常要大量消耗能源物质和其他营养素,这些物质在训练或比赛后如果长时间不能得到充分合理的补充,将会造成体内的能源物质、维生素等营养素储备减少,从而影响其身体的生长发育和运动能力的发展。

1. 补充糖

糖是人体运动中的主要燃料。一般情况下,运动员每天训练所消耗的糖大约占其总能量消耗的50%~90%,总量约为250~450克,加上日常生活所需要的300~350克,一个运动员每天消耗的糖总量约为550~800克。

运动员训练或比赛后糖的补充首先应保证饮食中糖的数量。如表7-4所列,食用含糖数量不同的饮食会对肌糖原含量和耐力运动的成绩造成明显的影响。其次是补糖的时间越早越好,最佳的补糖时间是在运动后前2小时内。此外,大运动量的训练或比赛以后,应当安排适当时间的休息(一般为45~60分钟),然后开始用餐。在长时间大负荷运动后至进餐之间的这段时间可以通过运动饮料补充糖。

表7-4 膳食对肌糖原水平的影响及其与耐力的关系

膳食	肌糖原/(克/100克湿肌肉)	运动至力竭的时间/分
高脂肪、高蛋白质膳食	0.63	56.9
混合膳食	1.73	113.6
高碳水化合物膳食	3.31	166.5

2. 补充蛋白质

蛋白质是人体的一种重要营养素,具有多种重要的生物学功能。一般成年人的蛋白质需要量为每天1.0~1.2克/千克体重。儿童少年正处于生长发育阶段,蛋白质供给量适当增加,达到每天2.5克/千克体重,少年儿童运动员应增至每天3.0克/千克体重。日常生活中食用的豆腐、豆浆等豆制品、瘦肉、鱼、蛋、奶等都含有较丰富的蛋白质。

3. 补充脂肪

脂肪的主要生物学功能是供给人类所需要的能量、必需脂肪酸以及促进脂溶性维生素的吸收。膳食中适宜的脂肪量为总热量的25%~30%即可。游泳及冬季运动项目(如滑雪、滑冰等)因机体散热量较大,食物中脂肪可比其他项目高些,但也不宜超过总热量的35%。运动员没有必要专门补充脂肪。最普通的脂肪就是烹调用的各种油脂,如猪油、豆油、菜子油、花生油和麻油等。各种食物,特别是肉类都含有或多或少的脂肪,但来自植物的各种脂肪相对含有较多的必需脂肪酸和脂溶性维生素,因此具有更高的营养价值。

4．补充维生素

维生素是多种辅酶的重要组成成分，因此对于代谢过程的调控有极其重要的作用。维生素缺乏或不足时即可对运动能力产生不利的影响，其表现为做功能力降低、肌肉无力、疲劳症状加重等。补充运动员缺乏的维生素可以提高其运动能力。各种维生素的摄入量应当充足，但摄食过多也不合适。过量的脂溶性维生素在人体内会产生毒性。虽然通常情况下维生素 C 和维生素 B 族无毒性，但是超出机体所能利用和储存的量后，其会通过尿液和其他体液排泄出体外，造成浪费。

5．补充充足的水分和电解质

在运动训练或比赛后，机体恢复所必需的另一种重要的营养素是水。不同运动及职业活动的出汗量是不同的，由于影响因素众多而变化极大。在环境温度很低时，若能量需求很大（如马拉松跑），出汗量也很大，所以不能说只有在高温、高湿情况下才有脱水现象。马拉松运动员在 10～12℃的温度条件下比赛，出汗量在 1%～5%体重之间。尽管这样，出汗量仍与环境条件有很大关系，在夏季和热带气候中，出汗量远远多于平常。有报道说，在热环境中进行马拉松比赛，运动员出汗量高达 6 升甚至更多。人体对食物的耐受能力要比对水的耐受能力强。运动员体内水分的大量丢失将破坏血液循环的运输功能，阻碍营养物质、氧气和代谢废物的运输，同时会影响运动员的体温调节功能。事实上，脱水导致机体对缺氧的耐受能力、肌肉耐力、体力活动能力和最大有氧能力下降。总的体液只损失 1%～2%体重时，对于在温度适中环境中的静坐者几乎没有立即出现的后果，但是可以降低正在进行体育运动而产生热负荷的运动员的运动能力。无论有无热负荷的存在，机体脱水 4%将引起运动能力的严重降低（下降 20%～30%）。

汗液中含有多种有机盐和无机盐，当人体大量流汗时，一些重要的电解质物质（K^+、Na^+、Mg^{2+}、Ca^{2+}等）的含量会下降，甚至达到很危险的水平。体内电解质含量的减少将直接影响 RT 和肌肉收缩力量。由于体液大量丢失导致血液浓度增加（黏滞性加大），人体会产生疲劳、运动的动机水平较低等症状。对于一次训练或比赛来说，饮水或者饮用运动饮料足以恢复体内所需要的水分和营养物质。

运动员补液主要选用含糖和电解质的等渗透压或者低渗透压的运动饮料，以少量多次补充为原则。一般运动前可补充 400～500 毫升，比赛中休息或暂停时可补液 150～300 毫升，运动后补液也要遵循少量多次的原则，以免造成胃部不适。补充水要及时和适量，不能等到口渴时再喝水，由于这时体内脱水已达体重的 2%～3%左右，运动能力已经受到影响。

由于运动员大量的排汗使身体对 K^+、Na^+、Ca^{2+}、P、Mg^{2+}、Fe^{2+}的需要量增加，特别是对 K^+和 Na^+的需要量明显增加，因此除了通过运动饮料补充外，还必须通过食物补充。

（二）强力营养补剂

强力营养补剂是指除了典型的平衡膳食外可以提高运动能力的物质。针对运动人群的这类物质主要包括大剂量的必需营养素，如 100 毫克维生素 C；基本营养素的中间代谢物，如亮氨酸的代谢产物β-羟基-β-甲基丁酸盐；在植物中发现的可影响代谢的营养素或非药物质，如人参；非必需营养素，如肌酸；食物和饮料中合法的药品类营养素，如酒精和咖啡因。这些强力营养补剂分类如下：

（1）大剂量的必需营养素有氨基酸、维生素和矿物质。其中，氨基酸包括精氨酸、鸟氨酸、赖氨酸和色氨酸；维生素包括 B12、C 和 E；矿物质包括硼、铁和磷酸盐。

（2）必需营养素的中间代谢物有 HMB（β-羟基-β-甲基丁酸盐）、DHAP（二羟基丙酮和丙酮酸盐）、FDP（1,6-二磷酸果糖）。

（3）非必需营养素有肉碱、胆碱、甘油和肌苷。

（4）植物提取物有γ-谷维素、人参、小麦胚芽油和育亨宾。

（5）药物类营养素有酒精和咖啡因。

强力营养素通过不同的途径来帮助提高运动能力。例如，补充肌酸可提高肌肉的能量供应；左旋肉碱可促进肌肉的能量释放；铁元素可增强氧的运输；辅酶 Q_{10} 可提高肌肉氧化利用率；摄入碳酸钠盐可减少疲劳代谢物的产生和堆积；胆碱可促进神经对肌肉收缩的控制。许多特殊的必需营养素与非必需营养素对机体三大能量代谢系统起作用：服用肌酸可增强磷酸原系统的功能；摄入碳酸钠盐可通过乳酸供能系统提高运动能力；糖的补充可促进有氧耐力的提高。合理地选择一些强力营养补剂，抓住关键时间给运动员补充，往往可以收到事半功倍的效果。但不正确地选择使用，特别是滥用营养强力补剂不仅达不到促进运动员疲劳恢复的效果，而且还可能带来负面效应。

六、中医药调理

（一）中医药物调理

应用中医药调理的目的在于提高机体抗病能力、改善代谢调节能力、促进疲劳的消除，改善训练效果。通过中药补剂提高运动员的免疫能力，对加速疲劳消除有良好的作用。目前，消除运动性疲劳的中药主要分为 3 种形式：复方中药、单味中药与中药单体。复方中药主要依据中医理论以补益、调理、清法为治疗原则，涉及的脏腑主要是脾、肾和肝，其功能侧重于协调平衡身体机能和恢复运动能力。单味药（西洋参、淫羊藿、红景天等）和中药单体（人参皂、淫羊藿皂等）侧重在某一方面作用比较明显，尤其是中药单体的使用上类似于西药，对提高运动能力有一定作用。

（二）按摩疗法

按摩是加速消除运动性疲劳的有效手段之一。目前常用的按摩方法有机械按摩、水压按摩、气压按摩和人工按摩。通过按摩不仅能促进大脑皮层兴奋与抑制过程的转换，使因疲劳引起的神经调节紊乱消失，而且还可以促进血液循环和淋巴循环，加强局部血液供应，促进代谢产物的排出，加速运动性疲劳的消除。按摩的部位可根据运动项目的特点和疲劳程度而定，一般将按摩的重点放在运动负荷最大的部位，采用人工按摩时肌肉部位以揉为主，穿插使用按压、搓和运拉；按摩开始和结束时用推摩和擦摩的手法。按摩可在运动结束时与整理活动一并使用，也可在运动结束洗澡后或晚上临睡前进行。

七、心理学恢复手段

在训练和比赛之后，采用心理调整措施能够降低神经-精神的紧张程度，减轻心理的压抑状态，加快神经系统能源物质的恢复，从而对加速身体其他器官、系统的恢复产生重大影响。对身体起作用的心理手段种类非常多，其中主要有谈话法、想象放松神经-肌肉的自我心理练习、心理诱导放松训练、催眠、音乐放松等。

（一）谈话法

谈话法主要针对情绪明显低沉或由于人际关系发生冲突而形成心理压抑的运动员，通过谈话帮助他们解除心理障碍，启发他们全面认识和对待各种问题。在谈话中应多鼓励、帮助他们分析有利的因素和自己的希望所在，也可和他们一起回忆过去比赛胜利的情景，这样可使他们的心情得到改善，情绪得以调节。愉快的心情可以大大减少神经能量的消耗。

（二）想象放松

想象放松是指运动员想象自己处在某种使他们感到放松和舒服的环境中。运动员仰卧，四肢平伸，处于安静状态，闭上眼睛，注意力集中在大脑所想象的事物上，如温暖阳光在照射，迎面吹来阵阵微风，海浪在有节奏地拍打或者正在树林里散步。成功利用想象进行放松的关键是：

（1）头脑里要有一种与感到放松相联系的、清晰的处境。
（2）要有很好的想象技能，使这种处境被心理上的眼睛清晰地看到。
（3）先练习想象使人放松的情境，再逐渐用这种方法练习想象使人紧张的情境，并达到放松的状态。

（三）神经-肌肉的自我心理练习

在保护心理免受不良影响、调整心理状态和进行心理恢复的各种方法中，最重要的是自我调整，即借助语言暗示以及与语言一致的思维形象作用于自身，改变情绪反应及各系统和器官的机能状态。词语以肯定的方式影响人的自我感觉和活动能力，是大多数心理自我调整方法的基础。自我心理调整有两个方面，即自我说服和自我暗示。

首先，要通过呼吸调整和语言暗示进入朦胧状态。在这种状态中，大脑对于语言以及与语言相联系的思维形象特别敏感。

其次，要学会高度集中注意于当前正在想的事物上。神经-肌肉心理练习的目的是使运动员学会有意识地恢复体内某些自动化过程。同时，这种练习有利于调节心理状态。通常运用的词语如：我放松了，我想睡，睡意更浓了，眼皮舒服、发热，眼皮发沉了，眼睛闭上了，进入了安静的睡眠。练习者缓缓地、单调地默念每句词语，每句重复3～4次，就可以很快进入放松安静状态。每天坚持这一练习1～2次就可以达到良好的心理恢复作用。

(四）心理诱导放松训练

这种方法主要通过语言暗示诱导进行肌肉和神经的放松训练，如自身放松训练。进行语言诱导时，还可配合播放一些轻松悠扬的音乐，这样可以使运动员的精神和肌肉在语言的诱导和音乐的良好刺激下充分放松，并使大脑入静，从而调节大脑有序化地工作。

（五）催眠

催眠术是通过心理暗示的方法，使受术者的心理活动达到某种境界，呈现一种介于觉醒和睡眠之间的特殊心理状态。在这种状态下，受术者思维狭窄、意识恍惚，能与施术者保持密切的关系，全部接收施术者的每句话、每个字，绝对服从，对外界的干扰毫无反应。

用于消除心理疲劳的催眠术，可以在运动间歇时或运动后进行。当进入催眠状态时，肌肉会得到充分放松，可采用模拟按摩方法迅速解除疲劳。催眠能起到令人惊奇的解除疲劳的效果，无论在训练后或比赛间歇中使用自我或他人催眠，均能迅速消除疲劳和继续保持充沛的体力。

（六）音乐放松

精心挑选的音乐可以降低不必要的兴奋性，或使人从忧郁状态转到良好的心境中，这是运动员消除心理疲劳的有效手段之一。选择一些轻音乐或抒情乐曲都有助于运动员形成宁静的心情，有助于放松。

用于心理疲劳恢复训练的方法还有很多，如文艺活动、气功等，选择方法可因人而异，并有目的地加以运用。

通过对运动性心理疲劳产生原因、在运动训练中的表现、判断方法和消除措施的综合分析可知，运动性心理疲劳往往是隐性的、渐进的、不易被察觉而极易被忽视的，因此希望教练员和运动员能深刻地认识到这一点，并引起足够的重视。熟练掌握运动性心理疲劳的消除方法和措施，可在平时的训练和比赛中尽快摆脱心理疲劳的困扰，发挥出自己的最佳水平，取得优异的运动成绩。

总之，运动性疲劳产生的原因和出现的部位不尽相同，表现和形式多种多样，不同形式和方法的运动引起疲劳的机制不完全相同。因此，准确把握运动员运动后机体形态、机能、心理和行为的变化情况，正确地判断运动疲劳的出现及其程度，采取有效的手段对运动性疲劳进行辨证施治，对运动员的恢复和保持健康有很大实际意义。运动性疲劳的产生与运动性疲劳的消除是相互统一的，只有真正理解什么是运动性疲劳和疲劳产生的原因，才能够正确地、有针对性地消除运动性疲劳，也才能够实现科学训练的目标。

第8章 体质与体质健康测试

第一节 体质概述

体质是从体育学角度评价健康的一个综合指标。体质是指机体有效与高效执行自身机能的能力，也是机体适应环境的一种能力。体质是众多参数的综合，包括与健康相关的、与技能相关的以及与代谢相关的多个体质参数，它直接与整体生活质量相关。应当说，体质更多的是从人体机能和技能角度考察机体的健康，是个体健康的综合评价。体质同个人高效工作的能力、享受闲暇、健康状态、预防运动不足性疾病以及应对紧急情况的能力等紧密相关。需要指出的是，体质的发展是积极参加体育锻炼的结果，只有经过有规律的身体锻炼才能达到最佳的体质。

一、体质的概念与内容

（一）体质的概念

"体质"是指人体的质量，是一切生命活动的物质基础，它是在遗传性和获得性基础上表现出来的人体形态结构、生理功能、心理因素的综合的、相对稳定的特征。理想的体质是指良好的人体质量，是在遗传的基础上，经过后天的努力塑造所能达到的形态、结构、生理功能、心理素质和对环境适应的整体良好状态。

（二）体质的内容

体质由形态结构、生理功能、身体素质和运动能力（简称体能）、心理发育（或发展）、适应能力5个方面构成。

体质的5个内容是不可分割的，一定的形态结构必然表现为一定的生理功能；体能是各器官系统的机能在人体运动过程中的客观反映；发展体能的过程又引起一系列形态结构、生理功能的变化；而伴随着形态结构、生理功能的变化及体能的发展、提高，又会产生特定的心理过程和个性心理特征，从而促进人的心理发展。

（1）形态结构包括体格、体型、姿势、营养状况、身体成分。
（2）生理功能包括机体代谢水平、各器官系统的效能。
（3）身体素质和运动能力包括速度、力量、耐力、灵敏性、协调性、柔韧性和走、跑、跳、投、攀登等身体活动能力。
（4）心理发育（或精神因素）包括智力、情感、行为、感知觉、个性、意志等。
（5）适应能力包括对各种环境的适应能力和对疾病的抵抗力。

以上 5 个方面的状况，决定着人们不同体质水平。在进行体质的测量及评价和检查增强体质的实际效果时，必须看到体质的综合性的特点，以及测量和评定的多指标性质。

二、影响体质的因素

遗传是人的体质发展变化的先天条件，与一个人的体质强弱有重要关系。如体型、性格、机能、疾病及寿命等，都与遗传有关。但遗传对体质的影响只提供了可能性，而最终人们体质的强弱还与后天的环境、营养、体育锻炼和卫生保健条件等有着更加紧密的关系。

（一）先天因素

先天因素也称遗传因素，作为内因的遗传因素的作用是决定性的，个体能够做到在遗传所赋予的潜力范围内的体能目标，然而要超越由遗传和发育决定了的健康和机能能力的极限却绝无可能。尽管遗传对身体活动能力、体适能和健康状况有决定性的作用，但是大部分人却能够选择过一种健康的或者不健康的生活，而这并非由遗传因素所决定。因此，遗传基础本身并不能单方面就决定一个人的健康状况始终不良或者一直拥有很高的体适能水平。

遗传是生物的构造和生理机能等由上代传给下代，其强弱有重要的影响。为了研究遗传和环境对人所起作用的相对比重，就要计算遗传力。遗传力是指某一特定性状在总的变异中，有多大比例归于遗传因素，另有多大比例归于环境因素，它一般用百分比来表示。凡性状以遗传因素为主的，遗传力就高；凡性状以环境因素为主的，遗传力就低。一般来说，人的身体形态、生物机能、身体素质、生化代谢特征、心理素质及智力与个性特征中的大多数，都有很高的遗传力。了解各性状遗传力的大小，一方面必须注意改善遗传条件和先天环境，重视优生优育；另一方面，应该看到人类的遗传性状只是身心发展的前提条件，只对体质的发展提供了可能性，而体质强弱的现实性，则有赖于环境、营养和身体锻炼等后天因素。

（二）后天因素

体质强弱的形成，主要依赖于生态环境、社会环境、体育锻炼、生活方式等后天因素的影响。

1. 生态环境

生态环境因素是指生态系统中的自然因素，包括阳光、空气、水等基本条件，气候与季节的影响和自然界的生态平衡等。这些因素为人的体质发展提供了必要的物质基础，有时必须做出新的适应。例如人类在高原、极地和热带地区等环境条件下的适应，就是机体各种机能状况不断改善的过程，即机体在不断适应的基础上，使机能水平进一步提高，体质增强；而身体机能不适应此类环境的人或突然置身于此类环境的人，则会因此出现水土不服，影响健康甚至危及生命。

2．社会环境

社会环境因素是指影响人类日常生活的社会因素，包括人类社会提供的衣、食、住、行等物质条件。社会经济发展水平和物质文明程度是决定人类生长发育水平和体质状况的重要因素。

3．体育锻炼

有计划、有目的、科学地进行体育锻炼，是增强体质的最积极有效的途径，能促进人体形态的发育，提高机能水平和运动能力，增强适应环境和抵抗疾病的能力等。体育锻炼能提高大脑神经传递过程中的强度、均衡性、灵活性和神经细胞工作的耐久力，能使神经细胞获得充足的能量物质和氧的供应，转移神经系统的过度紧张，从而消除疲劳。体育锻炼也能提高人体循环、呼吸和运动系统的功能，如能增大每搏输出量，较快适应剧烈运动的需要，锻炼后恢复也较快；能增大肺通气量，提高供氧能力；能促进骨骼生长，骨横径增粗，骨髓腔增大，骨密质增厚，并使肌纤维变粗，增加肌肉的力量和协调性。大量的研究成果，证实了体育锻炼对增强体质的显著效果。体育锻炼还能有效地提高人体对外界环境的适应能力。一年四季坚持经常锻炼身体，结合日光、空气和水的锻炼，能提高体温调节机能，增强抵抗各种疾病的能力。

4．生活方式

生活方式是指人们长期受一定文化、经济、社会风俗，特别是家庭影响而形成的一系列生活习惯、生活制度和生活意识。生活方式是生态环境、社会环境、体育锻炼这三大影响因素的综合表现，最终反映在人体的体质状况和健康水平上。近年来，特别是20世纪80年代以后，我国死因普查的结果已和西方发达国家接近，特别是排在前三位的死因都是脑血管病、心脏病、恶性肿瘤，其致病因素与生活方式有十分重要的关系。鉴于不健康的生活方式在全部死因中占44.7%，因此有专家提出克服不健康生活方式应做到以下几点：心胸开阔，情绪乐观；劳逸结合，坚持锻炼；生活有规律，定期检查身体；营养适当，防止肥胖；不吸烟，不酗酒；家庭和谐，适应环境；与人为善，自尊自爱；讲究卫生，注意安全。

5．营养

在后天的环境中，营养状况是影响体质强弱的基本要素，长期的营养不良会导致体质的下降，而适当地增加营养和逐步改善营养状况，可有效地增强体质，提高健康水平。从人体的形态、机能发育以及身体素质和运动能力的发展水平看，一般来说，经济发达国家比不发达国家高，城市比乡村高，现代比古代高。从人的平均寿命看，发达国家比不发达国家长，现代人比古代人长。这个事实说明，社会物质文明和人的健康水平的提高与人的寿命有着密切的联系。但是营养要科学，必须高度重视现代社会物质生活水平等的提高带来的不利因素，比如现代文明病的增加，这就要求人们既要享受现代物质文明，又要驾驭现代物质文明。

总之，先天遗传因素和后天因素共同决定了人的体质状况。人们所处的环境，包括自然环境和社会环境，如社会的物质生活条件、劳动条件、卫生条件、社会制度、气候条件以及教育水平等，对于人体的成长、发育和体质强弱的影响也起着决定性作用。周围环境的某些方面是可以被控制的，人们所进行的许多心理上的和身体上的活动事实上都是一种选择。个人对自己行为的决定和选择在极大程度上决定了其生活方式，从而对健康状况产生重要影响。早在1972年，美国学者就通过研究证实了个人行为对健康状况的重要作用，并总结出7条个人行为习惯，认为它们是良好身体健康的基础：①每星期进行2～3次中等强度的身体锻炼；②每日三餐的时间要有规律，并不吃零食；③每天都要吃早饭；④保证每晚7～8小时的睡眠；⑤不吸烟；⑥不喝酒或少量喝酒；⑦保持适当的体重。以上的这些在生活中做起来并不困难，但许多人都不能持之以恒，始终如一。不难看出，所有这些行为都包含一个重要的基本元素——自我负责的态度。

三、体质的评价

体质在形成和发展过程中，具有明显的个体差异和阶段性。不同人体体质的差异，表现在形态发育、生理机能、心理状态、身体素质、运动能力以及对环境的适应和对疾病抵抗能力等各个方面。包括从最佳功能状态，到严重疾病和功能障碍等各种不同的体质水平。同时，在人生命活动的各个阶段里，如儿童、青少年、中老年等，体质状况不仅具有某些共同的特征，而且是不断发展变化的。人们可以通过改善物质生活条件和有目的、有计划、科学地锻炼身体，保持良好的体质状况，并不断增强体质。

体质的检查测试工作是高等学校体育工作一部分，通过对体质检测数据的分析研究，可以掌握大学生体质的状况和发展水平，有的放矢地进行体育教育活动和指导课外体育锻炼。

与健康有关的体质直接与个体从事日常生活和工作的能力有关，体质的评价主要是评价机体三方面机能：心肺血管机能、身体成分和肌肉骨骼系统机能（包括肌肉耐力、肌肉力量和柔韧度）。

（一）心肺血管机能

心肺血管机能是心脏、血管与呼吸系统协同工作的能力，提供给肌肉工作的燃料，它们的功能直接影响肌肉利用燃料长时间工作的能力。良好的心肺血管机能不仅能保证身体长时间有效地工作，同时也是机体工作后快速消除疲劳和机能有效恢复所必需的。

（二）身体成分

身体成分是指肌肉、脂肪、骨骼及其他组成机体成分的相对百分比。其中体脂是评价身体成分的主要方面，理想的体质应有适当的体脂百分比。

（三）肌肉骨骼系统机能

1. 肌肉耐力、肌肉重复工作的能力，耐力强的人可以长时间工作而不致过度疲劳。

2．肌肉力量、肌肉抵抗外力或移动重物的能力。一定的力量可使个体胜任那些需消耗体力的工作与娱乐活动。

3．柔韧度。关节活动的可能范围，由肌肉长度、关节结构及其他因素影响。良好的柔韧度可使关节在工作、娱乐中全范围活动。

这些与健康有关的体质因素从不同角度反映了机体的健康状况，对于防止运动不足性疾病的发生更是直接相关。

四、体质与技能相关的素质

体质中与技能相关的素质是灵敏度、平衡性、协调性、爆发力、反应时与速度。

（一）灵敏度

灵敏度是指在空间迅速、准确地改变整个身体运动方向的能力。例如滑雪与摔跤就需要非凡的灵敏能力。

（二）平衡性

平衡性是指稳定或运动中维持平衡的能力。滑冰、平衡木运动及建筑物上的高空作业就需要高超的平衡能力。

（三）协调性

协调性是指运用机体本体感觉在运动中流畅、准确、协调地完成动作的能力。杂技、高尔夫、棒球等运动需要很好的协调性。

（四）爆发力

爆发力是指以最快的速度将能量转化成力量的能力。铁饼与铅球是需要良好爆发力的运动项目。

（五）反应时

反应时是接受刺激与对刺激反应之间的时间间隔。赛车、短跑需要机体有灵敏的反应能力。

（六）速度

速度是指短时间快速移动的能力。田径、橄榄球等运动需要此项素质。

体质中与技能相关的素质不是每个健康人都具有的，因为拥有这些素质还要有一个动作练习过程。拥有它们的人很容易完成高水平的技术动作，如在体育或特技中，因而与技能相关的体质的组成部分有时也称运动技能或体育技能。

五、代谢性体质

代谢性体质是近年来提出的新的体质参数,主要包括血糖、血脂、血胰岛素、骨密度等。代谢性体质反映的是一种机能状态,它同许多慢性疾病的发生或发展直接相关,而且与运动锻炼的效果直接相关。通过运动锻炼降低血脂水平、控制血糖、提高骨密度等,都能增强机体代谢性体质,减少各种运动不足性疾病的发生,并影响机体整体体质水平。

六、提高体质的方法

体质是三方面体适能参数的综合表现。一个健康的人,三方面的体质参数至少达到适当水平,使机体能拥有一定的健康、技能以及代谢体质成分。不同的体质特征之间存在着相互关联,又相互区别。一个人拥有良好健康体质并不一定具有优秀的技能体质,技能类体质还涉及一个练习过程,但要拥有优秀技能体质的前提是机体要有良好的健康体质。有些人体质发展会表现出不平衡性,如有时力量特别大的人并非一定拥有特别优秀的心血管机能,同样地,协调性极佳的人可能没有特好的柔韧度。这种现象的产生与个人的运动兴趣有关,作为指导者应予以正确引导。

良好的体质是身心健康必要的生理基础。良好的体质有助于降低慢性疾病如冠心病的危险性以及其他慢性病的发生或发展,提高机体免疫机能,抵御病毒侵害及细菌感染;良好的体质可使人们拥有更多的生命激情,积极地享受生命,感受生活,利于心理健康;拥有良好的身体体质,可以使参与户外活动机会增加,并进一步增强体质,促成良性的健康循环。提高体质的方法如下。

(一)自我负责的态度

自我负责的态度在 Wellness[①] 的健康观中被认为是一个关键所在,因为个人在日常生活中所做的选择和决定无疑将会对总的生活方式造成影响。某些时候人们所做出的决定有利于增进健康和形成合理的生活方式;相反地,有时人们选择的行为也会对健康造成损害。没有严格的自我负责的态度作为保证,很难始终选择合理的行为并保持和发扬,也难以将一些陋习加以彻底革除。

(二)体育锻炼

在以自我负责为基础的生活习惯各要素当中,体育锻炼是一个至关重要的方面。身体活动和体育锻炼对健康状况的影响如此明显,联系如此紧密,以至于人们往往把身体健康和体育锻炼相提并论。大量的研究证实,有规律的身体活动能够降低冠心病、恶性肿瘤、糖尿病等严重疾病发生的风险,从而防止由这些疾病引起的过早死亡;体育锻炼还能够维护老年人骨骼、肌肉、关节的健康,尽可能保持老年人独立生活的各种能力,

---

① Wellness,指健康,这里是区别 health,health 只是指生理上的健康,Wellness 包括心理、情感和灵性的健康。

提高老年人晚年的生活质量；体育锻炼有助于缓解或克服不良情绪，增进心理健康，使人们有足够的精力应付日常生活的需要。科学研究的结果使人们相信，日常的体育锻炼不仅对个人当时的健康状况产生良好的作用，而且能够对其以后的生命阶段的生活产生深远的影响。体育运动是增进健康的重要和基本手段，这早已在世界范围内成为共识。

在开始部分介绍健康概念的演变是为了强调一点，即身体活动的重要作用并不仅限于延长寿命和阻止疾病的发生。在此要指出的是，规律的身体活动对提高生活质量具有重要作用，即使不将体育活动具有延长寿命和阻止疾病发生的作用考虑在内也是如此。一些研究已经表明，体育活动和全部的生活质量，包括精神、心理、社会等方面的良好状态，都具有密切的联系。虽然对于作为生活质量基本要素之一的体育活动的类型和运动量很难给出统一和较为精确的标准，但是对于体育活动在个人生活质量中所起的作用，人们投入了越来越多的兴趣并取得了更多的研究结果。

进行适当的身体活动而得来的活力以及身体、精神、心理、社会等方面的有益效果，完全能够成为推广和促进体育活动的理由；而降低过早发生严重健康问题的危险和延长寿命的潜在可能性是体育活动所产生的附加的益处。

第二节 体质测量评价的方法

一、身体测量

身体测量，广义是指人体外形的测量。它是用以评估身体结构和身体发育比较常用的一种方法。一般包括身高、体重、坐高、四肢长度、身体围度、径长等指标的测量。

通过对身体的测量，可以了解受试者的身体发育状况和特点，发现身体发育缺陷，便于及时采取改善措施。同时，通过对多次测量结果进行反复比较，可以研究人体生长发育的一般规律，评定体育锻炼的效果。

二、身体测量内容及方法

人体形态测量，是指人体的概观性特征的测量。身体形态的测量包括观察与计量两个方面，前者主要有姿势的观察，后者主要有身高、体重和胸围等指标的测量。通过身体形态测量，不但可以提供研究人体生长发育规律的重要数据，而且可以为分析个体发育特征和评价个体发育水平提供不可缺少的依据，同时为运动员选材工作提供重要信息。通过测定与评价能看出锻炼的效果，从而能更好地激发锻炼的积极性，并为确定以后的锻炼内容和方法提供必要的科学依据。

（一）身高与体重的测量与评价

身高指人体站立时，支撑面至头顶点的垂直高度。身高主要反映骨骼发育状况，是评价生长发育水平的重要依据。通过测量身体长度，可了解骨骼发育情况。

测量身高时，受试者赤足，以立正姿势站立在身高计的底板上，头部正直，躯干自然挺直，足跟并拢，足跟、躯体与支柱接触，但不靠立柱，两眼平视，耳屏上缘与眼眶下缘呈一水平，测试者站于受试者侧面，将水平压板轻轻沿立柱下滑，轻压受试者头顶，测试者两眼与压板平面等高，进行读数记录。

在一定年龄前身高随年龄的增长而上升。身高增长的敏感期男生为13～16岁，女性为11～14岁；汉族人的身高，男性在18岁、女性在16岁已趋稳定；根据中国学生体质与健康监测资料，我国19～22岁汉族成人身高的均值为：城男170.56厘米，乡男168.40厘米；城女158.98厘米，乡女157.83厘米。人的年龄到了25岁以后，身高基本上不再增加，老年后的身高还要下降。

体重是人体横向发育指标。它反映人体骨骼、肌肉、脂肪及内脏器官重量的综合情况和肌肉发育程度。体重受年龄、性别、身高、季节、生活条件、体育锻炼、疾病等因素的影响。测量时，男生只穿短裤，女生穿短裤、背心，并应在测量前排空大、小便，被测者赤足轻踏上秤台中央、身体保持平衡，不与其他物体接触。标准体重计算公式如下：

标准体重（千克）=身高（厘米）-（100或105或110）

身高在165厘米以下者减100；身高在165～175厘米者减105；身高在176～185厘米者减110。

在标准体重±10%均为正常，超过10%～19%为超重，超过20%为肥胖。

（二）坐高测量与评价

坐高是指人体呈坐姿时，头顶点至坐板平面的垂直高度。通过测量躯干长度，可以间接了解内脏器官发育状况。坐高反映躯干骨骼的纵向发育状况，坐高与身高、体重构成的指数还可以反映身体的比例和营养状况。

测量时受试者位于仪器的坐板上，使骶骨及两肩背靠立柱，躯干自然挺直，两腿并拢，大腿与地面平行并与小腿成直角，上肢自然下垂，双手不得支撑坐板，双足平踏在地面上，操作同身高测量。

坐高与身高一样随年龄的增长而上升。据资料显示，我国19～22岁汉族成人坐高均值为：城男92.36厘米，乡男91.40厘米；城女86.54厘米，乡女85.86厘米。

（三）胸围的测量与评价

胸围即胸廓外面的周长。通过测量胸廓大小可以了解胸廓肌肉的发育情况。胸围是显示人体的宽度、厚度最有代表性的量值，是衡量人体生长发育水平的一个重要指标。

测量时测试者自然站立，两脚分开与肩同宽，双肩放松，两上肢自然下垂，测量者将带尺围绕胸廓一周，在背部带尺上缘放于肩胛骨下角的下方，在胸部带尺下缘放于乳头上缘，已发育成熟的女生，带尺应置于乳头上方第四肋骨与胸骨连接处，从侧面看，带尺呈水平的圆形，测量受试者呼气结束吸气尚未开始时的胸围。

在一定年龄，前胸围均值随年龄的增长而增大。一般地，男20岁、女18岁时趋于稳定，据资料显示，我国19～22岁汉族成人的胸围均值为：城男86.19厘米，乡男 85.88 厘米；城女 78.90 厘米，乡女 79.59 厘米。

三、生理机能的测量与评价

生理机能水平，即机体新陈代谢的功能以及各器官、心肺系统的工作效能。生理机能测评的内容很多，下面主要介绍与体育运动及身心健康关系较大且又适用于群体的测评项目和评价方法。

（一）安静脉搏

测量相对安静时的脉搏频率，是指在单位时间内（1分钟）动脉管壁搏动的次数。它主要反映心脏和动脉本身的机能状态。正常成年人安静时的心率平均为 75 次/分，生理变动范围为 60~100 次/分。

心率随年龄、性别、机能状态不同而不同。在成人中，女性心率较男性心率快约 3~5 次/分，在安静状态下，缺乏体育锻炼的人比经常参加锻炼的人心率快。即使是同年龄、同性别的人，心率的差别也很大，个体之间差别之所以大，除可能与遗传因素有关外，主要与个体的健康状况和锻炼（训练）水平有关。如有训练的运动员，安静时心率较慢，可低于 60 次/分或更少。据资料显示，我国 19~22 岁汉族学生脉搏均值为：城男 77.20 次/分，乡男 76.64 次/分；城女 78.20 次/分，乡女 77.49 次/分。

（二）血压的测量与评价

血压指体循环中动脉血压。血压是反映心血管机能水平的一项重要指标，也是健康检查的常规项目。

国际卫生组织规定：安静时收缩压为 140 毫米汞柱，舒张压为 90 毫米汞柱，即为高血压临界值；收缩压高于 160 毫米汞柱，舒张压高于 95 毫米汞柱，即为高血压；收缩压低于 90 毫米汞柱、舒张压低于 50 毫米汞柱，即为低血压。

动脉血压维持在一定高度，对于保证脑的血液供应特别重要。血压过低时，全身各器官和组织的血液供应都将不足，心、肾、肝等重要内脏器官也将缺血、缺氧，器官机能随之发生障碍。另外，动脉血压过高，将导致心功能不全，同时也可引起血管内膜的损伤和破裂，造成脑溢血等严重后果。因此，保持动脉血压的相对稳定，对于正常人体的生命活动是十分重要的。

（三）肺活量的测量与评价

肺活量反映受试者一次呼吸时肺的最大通气能力，是人体生长发育水平最具代表性的重要机能指标之一。其大小主要取决于呼吸肌的力量、肺和胸廓的弹性等因素。

据资料显示，我国 19~22 岁汉族成人的肺活量均值为：城男 4231.90 毫升，乡男 4141.20 毫升；城女 2898.90 毫升，乡女 2842.89 毫升。

（四）定量负荷测试

瑞典体育联合会在多年科研工作中，找到一种测定心脏功能的方法——定量负荷测试，即 30 秒 30 次蹲起机能测试，具体方法步骤如下。

（1）静坐 5 分钟，测出 15 秒的脉搏数，将所得数乘以 4，即得 1 分钟的脉搏数，用 P_1 表示。

（2）在 30 秒内完成 30 次蹲起动作，最后一次站起来时，即测 15 秒脉搏数，测得数乘以 4，即得 1 分钟的脉搏数，用 P_2 表示。

（3）休息 1 分钟后，再测 15 秒脉搏数，将测得数乘以 4，即得休息状态 1 分钟脉搏数，用 P_3 表示。

（4）按以下公式计算指数：指数=$[(P_1+P_2+P_3)-200]/10$

（5）根据计算出的指数评价心脏功能，指数 0 为优秀，指数 0~5 为良好，指数 6~10 为及格，指数 11~15 为差，指数大于 16 为很差。

四、身体素质的测定与评价

人体在运动、生产劳动、生理活动中所表现出来的速度、力量、耐力、柔韧性和灵敏度等机能能力总称为身体素质。它不仅是掌握运动技术、提高运动成绩的基础，也是体质的重要组成部分，因此，在体育教学与训练或体质研究中，身体素质的测定与评价有着十分重要的意义和作用。

（一）速度素质

速度素质是指以最短的时间间隔完成动作的能力，属于运动中的重要素质之一，包括反应速度、完成动作的速度、动作频率。反应速度又称反应时，是身体对刺激做出应答的时间间隔，如短跑中运动员从发令枪响到起跑的时间。动作速度是指人体完成动作所需要的时间或单位时间内移动的距离，如投掷运动员最后用力时的出手速度、50 米、100 米跑速等。

50 米跑是测量听信号后的反应与跑速。测试时，测试者二人一组听发令后跑出（起跑方式不限），评价标准见《国家体育锻炼标准》评分表（简称"国体标准"）。

（二）力量素质

力量是肌肉紧张或收缩时所产生的，它是人体运动时的首要素质，也是发展其他素质的基础。根据肌肉收缩的形式，力量可分静力性力量和动力性力量。静力性力量是静止状态下的用力形式，动力性力量则是运动状态下的用力形式。力量又可分为一般力量、速度力量（爆发力）、力量耐力。一般力量是速度力量和力量耐力的基础，发展一般力量能促进爆发力和力量耐力的提高，但是力量耐力和爆发力之间却互相产生消极的影响，测评力量素质可以采用单杠引体向上、曲臂悬垂、双杠双臂屈伸、立定跳远、仰卧起坐等。

（1）引体向上。测量肩带及两臂的肌肉耐力。受试者双手正握与肩同宽呈悬垂姿势，引体向上至下颌超过杠面，每上引一次要回复至双臂伸直的悬垂姿势。完成正确动作的次数即为测量成绩。评价标准参照"国体标准"。

（2）曲臂悬垂。测量肩臂肌耐力。受试者双手同肩宽反握杠，上引至两肘全屈，下颌在杠面之上，记录受试者保持上述姿势的时间。评价标准参照"国体标准"。

（3）双臂屈伸。测量双臂和肩带肌耐力。受试者在双杠的两杠之间成直臂支撑，身体下降至两肘关节成直角时，即推杠成直臂支撑为一次，完成正确动作次数即为测量成绩。评价标准参照"国体标准"。

（4）立定跳远。测量向前跳跃时下肢的爆发力。受试者双足自然站立在起跳线后，屈膝摆臂，尽量用力向前跳，双足落地。连续跳3次，丈量起跳线前沿至最近着地点即后沿的垂直距离，记录最佳成绩。评价标准参照"国体标准"。

（5）仰卧起坐。测量腹肌耐力。受试者全身仰卧于垫子上，两腿屈膝成90°，两手指交叉置于脑后，一同伴压住受试者两腿踝关节处，起坐时以双肘触及或超过同侧膝为一次，仰卧时，两肩必须触垫，测试时，测试者发出"开始"口令后受试者开始坐起，同时开表计时，记录1分钟完成的次数。评价标准参照"国体标准"。

（三）耐力素质

耐力素质指人体长时间进行肌肉活动并克服疲劳的能力。耐力分为肌肉耐力和心血管系统耐力两类。人们采用的中长跑，例如男1000米、女800米跑发展的是心血管系统的耐力，这是大中学生增强体质的重点项目。耐力还有有氧耐力和无氧耐力之分，人们开展的慢跑等运动就是发展有氧耐力。

（1）男子1000米跑测量心血管系统及有氧耐力。受试者按田径规则测试一次，评价标准参照"国体标准"。

（2）女子800米跑测量心血管系统及有氧耐力，受试者按田径规则测试一次，评价标准参照"国体标准"。

（四）柔韧素质

柔韧性是指人体活动时关节、韧带、肌肉、肌腱和皮肤的活动幅度及其伸展能力。柔韧素质的提高有利于提高动作幅度、动作的协调性，也有利于防止伤害事故。

发展柔韧素质可采用静力和动力两种方法，例如压腿是静力，踢腿是动力。静力和动力练习两者应结合起来。发展柔韧素质还可采用主动和被动两种方法。例如踢腿是主动，让同伴帮助进行搬腿就是被动，主动与被动也应结合起来。通常标测柔韧素质的方法是立位体前屈、纵劈叉等。

立位体前屈是测量髋、腰背弯曲和股后伸肌群的伸展程度。受试者两脚尖分开5～10厘米，并与平台前沿横线平行，脚跟并拢两腿伸直。上体尽量前屈，两臂及手指伸直，两手并拢向下伸，直到不能继续下伸时为止，以显示的刻度读数（立位体前屈测量计），以厘米为单位记录到小数后一位。

（五）灵敏素质

灵敏素质是指在各种复杂条件下，对刺激做出快速和准确反应，灵活控制身体及随机应变的能力，它是一种综合素质，它和力量、速度、柔韧、协调性等素质有密切的关系，它是人体在活动过程中，各有关器官系统、各种身体素质和运动技能协同配合的综合表现。发展灵敏素质有利于掌握动作技术，也有利于发挥速度和力量。检测灵敏素质可以采用立卧撑、象限跳等。

立卧撑测试是指测量人体迅速变换姿势和准确协调完成动作的能力，受试者用站立姿势开始，依次完成下列动作：双手于足前撑地成蹲撑—两臂伸直两腿伸成俯卧—两腿收回成蹲撑—还原成站立姿势。此为一次动作，记录1分钟内完成合格动作的次数。评价标准参照表8-1。

表8-1　立卧撑评价标准（美国）　　　　　（单位：次/分）

等级	高中和大学女生	高中男生	大学男生
优	>30	>32	>34
良	26～29	28～31	29～33
中	14～25	16～27	17～28
下	10～13	11～15	12～16
差	0～9	0～10	0～11

（六）12分钟跑的测验

健身跑是提高人的体力和心肺功能最好的锻炼方法之一，适用于男女老少。如今，健身跑作为一种"心肺健康之路"而风靡全球。

健身跑的特点是要消耗大量氧气，跑步时吸入的空气量比安静时多出数倍，使肺部得到充分活动，可提高人体携氧及利用氧的能力。

美国人库伯提出了12分钟跑的有氧锻炼法，并以12分钟跑的测验来确定不同年龄的人的不同水平等级，并分别提出了具体的锻炼计划。12分钟跑的测验就是让锻炼者在12分钟内，尽自己的能力跑完最长的距离，然后根据12分钟测验所规定的各级标准来判断自己的锻炼水平高低。

这种测验通常都用跑步的方法，所以测验时最好能在标准的跑道上或标有里程的公路上进行，以便测量12分钟内所跑的距离，根据不同的年龄和性别，12分钟跑测验的各级评价指标如表8-2所列。

表8-2　12分钟跑测验标准　　　　　　　　（单位：米）

等级	性别	年龄<30岁	年龄在30～39岁	年龄在40～49岁	年龄>50岁
非常不好	男	<1600	<1500	<1350	<1280
	女	<1500	<1350	<1200	<1050
不好	男	1600～1950	1500～1800	1350～1650	1280～1580
	女	1500～1800	1350～1650	1200～1500	1050～1350
及格	男	2050～2380	1850～2100	1680～2050	2000～2380
	女	1850～2150	1680～2050	1550～1800	1600～1950
良好	男	2400～2780	2150～2600	2080～2450	1680～2150
	女	2200～2600	2100～2450	1850～2300	1400～1650
优秀	男	>2800	>2650	>2480	>2400
	女	>2650	>2480	>2320	>2160

参加 12 分钟跑的测试者应掌握循序渐进的原则，一般要有坚持健身跑的基础，经过一段时间的锻炼之后再进行。

第三节　大学生体质健康标准

一、我国体质测试和评价的发展阶段

我国大规模的体质健康测试工作于 20 世纪 70 年代末开始。现在主要包括：5 年一次的国民体质监测和每年的学生体质健康标准测试工作。我国体质健康测试的主要标志性工作如下。

（1）1979 年进行了 16 个省市青少年身体形态、机能和素质的调查研究。

（2）1985 年开始进行大规模的青少年体质调研。

（3）1991 年、1995 年开展了中国学生体质与健康状况调查研究。

（4）1996 年颁布了《中国成人体质测试标准施行办法（试行）》。

（5）2000 年以后，全国范围内开展每 5 年一次的大规模、全年龄人群的体质监测工作。

（6）2002 年开始试行《学生体质健康标准测试标准》。

（7）2007 年开始在全国实施《国家学生体质健康标准》。我国《国家学生体质健康标准》测试项目和内容包括：形态指标（身高、体重）；功能指标（肺活量、台阶试验）；素质和运动能力［长跑（男生 1000 米，女生 800 米）、50 米跑、立定跳远（任选一项），仰卧起坐和坐位体前屈（任选一项），握力］；动作技能（跳绳、篮球运球、足球运球、排球垫球）。

二、《国家学生体质健康标准》的说明

（1）为贯彻落实健康第一的指导思想，切实加强学校体育工作，促进学生积极参加体育锻炼，养成良好的锻炼习惯，提高体质健康水平，特制定本标准。

（2）本标准是《国家体育锻炼标准》的有机组成部分，是《国家体育锻炼标准》在学校的具体实施，是国家对学生体质健康方面的基本要求，适用于全日制小学、初中、普通高中、中等职业学校和普通高等学校的在校学生。

（3）本标准从身体形态、身体机能、身体素质和运动能力等方面综合评定学生的体质健康水平，是促进学生体质健康发展、激励学生积极进行身体锻炼的教育手段，是学生体质健康的个体评价标准。

（4）本标准将测试对象划分为以下组别：小学一、二年级为一组，三、四年级为一组，五、六年级为一组，初、高中每年级各为一组，大学为一组。小学一、二年级组和三、四年级组测试项目分为三类，身高、体重为必测项目，其他两类测试项目各选测一项。小学五、六年级组，初、高中各组，大学组测试项目均为五类，身高、体重以及肺

活量为必测项目，其他三类测试项目各选测一项。选测项目每年由地（市）级教育行政部门、高等学校在测试前两个月确定并公布。选测项目原则上每年不得重复。

（5）学校每年对学生进行一次本标准的测试，本标准的测试方法按《国家学生体质健康标准解读》中的有关要求进行。

（6）本标准各评价指标的得分之和为本标准的最后得分，满分为100分。根据最后得分评定等级：90分及以上为优秀，75~89分为良好，60~74分为及格，59分及以下为不及格。学生体质健康标准成绩每学年评定一次，按评定等级记入《国家学生体质健康标准登记卡》。学生毕业时体质健康标准的成绩和等级，按毕业当年得分和其他学年平均得分各占50%之和进行评定。因病或残疾免予执行本标准的学生，填写《免予执行〈国家学生体质健康标准〉申请表》。

（7）本标准由教育部负责解释。

三、实施《国家学生体质健康标准》的重要意义

广大青少年身心健康、体魄强健、意志坚强、充满活力，是一个民族旺盛生命力的体现，是社会文明进步的标志，是国家综合实力的重要方面，是关系国家和民族未来的大事。青少年时期是身心健康和各项身体素质发展的关键时期。青少年的体质健康水平不仅关系到个人健康成长和幸福生活，而且关系到整个民族健康素质，关系到我国人才培养的质量。通过《国家学生体质健康标准》测试制度，促进学生积极地参加体育锻炼，上好体育课，增强学生的体质和提高学生的健康水平，把学生培养成为德、智、体、美全面发展的高素质人才。

改革开放以来，我国青少年体育事业蓬勃发展，学校体育工作取得很大成绩，青少年营养水平和形态发育水平不断提高，极大地提升了全民健康素质。但是，必须清醒地看到，一方面由于片面追求升学率的影响，社会和学校存在重智育、轻体育的倾向，学生课业负担过重，休息和锻炼时间严重不足；另一方面由于体育设施和条件不足，学生体育课和体育活动难以保证。近期体质健康监测表明，青少年耐力、力量、速度等体能指标持续下降，视力不良率居高不下，城市超重和肥胖青少年的比例明显增加，部分农村青少年营养状况有待改善。这些问题如不切实加以解决，将严重影响青少年的健康成长，乃至影响国家和民族的未来。

（一）贯彻落实《体育法》

《国家体育锻炼标准》是经国务院批准实施的我国重要的体育制度，《体育法》明确规定：学校必须实施国家体育锻炼标准，对学生在校期间每天用于体育活动的时间给予保证。《国家学生体质健康标准》（以下简称《标准》）是新时期对于《国家体育锻炼标准》的继承与发展，目的在于鼓励广大儿童和青少年自觉积极地锻炼身体，促使身体的正常发育和全面发展，增强体质，为全面建设社会主义现代化国家，为培养德、智、体、美全面发展的建设人才服务。《标准》的实施不仅会促进学生积极锻炼，纠正和改变目前学生体质健康状况出现的突出问题，使学生拥有健康的体魄和健全人格，而且还是依法办

学、依法执教的重要内容。

（二）贯彻落实"健康第一"的指导思想和全国学校体育工作会议的精神

学校教育，特别是学校体育直接肩负着"增强学生体质"和"促进学生健康"的使命。《标准》是积极贯彻落实《中共中央、国务院关于深化教育改革全面推进素质教育的决定》所提出的"健康体魄是青少年为祖国和人民服务的基本前提，是中华民族旺盛生命力的体现，学校教育要树立健康第一的指导思想，切实加强体育工作"这一思想的重大举措，也是深化学校体育教学改革、推进素质教育的重要步骤。《标准》是学生体质健康的个体评价标准和学生是否能够毕业的基本条件之一，是激励学生积极参加体育锻炼、促进学生体质健康发展的一种教育手段，引导广大青少年学生努力拥有健康的体魄和健全的人格，将"健康第一"的指导思想落到实处，充分发挥学校体育在素质教育中的作用。

2006年12月国务委员陈至立在全国学校体育工作会议中，对开创学校体育工作的新局面提出了"建立和完善监督机制，确保学校体育工作各项政策措施落到实处"的要求。为落实这一要求，《教育部、国家体育总局关于进一步加强学校体育工作，切实提高学生健康素质的意见》中明确提出："全面实施《学生体质健康标准》。建立《学生体质健康标准》测试报告书制度，测试报告书要作为中小学生成长记录或中小学生素质报告书的重要内容。测试报告书要列入高等学校和高中阶段学生档案，并作为学生毕业、升学的重要依据。建立《学生体质健康标准》公告制度，教育部定期公布各省、自治区、直辖市和高等学校实施《学生体质健康标准》的情况和测试结果。建立新生入学体质健康测试制度，高等学校、普通高中和中等职业学校要组织新生进行《学生体质健康标准》的测试，其结果反馈给地方和下一级学校。"

新颁布的《标准》明确了测试数据上报工作的要求，由各学校将本校各年级的测试数据直接上传到教育部"国家学生体质健康标准数据管理系统"中国学生体质健康网，上报时间为每年9月1日至12月31日。该系统可根据上报的数据提供多种报表，供教育部发布公告时使用，从而确保国家能够比较迅速、准确地把握学生体质健康的发展情况和变化趋势，促进《标准》的全面实施。

（三）满足社会发展对人体健康的需要

现代文明在带给人们充分物质享受的同时，也给人类的健康带来了新的威胁。由于精神紧张、营养过剩、运动不足、环境污染等因素所引发的非传染性疾病在全球不断蔓延，处于亚健康状态的人群不断地扩大。关爱生命、追求健康是现代人渴望的目标。实施《标准》对于唤起学生的健康意识、改变学生不良生活习惯和生活方式、促进学生健康地成长必将起到积极的作用。《标准》也是激励学生积极进行身体锻炼的教育手段，而不是为了甄别和选拔优秀体育运动员，《标准》采用的是个体评价标准，针对身体形态、身体机能、身体素质和运动能力设置了专门的测评项目，有些项目还具有简便易行、锻炼身体实效性较强等特点，能够帮助学生发现自身的不足或个体差异，并通过测评促进学生积极参加体育锻炼，通过锻炼改善体质健康状况，促进身体全面发展，成为具有正确的体育意识和健康的生活方式的高素质的社会主义建设者，使学校体育在促进国民健康素质方面起到应有的作用。

(四)发展和完善学生体质健康评价体系

学生体质健康评价是学校体育工作中的重要环节,也是学校教育评价体系中的重要组成部分。正确、合理地对学生进行体质健康评价,对于促进学校体育和教育工作有着重要的意义。《标准》是在继承了《国家体育锻炼标准》的成功经验,认真总结了《学生体质健康标准》试行工作的基础上,根据当前学校体育工作中的有关问题,特别是学生体质调研所发现的肺活量水平继续呈下降趋势,速度、爆发力、力量耐力、耐力素质水平进一步下降,肥胖检出率继续上升等问题,参考国际上有关研究的成功经验和先进做法,对《学生体质健康标准》进行了修改和完善,定名为《国家学生体质健康标准》并正式颁布实施。新标准对于评价学生的体质健康状况,引导学生积极锻炼都有了新的发展。新标准从建立和完善我国学校教育评价体系的目标出发,体现了学校体育的价值,回答了学校体育为什么要以"体质健康"为本和怎样以"体质健康"为本的问题,明确了"体质健康"不仅应是学校教育和学校体育追求的目标,而且还是学校体育课程存在的根本理由。新标准的实施将对我国深化学校体育改革,完善体质健康评价体系,促进全体学生综合素质的提高,具有深刻的影响和深远的历史意义。

(五)贯彻"二十大"教育精神

2022年10月16日,中国共产党第二十次全国代表大会在北京召开,会议再次强调了"实施科教兴国战略,强化现代化建设人才支撑"。

青年强,则国家强。当代中国青年生逢其时,施展才干的舞台无比广阔,实现梦想的前景无比光明。全党要把青年工作作为战略性工作来抓,用党的科学理论武装青年,用党的初心使命感召青年,做青年朋友的知心人、青年工作的热心人、青年群众的引路人。广大青年要坚定不移听党话、跟党走,怀抱梦想又脚踏实地,敢想敢为又善作善成,立志做有理想、敢担当、能吃苦、肯奋斗的新时代好青年,让青春在全面建设社会主义现代化国家的火热实践中绽放绚丽之花。

因此,要深刻地理解贯彻落实"二十大教育精神"的现实意义和深远的历史意义,积极地组织、宣传和认真贯彻落实新标准,从全面提高中华民族素质的高度出发,提高学生对新标准目的意义的理解和认识,激发学生积极锻炼身体的主动性和自觉性,不断提高体质水平和健康素质,使新标准的贯彻落到实处。

四、《国家学生体质健康标准》实施办法

《标准》的实施工作在教育部、国家体育总局的领导下,由各级教育行政部门管理,体育行政部门指导,学校组织实施。

《标准》的组织实施工作在校长领导下,由学校体育教研部门、教务部门、校医院(医务室)、学工部门、辅导员(班主任)协同配合共同组织实施。《标准》的测试应与学

生的健康体检有机结合，避免重复测试。学生的《标准》测试成绩按评定等级记入《国家学生体质健康标准登记卡》，小学列入学生成长记录或学生素质报告书，初中以上学校列入学生档案（含电子档案），作为学生毕业、升学的重要依据。对达到及格以上成绩的学生颁发证书。《标准》的实施工作记入教师的教学工作量。

《国家学生体质健康标准》中关于大学生的测试内容及权重如下。大学各年级均为必测3个项目，选测3个项目，合计需要测试6个项目。身高、体重、肺活量为必测项目。从台阶试验、1000米跑（男）、800米跑（女）中选测一项；从坐位体前屈、仰卧起坐（女）、引体向上（男）、掷实心球、握力中选测一项；从50米跑、立定跳远、跳绳、篮球运球、足球运球、排球垫球中选测一项（表8-3）。

表8-3 大学生《国家学生体质健康标准》

测试项目	评价指标	评定性质	权重系数
身高、体重	身高标准、体重指数	必评	0.10
肺活量	肺活量体重指数	必评	0.20
1000米（男）、800米（女）、台阶试验	项目成绩（台阶试验指数）	选评一项	0.30
坐位体前屈、掷实心球、仰卧起坐（女）、引体向上（男）、握力体重指数（选评一项）	项目成绩（握力体重指数）	选评一项	0.20
50米跑、立定跳远、跳绳、篮球运球、足球运球、排球垫球	项目成绩	选评一项	0.20

五、《国家学生体质健康标准》操作指南

实施《标准》的过程中，掌握各项目正确的测试方法是所有体育教师和测评人员迫切需要了解的内容。无论使用何种仪器，对测试人员的基本的操作要求是一致的，下面对《标准》中各个项目基本的测试方法及其操作要求进行介绍。

（一）身高

1. 测试目的

测试学生身高，与体重测试相配合，评定学生的身体匀称度，评价学生生长发育的水平及营养状况。

2. 测试器材

测试器材为身高测量计。使用前应校对0点，以钢尺测量基准板平面至立柱前面红色刻线的高度是否为10.0厘米，误差不得大于0.1厘米。同时应检查立柱是否垂直，连接处是否紧密，有无晃动，零件有无松脱等情况并及时加以纠正。

3. 测试方法

受试者赤足，立正姿势站在身高计的底板上（上肢自然下垂，足跟并拢，足尖分开成60°）。足跟、腰部与立柱相接触，躯干自然挺直，头部正直，耳屏上缘与眼眶下缘呈水平位。测试人员站在受试者右侧，将水平压板轻轻沿立柱下滑，轻压于受试者头顶。测试人员读数时双眼应与压板水平面等高进行读数，记录员复述后进行记录。以厘米为单位，精确到小数点后一位。测试误差不得超过0.5厘米。

4. 注意事项

（1）身高计应选择平坦靠墙的地方放置，立柱的刻度尺应面向光源。

（2）严格掌握"三点靠立柱""两点呈水平"的测量姿势要求，测试人员读数时两眼一定要与压板等高，两眼高于压板时要下蹲，低于压板时应垫高。

（3）水平压板与头部接触时，松紧要适度，头发蓬松者要压实，头顶的发辫、发结要放开，饰物要取下。

（4）读数完毕，立即将水平压板轻轻推向安全高度，以防碰坏。

（5）测量身高前，受试者应避免进行剧烈的体育活动和体力力动。

（二）体重

1. 测试目的

测试学生的体重，与身高测试相配合，评定学生的身体匀称度，评价学生生长发育的水平及营养状况。

2. 测试器材

测试器材为杠杆秤或电子体重计。使用前需检验其准确度和灵敏度。准确度要求误差不超过 0.1%，即每百千克误差小于 0.1 千克。检验方法是：以备用的 10 千克、20 千克、30 千克标准砝码（或用等重标定重物代替）分别进行称量，检查指标读数与标准砝码误差是否在允许范围。灵敏度的检验方法是：置 100 克重砝码，观察刻度尺变化，如果刻度抬高了 3 毫米或将游标向远移动 0.1 千克而刻度尺能维持水平位时，则达到要求。

3. 测试方法

测试时，杠杆秤应放在平坦地面上，调整 0 点至刻度尺水平位。受试者赤足，男性受试者身着短裤，女性受试者身着短裤、短袖衫，站在秤台中央。测试人员放置适当砝码，并移动游标至刻度尺平衡。读数以千克为单位，精确到小数点后一位。记录员复诵后将读数记录。测试误差不超过 0.1 千克。

评价：身高范围对应体重范围，适宜者为好。身高标准体重如表 8-4、表 8-5、表 8-6 所列。

表 8-4　大学一年级～四年级男生身高标准体重　　（单位：千克）

身高段/厘米	营养不良 50 分	较低体重 60 分	正常体重 100 分	超重 60 分	肥胖 50 分
144～144.9	<41.5	41.5～46.3	46.4～51.9	52.0～53.7	≥53.8
145～145.9	<41.8	41.8～42.9	46.8～52.6	52.7～54.5	≥54.6
146～146.9	<42.1	42.1～47.1	47.2～53.1	53.2～55.1	≥55.2
147～147.9	<42.4	42.4～47.5	47.6～53.7	53.8～55.7	≥55.8
148～148.9	<42.6	42.6～47.9	48.0～54.2	54.3～56.3	≥56.4
149～149.9	<42.9	42.9～48.3	48.4～54.8	54.9～56.6	≥56.7
150～150.9	<43.2	43.2～48.8	48.9～55.4	55.5～57.6	≥57.7
151～151.9	<43.5	43.5～49.2	49.3～56.0	56.1～58.2	≥58.3
152～152.9	<43.9	43.9～49.7	49.8～56.5	56.6～58.7	≥58.8
153～153.9	<44.2	44.2～50.1	50.2～57.0	57.1～59.3	≥59.4
154～154.9	<44.7	44.7～50.6	50.7～57.5	57.6～59.8	≥59.9
155～155.9	<45.2	45.2～51.1	51.2～58.0	58.1～60.7	≥60.8
156～156.9	<45.6	45.6～51.6	51.7～58.7	58.8～61.0	≥61.1
157～157.9	<46.1	46.1～52.1	52.2～59.2	59.3～61.5	≥61.6
158～158.9	<46.6	46.6～52.6	52.7～59.8	59.9～62.2	≥62.3
159～159.9	<46.9	46.9～53.1	53.2～60.3	60.4～62.7	≥62.8
160～160.9	<47.4	47.4～53.6	53.7～60.9	61.0～63.4	≥63.5

续表

身高段/厘米	营养不良 50分	较低体重 60分	正常体重 100分	超重 60分	肥胖 50分
161~161.9	<48.1	48.1~54.3	54.4~61.6	61.7~64.1	≥61.2
162~162.9	<48.5	48.5~54.8	54.9~62.2	62.3~64.8	≥64.9
163~163.9	<49.0	49.0~55.3	55.4~62.8	62.9~65.3	≥65.4
164~164.9	<49.5	49.5~55.9	56.0~63.4	63.5~65.9	≥66.0
165~165.9	<49.9	49.9~56.4	56.5~64.1	64.2~66.6	≥66.7
166~166.9	<50.4	50.4~56.9	57.0~64.6	64.7~67.0	≥67.1
167~167.9	<50.8	50.8~57.3	57.4~65.0	65.1~67.5	≥67.6
168~168.9	<51.1	51.1~57.7	57.8~65.5	65.6~68.1	≥68.2
169~169.9	<51.6	51.6~58.2	58.3~66.0	66.1~68.6	≥68.7
170~170.9	<52.1	52.1~58.7	58.8~66.5	66.6~69.1	≥69.2
171~171.9	<52.5	52.5~59.2	59.3~62.2	67.3~69.8	≥69.9
172~172.9	<53.0	53.0~59.8	59.9~67.8	67.9~70.4	≥70.5
173~173.9	<53.5	53.5~60.3	60.4~68.4	68.5~71.1	≥71.2
174~174.9	<53.8	53.8~61.0	61.1~69.3	69.4~72.0	≥72.1
175~175.9	<54.5	54.5~61.5	61.6~69.9	70.0~72.7	≥72.8
176~176.9	<55.3	53.5~62.2	62.3~70.9	71.0~73.8	≥73.9
177~177.9	<55.8	55.8~62.7	62.8~71.6	71.7~74.5	≥74.6
178~178.9	<56.2	56.2~63.3	63.4~72.3	72.4~75.3	≥75.4
179~179.9	<56.7	56.7~63.8	63.9~72.8	72.9~75.8	≥75.9
180~180.9	<57.1	57.1~64.3	64.4~73.5	73.6~76.5	≥76.7
181~181.9	<57.7	57.7~64.9	65.0~74.2	74.3~77.3	≥77.4
182~182.9	<58.2	58.2~65.6	65.7~74.9	75.0~77.8	≥77.9
183~183.9	<58.8	58.8~66.2	66.3~75.7	75.8~78.8	≥78.9
184~184.9	<59.3	59.3~66.8	66.9~76.3	76.4~79.4	≥79.5
185~185.9	<59.9	59.9~67.4	67.5~77.0	77.1~80.2	≥80.5
186~186.9	<60.4	60.4~68.1	68.2~77.8	78.9~81.1	≥81.2
187~187.9	<60.9	60.9~68.7	68.8~78.6	78.7~81.9	≥82.0
188~188.9	<61.4	61.4~69.2	69.3~79.3	79.4~82.6	≥82.7
189~189.9	<61.8	61.8~69.8	69.9~79.9	80.0~83.2	≥83.3
190~190.9	<62.4	62.4~70.4	70.5~80.5	80.6~83.6	≥83.7

注：身高低于表中列出的最低身高段的下限值时，身高每低1厘米，实测体重需加上0.5千克，实测身高需加上1厘米，再查表确定分值。身高高于表中所列出的最高身高段时，身高每高1厘米，其实测体重需减去0.9千克，实测身高需减去1厘米，再查表确定分值。

表8-5 大学一年级~四年级女生身高标准体重

（140~159.9厘米身高段） （单位：千克）

身高段/厘米	营养不良 50分	较低体重 60分	正常体重 100分	超重 60分	肥胖 50分
140~149.9	<36.5	36.5~42.4	42.5~50.6	50.7~53.3	≥53.4
141~141.9	<36.6	36.6~42.9	43.0~51.3	51.4~54.1	≥54.2
142~142.9	<36.8	36.8~43.2	43.3~51.9	52.0~54.7	≥54.8
143~143.9	<37.0	37.0~43.5	43.6~52.3	52.4~55.2	≥55.3
144~144.9	<37.2	37.2~43.7	43.8~52.7	52.8~55.6	≥55.7
145~145.9	<37.5	37.5~44.0	44.1~53.1	53.2~56.1	≥56.2
146~146.9	<37.9	37.9~44.4	44.5~53.7	53.8~56.7	≥56.8
147~147.9	<38.5	38.5~45.0	45.1~54.3	54.4~57.3	≥57.4
148~148.9	<39.1	39.1~45.7	45.8~55.0	55.1~58.0	≥58.1
149~149.9	<39.5	39.5~46.2	46.3~55.6	55.7~58.7	≥58.8
150~150.9	<39.9	39.9~46.6	46.7~56.2	56.3~59.3	≥59.4
151~151.9	<40.3	40.3~47.1	47.2~56.7	56.8~59.8	≥59.9
152~152.9	<40.8	40.8~47.6	47.7~57.4	57.5~60.5	≥60.6
153~153.9	<41.4	41.4~48.2	48.3~58.9	58.0~61.1	≥61.2
154~154.9	<41.9	41.9~48.8	48.9~58.6	58.7~61.9	≥62.0
155~155.9	<42.3	42.3~49.1	49.2~59.1	59.2~62.4	≥62.5
156~156.9	<42.9	42.9~49.7	49.8~59.7	59.8~63.0	≥63.1
157~157.9	<43.5	43.5~50.3	50.4~60.4	60.5~63.6	≥63.7
158~158.9	<44.0	44.0~50.8	50.9~61.2	61.3~64.5	≥64.6
159~159.9	<44.5	44.5~51.4	51.5~61.7	61.8~65.1	≥65.2

注：身高低于表中列出的最低身高段的下限值时，身高每低1厘米，实测体重需加上0.5千克，实测身高需加上1厘米，再查表确定分值。身高高于表中所列出的最高身高段时，身高每高1厘米，其实测体重需减去0.9千克，实测身高需减去1厘米，再查表确定分值。

表 8-6　大学一年级～四年级女生身高标准体重

（160～186.9厘米身高段）　　　　（单位：千克）

身高段/厘米	营养不良 50分	较低体重 60分	正常体重 100分	超重 60分
160～160.9	<45.0	45.0～52.1	52.2～62.3	62.4～65.6
161～161.9	<45.4	45.4～52.5	52.6～62.8	62.9～66.2
162～162.9	<45.9	45.9～53.1	53.2～63.4	63.5～66.8
163～163.9	<46.4	46.4～53.6	53.7～63.9	63.0～67.3
164～164.9	<46.8	46.8～54.2	54.3～64.5	64.6～67.9
165～165.9	<47.4	47.4～54.8	54.9～65.0	65.1～68.3
166～166.9	<48.0	48.0～55.4	55.5～65.5	65.6～68.9
167～167.9	<48.5	48.5～56.0	56.1～66.2	66.3～69.5
168～168.9	<49.0	49.0～56.4	56.5～66.7	66.8～70.1
169～169.9	<49.4	49.4～56.8	56.9～67.3	67.4～70.7
170～170.9	<49.9	49.9～57.3	57.4～67.9	67.0～71.4
171～171.9	<50.2	50.2～57.8	57.9～68.5	68.6～72.1
172～172.9	<50.7	50.7～58.4	58.5～69.1	69.2～72.7
173～173.9	<51.0	51.0～58.8	58.9～69.6	69.7～73.1
174～174.9	<51.3	51.3～59.3	59.4～70.2	70.3～73.6
175～175.9	<51.9	51.9～59.9	60.0～70.8	70.9～74.4
176～176.9	<52.4	52.4～60.4	60.5～71.5	71.6～75.1
177～177.9	<52.8	52.8～61.0	61.1～72.1	72.2～75.7
178～178.9	<53.2	53.2～61.5	61.6～72.6	72.7～76.2
179～179.9	<53.6	53.6～62.0	62.1～73.2	73.3～76.7
180～180.9	<54.1	54.1～62.5	62.6～73.7	73.8～77.0
181～181.9	<54.5	54.5～63.1	63.2～74.3	74.4～77.8
182～182.9	<55.1	55.1～63.8	63.9～75.0	75.1～79.4
183～183.9	<55.6	55.6～64.5	64.6～75.7	75.8～80.4
184～184.9	<56.1	56.1～65.3	65.4～76.6	76.7～81.2
185～185.9	<56.8	56.8～66.1	66.2～77.5	77.6～82.4
186～186.9	<57.3	57.3～66.9	67.0～78.6	78.7～83.3

注：身高低于表中所列出的最低身高段的下限值时，身高每低1厘米，实测体重需加上0.5千克，实测身高需加上1厘米，再查表确定分值。身高高于表中所列出的最高身高段时，身高每高1厘米，其实测体重需减去0.9千克，实测身高需减去1厘米，再查表确定分值。

4．注意事项

（1）测量体重前受试者不得进行剧烈的体育活动或体力劳动。

（2）受试者站在秤台中央，上下杠杆秤动作要轻。

（3）每次使用杠杆秤时均需校正。测试人员每次读数前都应校对砝码标重以避免差错。

（三）台阶试验

1．测试目的

测试学生在定量负荷后心率变化情况，评价学生的心血管功能。

2．测试器材

测试器材为台阶或凳子、节拍器（或录音机及磁带）、秒表、台阶试验仪。

3．测试方法

初中、高中和大学各年级男生用高40厘米的台阶（或凳子），初中、高中和大学各年级女生及小学五、六年级男女生用高35厘米的台阶（或凳子）做踏台上、下运动。测试前测定安静时的脉搏，然后受试者做轻度的准备活动，主要是活动下肢关节。上、下台阶（或凳子）的频率是30次/分，因而节拍器的节律为120次/分（每上、下一次是四动）。受试者按节拍器的节律完成试验。

被测试者从预备姿势开始，被测试者一只脚踏在台阶上；踏台腿伸直成台上站立；先踏台的脚先下地；还原成预备姿势。用2秒上、下一次的速度（按节拍器的节律来做）连续做3分钟。做完后，保持静止休息状态，测量运动结束后的1~1.5分钟、2~2.5分钟、3~3.5分钟的3次脉搏数。并用下列公式求得评定指数，计算结果包含有小数的，对小数点后的1位进行四舍五入取整进行评分。

评定指数=踏台上、下运动的持续时间（秒）×10/[2×(3次测定脉搏的和)]

评价：指数高者心血管系统功能好。大学男生台阶试验得分67以上为优秀、53~65为良好、46~52为及格、45以下为不及格；大学女生台阶试验得分60以上为优秀、49~59为良好、42~48为及格、41以下为不及格。

4．注意事项

（1）心脏有病的学生不能参加测试。

（2）按2秒上、下一次的节律进行。当受试者跟不上节奏时应及时提醒，如果3次跟不上节奏应停止测试，以免发生伤害事故。

（3）上、下台阶时，膝、髋关节都应伸直。

（4）被测试者不可自己测量脉搏。

（5）如果受试者不能完成3分钟的负荷运动，以实际上、下台阶的持续时间进行计算，计算公式同上。

（四）肺活量

1．测试目的

测试学生的肺通气功能。

2．测试器材

试器材为电子肺活量计。

3．测试方法

房间通风良好；使用干燥的一次性口嘴（非一次性口嘴，则每换测试对象需消毒一次，每测一人时将口嘴朝下倒出唾液，并注意消毒后必须使其干燥）。肺活量计主机放置于平稳桌面上，检查电源线及接口是否牢固，按工作键液晶屏显示110即表示机器进入工作状态，预热5分钟后测试为佳。

首先告知受试者不必紧张，并且要尽全力，以中等速度和力度吹气效果最好。令被测试者面对仪器站立、手持吹气口嘴，面对肺活量计站立试吹1~2次，首先看仪表有无反应，还要试口嘴或鼻处是否漏气，调整口嘴和用鼻夹（或自己捏鼻孔）；学会深吸气（避免耸肩提气，应该像闻花似的慢吸气）。受试者进行一两次较平日深一些的呼吸动作后，更深地吸一口气，屏住气向口嘴处慢慢呼出至不能再呼为止，防止此时从口嘴处吸气，测试中不得中途二次吸气。吹气完毕后，液晶屏上最终显示的数字即为肺活量毫升值。每位受试者测3次，每次间隔15秒，记录3次数值，选取最大值作为测试结果。以毫升为单位，不保留小数。

评价：肺活量/体重——肺活量体重指数，指数高者为好。

4．注意事项

（1）电子肺活量计的计量部位的通畅和干燥是仪器准确的关键，吹气筒的导管必须在上方，以免口水或杂物堵住气道。

（2）每测试10人及测试完毕后用干棉球及时清理和擦干气筒内部。严禁用水、酒精等任何液体冲洗气筒内部。

（3）导气管存放时不能弯折。

（4）定期校对仪器。

（五）50米跑

1．测试目的

测试学生速度、灵敏素质及神经系统灵活性的发展水平。

2．场地器材

50米直线跑道若干条，地面平坦，地质不限，跑道线要清楚。发令旗一面，口哨一个，秒表若干块（一道一表）。秒表使用前，应用标准秒表校正，每分钟误差不得超过0.2秒。标准秒表选定，以北京时间为准，每小时误差不超过0.3秒。

3．测试方法

受试者至少两人一组测试。站立起跑，受试者听到"跑"的口令后开始起跑。发令员在发出口令的同时要摆动发令旗。计时员视旗动开表计时，受试者躯干部到达终点线的垂直面停表。以秒为单位记录测试成绩，精确到小数点后一位，小数点后第二位数按非零进1原则进位，如10.11秒读成10.2秒记录。

评价：速度快者为好。

4．注意事项

（1）受试者测试最好穿运动鞋或平底布鞋，赤足亦可。但不得穿钉鞋、皮鞋、塑料凉鞋。

（2）发现有抢跑者，要当即召回重跑。

（3）如遇风时一律顺风跑。

（六）800米或1000米跑

1．测试目的

测试学生耐力素质的发展水平，特别是心血管、呼吸系统的机能及肌肉耐力。

2．场地器材

400米、300米、200米田径场跑道，地质不限。也可使用其他不规则场地，但必须丈量准确，地面平坦。发令旗一面，口哨一个，秒表若干块，使用前需要校正，要求同50米跑测试。

3．测试方法

受试者至少两人一组进行测试，站立式起跑。当听到"跑"的口令后开始起跑。发令员在发出口令的同时要摆动发令旗。计时员看到旗动开表计时，当受试者的躯干部到达终点线垂直面时停表。以分、秒为单位记录测试成绩，不计小数。

评价：速度快者为好。

4．注意事项

同 50 米跑。

（七）立定跳远

1．测试目的

测试学生下肢爆发力及身体协调能力的发展水平。

2．场地器材

沙坑、丈量尺。沙面应与地面平齐，如无沙坑，可在土质松软的平地上进行。起跳线至沙坑近端不得少于 30 厘米。起跳地面要平坦，不得有坑凹。

3．测试方法

受试者两脚自然分开站立，站在起跳线后，脚尖不得踩线（最好用线绳做起跳线）。两脚原地同时起跳，不得有垫步或连跳动作。丈量起跳线后缘至最近着地点后垂直距离。每人试跳 3 次，记录其中成绩最好一次。以厘米为单位，不计小数。

评价：距离远者为好。

4．注意事项

（1）发现犯规时，此次成绩无效。3 次试跳均无成绩者，允许再跳，直至取得成绩为止。

（2）可以赤足，但不得穿钉鞋、皮鞋、塑料凉鞋参加测试。

（八）掷实心球

1．测试目的

测试学生的上肢爆发力。

2．场地器材

长度在 30 米以上的平整场地一块，地质不限，在场地一端划一条直线作为起掷线。实心球若干，大学各年级测试球重为 2 千克。

3．测试方法

测试时受试者站在起掷线后，两脚前后或左右开立，身体正对投掷方向，双手举球至头上方稍候，原地用力把球向前方投出。如两脚前后开立投掷，当球出手的同时后脚可向前迈出一步，但不得踩线。每人投掷 3 次，记录其中成绩最好的一次。记录以米为单位，取一位小数。丈量起掷线后缘至球着地点后缘之间的垂直距离。为了准确丈量成绩，应有专人负责观察实心球的着地点。

第9章

大学生体能训练的实践运用研究

大学生作为一个重要的群体，由于身心特点、成长环境、运动水平、身体素质等都存在着一定的差异性，因此他们在进行体能训练时，往往能够根据自身的实际情况来进行有针对性的训练，从而使自身的综合素质得到有效的提升。本章主要对不同体质、不同就业方向的大学生的体能训练方法、要求、注意事项等方面进行分析和阐述。

第一节 不同体质大学生的体能训练

由于大学生的体质不同，因此他们进行体能训练的针对性和目的性也会有所不同。比如，身体较弱的大学生，进行体能训练的主要目的是强身健体；肥胖的大学生进行体能训练是为了减肥塑身；患病大学生则是为了改善病情而进行体能训练。下面就对这些不同体质大学生的体能训练进行阐述。

一、强身健体类大学生的体能训练

对于追求强身健体目的的大学生来说，他们进行体能训练往往会针对身体不同部位的肌群进行相应的训练，具体方法如下。

（一）颈部肌群训练

颈部的强壮与否会对一个人雄健、英武和健美的形象产生直接的影响。一般来说，颈部强健的胸锁乳头肌，能够将男性的阳刚之气和女性的魅力充分显现出来，因此，进行颈部肌群的训练是非常有必要的。

1. 颈部训练的肌群及主要动作

要想得到强健美观的颈部，就需要对胸锁乳头肌、斜方肌、颈阔肌及夹肌、头长肌、颈长肌等这些与颈部健美有关的肌肉进行重点的训练。通常采用站姿颈屈伸、侧向颈屈伸、仰卧颈屈伸、俯卧颈屈伸、俯立颈屈伸等动作来进行训练。

2. 颈部肌群训练的方法及建议

在颈部肌群训练的初期，往往只进行一些简单的练习，比如，徒手颈绕环和左右转颈等练习；在训练 6 个月后，可以在每次课选择 1~2 个动作进行训练，具体要求为：每个动作练习 2~4 组，每组 10~12 次。如果有专门的器械，可以借助器械来进行训练；而如果不具备这一条件，也可以通过徒手（或毛巾）的自抗力练习进行训练；6 个月至 1 年后，可根据训练的情况来加入负重颈屈伸等重量练习，从而使颈部肌群与全身肌群之间达到平衡发展。

（二）肩部肌群训练

肩膀的健美程度，受到两个方面因素的影响：一个是锁骨和肩胛骨的长短与大小，一个是锁骨末端附着的三角肌的丰满程度。因此，对锁骨和肩胛骨进行锻炼对于肩部健美的保持有着非常重要的作用。

1. 肩部训练的肌群及主要动作

对于大学生来说，男生理想的肩部为具有合适的宽度和力度，并且能够将"倒三角形"体型体现出来；女生理想的肩部要具有一定的圆滑感，并且能够将柔美的曲线体现出来。一般来说，能够有效训练和改善肩部的动作主要有站姿提肘上拉、站姿侧平举、站姿前平举、躬身侧平举、俯立飞鸟、颈后推举、颈前推举、坐姿推举哑铃、平举下拉橡皮带、侧上拉橡皮带、站立耸肩、俯立耸肩等。

2. 肩部肌群训练的方法及建议

在肩部肌群训练的初期，可以根据不同的部位进行训练，具体要求为：每次课安排一个动作，每个动作可做 2~3 组；在训练半年至一年之后，可以进行这样的训练安排：锻炼课每次可选择两个动作为组合，每个动作做 2~4 组；在训练一年以后，就可以根据实际情况来有针对性地选择 3 个动作为一组合，每周练两次，每次课的每个综合组为 8~10 组。

通常情况下，男女在进行肩部的训练时，往往采用相同的动作和方法即可，具体会根据训练目的的不同而在试举的重量和运动量的选择上有所区别。

（三）臂部肌群训练

人类基本动作是需要臂部协助完成的，因此，往往将健壮的胳膊作为力量的象征。当前，尽管很多力量方面的劳动已经不需要用臂部完成了，但是有一双灵巧的手和健美粗壮的胳膊还是很重要的。因此，这就需要对臂部进行相应的训练和发展。

1. 臂部的训练肌群及主要动作

对于臂部来说，需要重点进行训练的肌群主要包括肱三头肌、肱二头肌、肱肌。具体来说，可以通过站姿反握弯举、坐姿托肘固定弯举、俯身弯举、斜板单臂弯举、单臂坐弯举、斜卧弯举、反握引体向上、颈后臂屈伸、仰卧臂屈伸、俯立臂屈伸、站姿双臂胸前屈肘下压、仰卧撑、直臂后上拉举、腕屈伸、站姿双手卷棒、重锤握力器交替握等动作来完成。

2. 臂部肌群训练的方法及建议

臂部应该将肌肉训练的重点放在上臂，训练的肌群重点在肱二头肌和肱三头肌。前臂的屈肌和伸肌等其他的肌肉，只要适当安排 2～3 个动作即可。究其原因，主要是由于在进行上臂的训练时，前臂也得到一定的训练。

3．臂部肌群训练的注意事项

大学生在进行臂部肌群的训练时，为了保证理想的训练效果，需要对以下几个方面的事项加以注意。

（1）要保证臂部肌肉较为发达且对称，就要求通过负荷完全相同的两手交替训练和依次训练的项目来达到使屈肌和伸肌都得到影响和锻炼的目的。

（2）通常，对于女大学生来说，她们进行臂部肌群的训练往往是为了增强臂力，使肌肉的弹性得到提高，多余的脂肪得到缩减。其训练的重量较小而训练次数较多。对于男大学生来说，她们进行臂部肌群训练是为了发达臂部肌肉、增强臂力。因此，他们的训练方法往往是大重量、训练次数少。在进行系统的臂部训练时，往往会对各阶段训练课的内容进行如下安排。

① 第一个月的训练课安排。肱二头肌、肱三头肌、前臂肌群等每块主要肌肉或肌群，各选择一个动作，每个动作练 2 组。

② 第二、三个月的训练课安排。要以上述各肌肉或肌群为依据来另选择动作，每个动作练 3 组。

③ 第三个月至第六个月的锻炼课安排。每块肌肉或肌群可选择两个不同方位或不同器械的动作，每个动作做 2～3 组。

④ 6 个月以后的训练课安排。要以臂部肌肉的增长情况为依据，每块肌肉或肌群有针对性地选择 2～3 个不同的动作，每个动作练 3～4 组，最多不超过 5 组。

需要强调的是，在进行系统训练一年左右，臂围往往会有较为明显的增粗现象。但是，在一年以后，臂围的增长幅度就会逐渐变慢，这时候，为了能够进一步增强训练效果，就要求以实际情况为依据来合理选择有效动作进行训练，运动量方面也应该适当增加。

（四）胸部肌群训练

胸部对于男大学生和女大学生都有着非常重要的意义，比如，男大学生挺拔、丰满、结实的胸脯往往能够体现出男性的力量和开阔的胸襟，而对于女大学生来说，挺拔饱满、润泽而富有弹性、坚挺不垂、富于曲线的胸脯则是美的一个非常重要的表现方式。因此，练就宽厚的胸部肌肉，不仅能够保持健壮优美的体形，而且对于低头含胸缺陷的矫正及心肺功能的增强都是有所助益的。

1．胸部的训练肌群及主要动作

健美的胸部主要有赖于发达的胸大肌，因此，胸部训练主要对胸大肌进行训练。主要通过平卧推举、斜卧推举、仰卧起坐、俯卧撑、双杠臂屈伸、仰卧屈臂上拉、仰卧直臂上拉、坐姿屈臂扩夹胸等动作来进行训练。

2．胸部肌群训练的方法及建议

（1）不同阶段胸部肌群训练的内容安排。

① 初练至 3 个月的训练安排。这一阶段不仅要熟练掌握基本的动作要领，而且还要主要发展胸部形状。具体的训练安排为：隔天练习，每周练三次，每次课选 1～2 个动

作。另外还需要强调的是，在练胸肌时最好同练背阔肌及大腿肌群结合起来，以取得更好的效果。

② 3个月以后至1年的训练安排。这一阶段通常可以分为两个小阶段：第一阶段是3个月至6个月，第二个阶段是6个月至1年。通常，在这个时期的训练中，主要目的在于扩大胸腔、改变基本体形为主，促使胸肌发达，以每次课练2～3组为宜。

③ 1年以后的训练安排。在经过一年的系统训练之后，要以胸肌的发展情况为依据，合理地选择发展不同部位的3～5个动作为一个组合。随着运动量的逐渐增大，还要与身体其他部位的锻炼结合起来，因此，可以要求每次课选3～10个动作为一个组合，综合组数为3～4组。

(2) 不同性别训练胸部肌群的方法也不同。

① 男大学生训练胸部肌群的方法。男大学生往往会出现"排骨"体形，要通过训练改变这一体形，主要通过训练来使胸大肌发达，使胸腔扩大，呼吸系统功能增强，然后与肩、背、臂和腿部等肌肉群结合起来进行训练。通常，前3个月的训练目的主要在于发展胸部的形状为主，具体来说，就是先使"外侧翼""下缘沟"的肌群得到训练，然后，由"外侧翼"逐渐向"中间沟""下缘沟""上胸部"发展，把三角肌前束肌群联系起来，从而形成宽厚结实的胸脯。

② 女大学生训练胸部肌群的方法。女子的胸部主要是由"乳腺"外覆盖脂肪形成的。通常，胸部的大小往往是受遗传因素影响的。女子在青春期（16～18岁）是胸部发育的顶峰，20岁以后脂肪逐渐增多，胸部过于肥大往往是由于女性荷尔蒙分泌较多导致的。当前，有很多女性为了改善胸部过小的问题，往往会采取推拿按摩、服药等方法，收效甚微。其实，真正有用的方法是采用徒手或器械的健美锻炼，因为这样能够使脂肪增多和乳腺萎缩得到有效的预防，从而使胸部丰满而富有弹性。

需要注意的是，在开始进行胸部肌群的训练时，要以扩大胸腔、增强呼吸功能为首，同时对胸大肌的两侧翼和周围肌群进行重点训练，通常在训练3个月以后，胸大肌用力收缩时，会有结实饱满的肌肉感，也会有效改善乳腺的弹性，但是，为了保证训练的效果和安全性，还是要对以下几个方面加以注意。

第一，通常以每周训练3次为宜，也就是隔天练一次。

第二，在进行胸部肌群训练之前要求选择2套或3套形体健美操为准备活动项目，活动时间最少为15分钟。

第三，每课可选择2～3个动作，每组所采用的重量以能举起8～12次为宜，重量过大或者过小都要进行适当的调整。随着训练水平的不断提升，每课的次数与组数也会有相应的增加。

第四，如果是为减缩多余脂肪或增强肌肉弹性，那么就要求将每组锻炼的次数定为15～20次；如果是为了扩大胸腔或增强胸大肌或使胸部永远保持"挺拔丰满"，那么按照一般的标准进行训练即可。

第五，对于胸部发育过大的情况，不仅要从饮食上加以注意，还要通过各种训练方法来缩减胸部的脂肪，从而获得理想的锻炼胸部的效果。

第六，对于胸部平塌、乳房较小的女大学生来说，为了促进胸部的发育，就需要加强胸部锻炼，发展胸大肌，增强肺活量，扩大胸腔。比较常用的训练方法是利用杠铃、哑铃等进行训练。

（五）背部肌群训练

1. 背部的训练肌群及主要动作

一般地，通过对胸大肌和背阔肌进行训练，往往能够达到发达躯干上部肌肉的目的。但是在现实生活中，很多人往往只注重胸大肌的训练，而忽视了背阔肌的训练，这就使得胸部和背部的发展不平衡。要使背阔肌与胸大肌同步发展，就必须做大量的专门练习，使发达胸大肌与背阔肌交替进行。一般地，可以通过坐姿重锤颈后下拉、单杠引体向上至颈后、俯立划船、俯卧提拉、屈体硬拉、坐姿双手划船、坐姿对握腹前平拉等动作来进行背部的训练。

2. 背部肌群训练的方法及建议

（1）男大学生背部肌群锻炼方法建议。对于男大学生来说，应该从背阔肌的训练着手来进行背部训练，先使其宽厚和形成良好的体形，经过一年的训练之后，再以各人的背部肌肉发展的特点为依据，来对重点训练的部位进行相应的安排。在训练课中，通常在一至三个月内，每次课可选两个动作，做2～3组；三个月至一年内，每次课可选2～3个动作，做5～8组。

（2）女大学生背部肌群锻炼方法建议。加强背部肌群的训练，能够取得理想的纠正脊柱前屈和侧屈等的整体效果，与此同时，还要使背部和腰部的多余脂肪得到有效的缩减。通常，不同阶段会进行如下不同的训练安排。

① 在训练的初期，主要要求熟练掌握正确的锻炼背部的动作要领和改变背部的形状，这里需要强调的是，第一个月的主要任务是掌握背部练习的动作要领。

② 第二、第三个月要对背部的肌肉形状加以改变，使之形成良好的形体。

③ 第三个月至一年进行背部的训练主要目的在于进一步改变背部的肌肉群和形状，使训练后所获得的形体得到有效的巩固，使肌肉坚实而富有弹性，胸部更为丰满挺拔，从而将女性的"曲线美"充分体现出来。

④ 一年以后进行背部肌群训练的主要内容在于背部重点肌肉群的训练。除此之外，在不同的训练阶段，不仅要重点完成各阶段的主要任务和目的，还要注重背部各肌群的平均发展。

（六）腰腹肌群训练

腰腹部位于人体的中间位置，不仅具有非常重要的生理作用，还对人体的整体美产生重要影响。尤其女性对腰腹的要求更高，有"马甲线"是很多女性追求的完美的腰腹状态。增强腰腹肌群的训练，能够使消化和排泄系统的功能得到有效增强，同时，对消化不良、胃溃疡、胃炎、胃下垂和便秘等症也有一定疗效。

1. 腰腹部的训练肌群及主要动作

要想保证腹部的优美曲线，使肌肉结实而有力，需要加强训练的腰腹部肌群主要包括上腹部（腹直肌上部）、下腹部（腹直肌下部及髂腰肌）和腹部两侧（腹内外斜肌）肌群。具体来说，可以通过俯卧两头起、俯卧挺身、直腿硬拉、俯身展体、负重体侧屈、侧卧弯起、负重转体、俯卧转体挺身、仰卧起坐、仰卧举腿、仰卧两头起、悬垂收腹举腿、仰卧双腿绕环等动作来进行训练。

2．腰腹部肌群的训练方法及建议

（1）男大学生腰腹部肌群的训练。男大学生通过腰腹部的训练，不仅能够使多余的脂肪得到缩减，还能够使腹直肌和腹外侧肌更加发达。

（2）女大学生腰腹部肌群的训练。女大学生进行腰腹部肌群训练的目的和要求不同，因此，采取的具体训练方法也有所不同。

① 对于重点减肥者来说，其所需要训练的部位较为广泛，比如腰周围的上腹、下腹、腹侧、腰背甚至胸部、臀部和大腿上部等都需要进行训练，通常可以安排：每周5～6天训练，每次训练课至少60分钟以上，并以有氧运动为主。随着训练的不断进行，各部位的训练组数和次数也应相应增加。

② 对于较瘦者来说，为了达到丰满体形、增强内脏器官机能的目的，则应采取加强重点部位训练。

③ 对于外型原就比较匀称者来说，主要安排的内容应该是加强力量和肌肉弹性的训练，从而使体质增强。

（3）腰腹部肌群训练的方法及建议。每次课选择2～4个动作；练习的组数约为3～5组；每组的次数不得少于20次；间歇时间最多不超过30秒钟；每周至少安排2～5天。动作频率稍快；训练的动作难度要逐渐递增，由徒手逐渐发展到器械。需要强调的是，腰腹部肌群训练的关键之处在于将腰腹肌的锻炼应安排在每次训练课的最后，这样有助于理想训练效果的取得。

二、减肥塑身类大学生的体能训练

对于大学生来说，身形肥胖，不仅会影响身体形态的美观，对身体健康也会产生不利的影响，因此，对于要改变肥胖体形为目的的大学生来说，减肥塑身是非常有必要的。具体来说，通过这方面的体能训练，能够促进身体新陈代谢，缩减脂肪含量，改善内分泌系统功能，从而保证身体健康、塑造出完美的体形。

一般地，减肥塑身类大学生的训练方法主要包括以下几个方面。

（一）减肥塑身训练的形式、内容和方式

一般地，往往可以利用中等强度的训练来达到降低体重的目的。这具体要根据大学生自身的体质情况来进行区别对待。

1．体质较差大学生减肥塑身的训练

对于体质较差的大学生来说，在训练强度上可以适当放松。具体来说，就是通过时期较长、时间较长、带有动力性、全身性的有氧运动，辅之以力量训练和柔韧训练（运动形式）来达到减肥塑身的效果。其中，较为具有代表性的有走、跑、游泳、骑车、有氧舞蹈和健身操等。从实际情况中可以得知，能够通过简单易行的走跑运动中达到减肥塑身效果的大学生很少，究其原因，主要是由于走和跑的训练方式较为枯燥。借助于相关的器械设备或者有氧运动来进行训练，往往能够取得理想的训练效果。

2. 体质较好大学生减肥塑身的训练

对于体质较好的大学生来说，要想达到理想的减肥塑身效果，跳绳运动是比较理想的选择，具体来说，就是每天在进行其他运动后增加跳绳训练 10 分钟，其效果相当于 500 米健身跑的功效。除此之外，游泳也是非常好的一个选择，对减肥也有效果，每周 3～4 次，每次不少于 20 分钟。各种球类，游戏和气功等如果运用得好，也能够达到有效减肥的目的。

（二）减肥塑身训练的时间和频率

由于变胖不是一蹴而就的，因此，要减肥也不是一两天就能够实现的。因此，一般会要求每次运动持续 30～60 分钟（每次活动能量消耗为 300 千卡左右），每周至少运动 3 次，或者在每天的早晨与傍晚各锻炼一次。需要强调的是，运动训练中的脂肪代谢的被调动时间较慢，因此，这就要求减肥的大学生每次持续运动的时间尽量不低于 40 分钟，但是，通过对运动耗费的时间和有利身体负荷的因素的充分考量，要将运动训练的时间控制在 120 分钟之内。

一般地，要想取得理想的减肥效果，可以选择在 3 个时段内进行运动训练。第一，是每天 16～21 时运动为宜，19～20 时最佳；第二，是晚餐前 2 小时，即每天的 16～18 时进行训练；第三，是晨练。由此可以看出，晚饭或早饭前跑步可使减肥进入良性循环状态，不仅能够使运动量增加，还能使能量物质的摄入减少，因此，往往能够取得更好的减肥效果。

（三）减肥塑身训练的强度及监控

体能训练中的一个最重要的因素就是运动强度。通常，可以从运动中的心率上将运动的强度反映出来，具体来说，就是准确测量 10 秒钟的脉搏乘以 6 即代表运动中的每分钟心率。在有氧运动中，减肥训练的运动强度应为最大吸氧量（VO_2max）的 50%～70% 或最大靶心率的 60%～70%（青少年可达 75%）。在此负荷强度范围内运动，脂肪氧化的绝对速率处于理想状态，也就是说，这时候脂肪燃烧的速度是最快的。

对于非体育专业的大学生来说，他们一定要加强对运动负荷的重视程度和认识，究其原因，主要是由于运动负荷一定要依据本人的实际能力而定，而并非追求每次运动都要达到力竭的程度。因为并不是运动强度越大越好，也不是越小越好，只有适宜的运动负荷，也就是本人最大运动心率值的 65%～85% 之间（减肥者为最大心率的 60%～70%），才能够取得理想的训练效果。从相关的研究中可以发现，心率稍低对机体会产生较小的影响；心率过高则易产生疲劳与运动伤病。因此，最佳心率范围也可参照如下指标：

男 21～30 岁（女 18～25 岁）：160 次/分钟。
男 31～40 岁（女 26～35 岁）：140～150 次/分钟。
男 41～50 岁（女 36～45 岁）：130～140 次/分钟。
男 51～60 岁（女 46～55 岁）：120～130 次/分钟。
男 61 岁以上（女 55 岁以上）：100～120 次/分钟。

从相关的研究中发现，持续运动 30～60 分钟，用最大靶心率的 50% 的负荷强度进行训练，每分钟可燃烧的热量达到了 7 千卡，且 90% 的热量来自脂肪；而用最大靶心率的75%的负荷强度进行训练，每分钟可燃烧的热量有14千卡，约60%的热量来自脂肪。由此可以看出，强度较低但训练时间较长的训练方法所取得的减肥效果更加理想。

三、患病大学生的体能训练

当前，随着生活水平的不断提高，不良的饮食习惯、体育运动锻炼的缺乏等原因导致健康问题的发生时间逐渐提前，也就是出现健康问题的人群逐渐年轻化。大学生中患各种疾病的概率也加大。下面就对大学生几种常见的疾病的体能训练进行分析和阐述。

（一）患高脂血症的大学生的体能训练

1. 患高脂血症的大学生体能训练的时间、频率以及强度

对于患有高脂血症的大学生来说，中等强度、长时间周期性大肌群参与的训练是较为适宜的。当前，存在着一个较为普遍的观点，就是改善脂代谢所需运动强度要比改善心肺功能的强度低一些，具体来说，就是约为40%～60%最大摄氧量（VO_2max）强度或60%～70%最大心率（HRmax），大于80% VO_2max 强度与低强度效应相同。运动频率为3～5次/周。每次持续时间为45～60分钟（准备活动5～10分钟，运动部分25～40分钟，整理活动5～10分钟），但是，也有研究不认同这一观点，并且提出了运动频率大于3次不会取得理想的改善血脂的效果，甚至有研究发现每周进行两次训练，共3个月也能使HDL-C上升19.3%，LDL-C下降12.8%。由此可以看出，对于患高脂血症的大学生来说，小量、短时、多次、累积和完成总的运动时间和运动量的训练所取得的训练效果较为理想。

2. 患高脂血症的大学生体能训练的方式和建议

能够有效改善大学生高脂血症的训练方式主要有散步、慢跑、骑自行车、游泳、健身操、太极拳、气功等有节奏的全身性运动。具体来说，患病的大学生可以以各自的体力和爱好为依据来适当选择简便、有效可行的运动项目，并且保证训练的规律性和科学性，从而保证最佳的训练效果。除此之外，还可以配合太极拳、气功等治疗方法。

（二）患高血压的大学生的体能训练

对于轻、中度高血压患者均可进行运动疗法。特别是对伴有交感神经活性亢进的轻度高血压病人效果尤佳。但对于重度高血压病人，因运动时可致短时间的血压升高而增加危险性，故在血压未得到充分控制的情况下应禁用运动疗法。

1. 患高血压的大学生体能训练的方式

通常，步行、慢跑、骑自行车、游泳和体操等有氧运动是患病大学生进行体能训练的主要方式。也可以辅之气功、放松练习。但是要尽可能地避免静力性练习及最大重量的举重。

2. 患高血压的大学生体能训练的强度

有研究提出这样的观点：40%～80% VO_2max 的强度有助于血压的降低，而50% VO_2max 的强度较75% VO_2max 的强度降压效果更加明显。究其原因，主要是由于血浆

中乳酸堆积达阈值时的运动水平大致相当于50% VO₂max，因此，这就要求选择中度的运动强度。

3．患高血压的大学生体能训练的时间

通常，可以将每次的训练时间定为30～60分钟。每周3次以上往往就能取得一定的降压效应。相关的研究发现，每周5～7次运动训练所取得的降压效果要明显好于每周3次运动训练的降压效果。

（三）患糖尿病的大学生的体能训练

这里需要强调的是，并不是所有的糖尿病患者都能够通过运动训练进行治疗。也就是说，只有空腹血糖在16.7毫摩尔/升以下的Ⅱ型糖尿病病人，特别是超重或肥胖者。

1．患有糖尿病的大学生体能训练的方式

通常，会采用中等强度节律性有氧耐力运动来对患有糖尿病的大学生进行治疗。具体来说，要以病情、体力及客观条件为依据来有针对性地选择适合个人特点和兴趣的训练项目。其中，动员较多的大肌群的散步、快走、慢跑、骑自行车、做广播操及各类健身操、太极拳、球类、划船、爬山及上下楼梯等是最佳的选择。必要时，可以综合采用其中的几种。需要强调的是，快跑、快速游泳、体操、网球等快速高强度运动要尽可能地避免。此外，赛车、举重、拳击、游泳等运动也是糖尿病患者尽可能避免的。不同类型的糖尿病患者的体能训练方式的选择也会不同，具体可参见表9-1。

表9-1 不同糖尿病患者体能训练方式的选择

肥胖型糖尿病	轻度糖尿病无并发症
平地快走、慢跑、上楼梯	举重、拳击
坡道自行车	游泳
登山、各类球类训练	体育比赛
擦地板	重体力劳动

2．患有糖尿病的大学生体能训练的时间和频率

当前，有很多相关的学者提出了餐后1～2小时定时进行运动训练的建议，这样对于血糖的降低是有益的。另外，不同患者的病情不同，训练的时间也会有所不同，具体要根据所用药物品种而定，总的来说，就是应该在药物发挥最大效力之前进行，如注射普通胰岛素以餐后0.5～1.5小时运动为宜；口服优降糖时的高峰浓度为服药后1.5小时，故训练在餐后0.5～1小时即可，训练时间应避开药物高峰作用时间及空腹时间。

从一些研究中发现，停止运动训练3天，已获得改善的胰岛素敏感性会随之消失，因此，为了保证理想的降糖效果，可以将运动训练的频率定为3～5天/周，如果能坚持1次/天最为理想；运动的持续时间为20～60分钟/（次·天），包括5～10分钟热身和放松运动。

3．患有糖尿病的大学生体能训练的强度

对于患有糖尿病的大学生来说，在运动量和强度方面一定要适中，同时，还要保证个体化。因为如果运动过度，不仅不会有效降糖，还会使血糖过大波动，加重病情；而如果运动量过小，对肌肉的刺激过小，无法获取理想的降糖效果。因此，对没有合并症

的轻中度糖尿病病人，往往会建议采用中等强度运动，具体来说，就是指训练时耗氧量占本人最大耗氧量的60%（60%VO$_2$max）。美国运动医学会推荐糖尿病患者应以有氧运动为主，达到40%～60%的最大耗氧量或是60%～90%的最大心率。国内学者多主张以60% VO$_2$max运动30分钟。

准确的运动强度指标是%VO$_2$max即%最大耗氧量，因测定VO$_2$max比较困难，因此，往往会用心率来表示这种强度（相对强度），把极限的强度定为100%最大心率（HRmax）。训练过程中达到的%HRmax越高，运动的强度也就越大。估算方法包括两种：一种是计算法，一种是简易法。

（1）计算法。

$$运动中心率=最大心率×\%HRmax$$
$$最大心率=220-年龄$$

（2）简易法。

$$运动中心率=180（或170）-年龄-130（或120）次/分$$

4．患有糖尿病的大学生体能训练的注意事项

对于患有糖尿病的大学生来说，要进行体能训练，需要对以下几个方面的事项加以注意。

（1）由于患病的大学生的实际情况不同，因此，这就要求有针对性地选择适合自己的运动项目和运动方式。同时，还要保证训练的量要适宜，不能过多也不能过少，否则，都不利于血糖的降低。

（2）在进行体能训练之前，一定要做好充分的准备活动，比如，为了避免肌肉骨骼受伤，可以适当做一些伸展及松弛肌肉的运动，准备活动后运动量可以逐渐加大，这样能够使心率增加过快的情况得到有效的避免。另外，还需要注意的是，为了避免运动后血压过低、心律失常或晕厥等现象的发生，在运动将结束时宜行减速等适当活动。

（3）对于有空腹运动习惯的患者来说，为了预防低血糖反应，可于运动前适量加餐，并且要将加餐量计入当日主食量。

（4）定期检查身体，检测血糖、尿糖，并且要时刻关注自己的体重，对训练的效果进行客观评价，不断地修改运动处方，并使其逐渐完善。

（5）对于冠心病及高血压者来说，慢行及太极拳、气功运动是较为适宜的选择。

（6）并不是所有的糖尿病患者都能够进行体能训练的，具体来说，以下几种就不适合进行体能训练：①血糖过高，胰岛素用量太大，病情易波动者；②糖尿病酮症或消耗十分严重、血黏稠度高者；③伴有高热、严重感染、活动性肺结核者；④有严重心肾并发症及糖尿病视网膜病变者。

第二节　大学生不同就业方向的体能训练

大学生所学习的专业不同，因此，将来的就业方向就不同，可以将大学生就业的类型大致分为坐姿类、站姿类、变姿类以及工厂操作类等，不同职业的特点不同，因此，针对此进行的体能训练的侧重点也会有所差别。下面就对这4个不同就业方向的体能训

练的方法等进行分析和说明。

一、坐姿类就业方向大学生的体能训练

当前,随着社会经济、科学技术的不断发展,社会分工越来越细,自动化程度也越来越高,很多体力劳动可以由机器代替完成,因此,越来越多的工作倾向于脑力劳动。比如,较为典型的工作人员(会计与出纳)、文秘及大部分办公室白领等,他们的工作方式往往是"伏案型"的,具体来说,就是长时间保持伏案的姿势进行工作,很少变换体位,这就被称为坐姿类的职业,是大学生就业的一个重要方向。一般地,坐姿类就业方向的职业人员,往往会在每个工作日的8小时劳动中,保持坐姿工作6~7小时以上。但是需要强调的是,坐位姿势是一种静态姿势。静态姿势下完成单一工作,引起疲劳的程度非常高,且工作效率会呈现逐渐下降的趋势,并且工作差错的出现率逐渐提高。

长期以单一姿势工作,容易引起机体许多功能和结构的改变,比如,头颈部在工作时会成前俯或者后仰的姿势、脊柱的生理弯曲遭到破坏、胸廓受到挤压、背部与颈部和腰部的角度不合理、腰椎长期受到较大力的压迫、手腕部用力或者弯曲反复进行,这些都会导致相应疾病的发生。另外,由于长期处于一个姿势进行工作,就会使眼睛的负荷过大,从而导致眼睛干涩、视力下降;肺通气功能下降、血液循环的功能也有所下降,导致大脑缺氧、工作效率受到影响;等等。这些都是所谓的职业病。据了解,绝大部分坐姿类职业者都有程度不同的职业病,因此,采取有效的预防措施和训练方法,能够使职业病的发生概率大大降低,对身体的健康非常有利。

对于坐姿类就业方向的大学生来说,需要进行的体能训练主要涉及以下几个方面的内容。

(一)肌肉力量耐力训练

人体各种活动是实现与身体各部位肌肉牵动着关节和骨骼并克服各种阻力的情况有着不可分割的密切联系。因此可以说,肌肉张力是维持身体各种姿势的基础。处于坐姿的状态时,腰背部肌肉是主要的受力肌。锻炼坐姿时机体各部位的主要受力肌群,能够使肌肉弹性增强,组织血液循环功能得到改善,新陈代谢能力增强,从而使组织疲劳的现象得到有效的预防。

所谓的力量耐力,实际上就是力量和耐力相结合的一种综合素质,它是在静力性或动力性工作中长时间保持肌肉紧张,而不降低其工作效率的运动能力。

具体来说,针对坐姿类就业方向的大学生对身体素质的要求来说,应重点发展的力量耐力主要涉及颈肩部、腰背部、腕部肌肉群,具体如下。

1. 颈肩部肌群力量耐力训练方法

对坐姿类就业方向大学生颈肩部肌群力量耐力的训练方法主要有以下几种。不同训练方法所起到的作用也会不同,要根据实际情况和需要来有针对性和目的性地加以选择和运用。

(1)屈伸探肩。坐立均可,上背挺直,双手叉腰,眼睛正视前方。头缓缓地向左偏,

努力接近左肩，保持6~8秒，还原；以相同的姿势换方向做，还原。

通过这一训练方法，能够使胸锁乳突肌、斜方肌肉的力量得到有效发展和提升。

（2）摸耳屈伸。坐立均可，两手自然放于体侧，眼睛正视前方。右手叉腰，同时将左手侧上举，越过头顶去摸右耳，同时头向左侧倾斜，还原；再用右手以同样的姿势去摸左耳，还原。

通过这一训练方法，能够使胸锁乳突肌、斜方肌肉的力量得到有效发展和提升。

（3）手侧压颈屈伸。坐立均可，上背挺直，眼睛正视前方。左手按头左侧，右手叉在右侧腰间。左手用力把头向右侧推压，而颈部则用力顶住，不让轻易压倒，但逐渐被压倒。然后，颈部用力把头向上向左抬起，而左手则用力压住头部，不让其轻易抬起，但逐渐完全竖直。练完一侧，换练另一侧。

通过这一训练方法，能够使胸锁乳突肌、斜方肌肉的力量得到有效的发展和提升。

（4）双手正压颈屈伸。坐立均可，上背挺直，眼睛正视前方，双手十指交叉，按在脑后。双手用力压头部，使其向前下屈，颈部则用力顶住，不让轻易下压，但逐渐被压到颈部触及锁骨柄。然后，颈部用力把头向上抬起，而两手则用力压住头部，不让其轻易抬起，但逐渐抬到原位。

通过这一训练方法，能够使斜方肌的力量得到有效发展和提升。

（5）耸肩。坐立均可，上背挺直，双手叉腰，眼睛正视前方。双肩缓缓往上耸，尽力去碰耳朵，保持6~8秒，然后放下。

通过这一训练方法，能够使斜方肌的力量得到有效发展和提升。

（6）肩绕环。坐立均可，上背挺直，双手叉腰，眼睛正视前方。双肩经前向后展，做以肩关节为中心的绕环动作。

通过这一训练方法，能够使斜方肌的力量得到有效发展和提升。

2．腰背部肌群力量耐力训练方法

对坐姿类就业方向大学生腰背部肌群力量耐力的训练方法主要有以下几种。

（1）体后屈伸。俯卧在垫子或长凳上。以腰部髋关节支撑，脚固定，两臂前举连续做上体后屈伸动作或者保持上体屈伸6~8秒。

通过这一训练方法，能够使腰腹肌肉力量得到有效的发展和提升。

（2）仰卧过顶举。仰卧在地板或垫子上，两腿并拢伸直。双手重叠握住哑铃把的一端。开始时将哑铃提起，两臂伸直，重量承受在胸部上端，然后慢慢从头顶上下放，直至两臂能舒适伸张到头顶的后下方，然后开始举回成原来的姿势。

通过这一训练方法，能够使斜方肌力量得到有效的发展和提升。

（3）俯卧两头起。俯卧在垫子或长凳上，两臂前伸，两腿并拢伸直。两臂和两腿同时向上抬起，腹部与坐垫成背弓，然后积极还原，连续练习。15~20次为一组。

通过这一训练方法，能够使伸展躯干和伸髋的肌肉力量得到有效的发展和提升。

（4）哑铃单臂划船运动。两脚前后开立，身体前弯，一只手支撑于椅面上，另一只手提起哑铃。吸气用力，持哑铃手侧上提至胸部高度，再呼气放下。连续8~12次之后，再换另一只手练习。

通过这一训练方法，能够使背阔肌上、中部以及斜方肌、三角肌的力量得到有效发展和提升。

（5）持铃耸肩。身体直立，正握杠铃，然后以肩部斜方肌的收缩力使两肩胛向上耸起（肩峰几乎触及耳朵），直至不能再高时为止。还原后，反复进行练习。

通过这一训练方法，能够使斜方肌的力量得到有效发展和提升。

（6）高翻。双脚站立，两脚间距略大于肩宽，两脚脚趾略指向外侧。下蹲，以封闭式前握握住杠铃。双手间距略大于肩宽，双膝向外，肘部完全伸展。将杠铃置于胫骨前2~3厘米处，前脚掌跖骨上方，此时背部应当是平的，或者微微拱起，胸部挺起，两肩胛骨紧缩。将头部保持中间位置（与脊柱呈一条直线，不要倾斜或转动），眼睛看向正前方。在这个阶段中吸气。呼气时强有力的伸展臀部和双膝，将杠铃从地面上提起。提示：上半身躯干应始终保持相同的角度。不要弯腰，不要让臀部先于双肩上升（这会影响到将臀大肌向上推出以及拉伸腘绳肌）。保持双肘完全伸展，头部处于中间位置，双肩在杠铃上方。当杠铃上升时，使杠铃尽可能的贴近胫骨。当杠铃超过双膝时，臀部向前推，微微屈膝，不要锁膝。这时，大腿应当贴于杠铃上。保持背部平直或微微拱起，肘部完全伸展，头部处于中间位置。提示：在进入到下个阶段前，屏住呼吸。

吸气，然后强有力且快速的伸展臀部以及双膝，踮起脚尖。尽可能地保持杠铃贴近身体。提示：背部应当保持平直，双肘分别指向两边，头部处于中间位置。另外，保持双肩始终在杠铃上方，手臂尽可能伸直。当下肢关节完全伸展时，快速向上将两肩耸起，这时双肘还未弯曲。在做这部分动作的同时呼气。当双肩耸至最高点时，开始弯曲双肘牵拉。还原后，再反复进行。

通过这一训练方法，能够使背阔肌、斜方肌、肩胛肌的力量得到有效发展和提升。

（7）俯立划船。上体前屈近90°，抬头，正握杠铃。然后两臂从垂直姿势开始，屈臂将杠铃拉近小腹后还原，再重新开始。上拉时应注意肘靠近体侧，上体固定，不屈腕。

通过这一训练方法，能够使背阔肌上、中部以及斜方肌、三角肌的力量得到有效发展和提升。

（8）直腿硬拉。两腿伸直站立，上体前屈，两手正握杠铃，握距约同肩宽，两臂伸直，然后伸髋，展体将杠铃拉起至身体挺直。还原后重新开始。每组练习2~5次。上拉时应注意腰肌群要收紧，杠铃靠近腿部。

通过这一训练方法，能够使骶棘肌、背阔肌、斜方肌、臀大肌以及股二头肌、半腱肌、半膜肌等下肢肌肉力量都得到有效的发展和提升。

3．腕部肌群肌肉力量耐力训练方法

对坐姿类就业方向大学生腕部肌群力量耐力的训练方法主要有以下几种。

（1）屈伸腕静态练习。立正，一手持哑铃，手掌朝上。另一手微托持哑铃手肘关节，靠于腰部，手紧握哑铃充分屈腕静止15秒，休息5秒，再充分伸腕静止15秒。

通过这一训练方法，能够使前臂伸肌和屈肌的力量得到有效发展和提升。

（2）屈伸腕动态练习。立正，一手持哑铃，掌心朝上。另一手微托持哑铃手肘关节，靠于腰部，手紧握哑铃以2秒钟一次的频率做屈伸腕运动。

通过这一训练方法，能够使前臂伸肌和屈肌的力量得到有效发展和提升。

（3）"8"字绕环。立正，一手持哑铃（男生可以双手持哑铃），掌心朝上。持哑铃手做"8字"绕环运动。

通过这一训练方法，能够使肱桡肌的力量得到有效的发展和提升。

（二）柔韧素质训练

身体某个关节或关节组活动范围的幅度以及肌肉、肌腱、韧带等软组织跨过关节的弹性与伸展能力，就是柔韧素质。柔韧素质作为重要的身体素质之一，有着非常重要的作用和意义。一般地，良好的柔韧素质，能使人的动作舒展，这对于肌肉轻松高效地活动，以及某些运动损伤的减少都是有所裨益的。

对于长期处于静坐状态的坐姿类就业方向的大学生来说，进行柔韧素质的训练是非常重要且必要的。具体来说，其应该训练和发展的柔韧素质主要涉及颈部、肩部及腰背部等部位，具体方法如下。

1. 颈肩部柔韧素质训练方法

能够有效发展坐姿类就业方向的大学生的颈肩部柔韧素质的训练方法有以下几种，各个训练方法所产生的作用也有差别，要综合运用。

（1）低头沉思。坐立均可，上背挺直，双手叉腰，眼睛正视前方。缓慢低头，下颌尽量靠近胸骨，抻拉颈部肌肉，持续 30 秒；还原，向后屈伸，保持 30 秒。

通过这一训练方法，能够使颈后部得到有效的伸展，从而使颈部的柔韧素质得到发展和提升。

（2）扭转望月。坐立均可，上背挺直，双手叉腰，眼睛正视前方。头缓缓地向左后旋转，目光注视前上方，尽最大努力保持 6~8 秒，还原，然后以相同的姿势换方向做，再还原。

通过这一训练方法，能够使侧颈部得到有效的伸展，进而使该部位的柔韧素质得到发展。

（3）"米"字形弯曲。坐立均可，头部依次向前弯—复位—向左弯—复位—向后弯—复位—向右弯—复位；然后依次做左前弯—复位—左后弯—复位—右后弯—复位—右前弯—复位。

通过这一训练方法，能够使全颈部得到有效的伸展，进而使颈部的柔韧素质得到提升。

（4）正压肩。分腿站立，体前屈，两手扶于椅背，挺胸低头（或抬头），身体上半部上下振动。同伴可帮助压肩，把肩拉开。练习时要求手臂伸直，肩放松。

通过这一训练方法，能够使背部和肩部都得到有效拉伸，从而使这两个部位的柔韧素质得到发展。

（5）肩膀上提。坐在椅子上，两脚稍分开，屈肘。两手中指分别放松按于肩膀上，肩部用力往上提，上体充分舒展，在个人关节活动最大范围处静止 20~30 秒；还原，放松。

通过这一训练方法，能够使肩部得到有效拉伸，进而使肩部的柔韧素质得到发展和提升。

（6）上臂颈后拉。坐立均可，左手屈肘上举至头后，左肘关节在头侧，左手下垂至肩胛处。同时右手屈肘上举，右手在头后部抓住左臂肘关节。呼气，在头部向右拉左臂肘关节保持 6~8 秒，还原后换另一臂拉伸。

通过这一训练方法，能够使上臂后部和肩部得到有效拉伸，从而使该部位的柔韧素质得到发展和提升。

2. 腰背、胸部柔韧素质的训练方法

能够使坐姿类就业方向的大学生的腰背部和胸部柔韧素质得到训练和发展的方法主要有以下几种。

（1）坐位拉背。坐在椅子上，双膝微屈，躯干贴在大腿上部，双手抱腿，肘关节在膝关节的下面。呼气，上体前倾，双臂从大腿上向前拉背，双脚保持与地面接触，保持6~8秒。

通过这一训练方法，能够使背部得到有效的拉伸，进而使背部的柔韧素质得到发展和提升。

（2）坐椅胸拉伸。坐在椅子上，双手头后交叉，椅背高度在胸中部。吸气，双臂后移，躯干上部后仰，拉伸胸部。动作缓慢进行，保持6~8秒。

通过这一训练方法，能够使胸部得到有效的拉伸，进而使该部位的柔韧素质得到发展。

（3）体侧屈。并步站立，上身挺直。右手叉腰，左手伸直，上体尽量向左侧倾斜，保持6~8秒；还原，换方向做。注意上体不要有扭转动作。

通过这一训练方法，能够使腰部和躯干两侧都得到有效的拉伸，从而使该部位的柔韧素质得到发展和提升。

（4）俯腰。并步站立，两腿挺膝夹紧，两手十指交叉，手心向上，伸直上举。上体弯腰前俯，两手心尽量向下贴紧地面。两膝挺直，关节收紧，腰背部充分伸展。两手直臂分别握住同侧踝关节，使胸部贴紧双腿，充分伸展腰背部。持续一定时间后再放松起立。还可以在双手触地时向左右侧转腰，用两手心触及两脚外侧的地面，增大腰部伸展时左右转动的柔韧性。

通过这一训练方法，能够使腰部和躯干两侧得到有效的拉伸，从而使该部位的柔韧素质得到提升。

（5）仰卧团身。在垫上仰卧，屈膝，双脚滑向臀部。双手扶在膝关节下部。呼气，双手将双膝拉向胸部和肩部，并提起颈部离开垫子。重复练习。动作幅度尽量大，动作保持6~8秒。

通过这一训练方法，能够使腰部得到有效的拉伸，从而使腰部的柔韧素质得到发展和提升。

3. 臂部和腕部柔韧素质训练方法

能够有效发展坐姿类就业方向的大学生臂部和腕部柔韧素质的训练方法主要有以下几种。

（1）背后拉毛巾。坐立均可，一臂肘关节在头侧，另一臂肘关节在腰背部。吸气，双手握一条毛巾逐渐互相靠近。换臂重复练习。动作幅度尽量大，每次保持10秒左右。

通过这一训练方法，能够使臂部得到有效的拉伸，从而使臂部的柔韧素质得到发展。

（2）向内旋腕。站立，双手合掌。呼气，尽量内旋双手手腕，双手分离。重复练习。动作幅度尽量大，每次保持6~8秒。

通过这一训练方法，能够使腕部得到有效的拉伸，从而使腕部的柔韧素质得到发展。

（3）跪撑反压腕。双膝着地，双臂直臂撑地，双手间距约与肩同宽，手指向后。呼气，身体重心前移。恢复开始姿势重复练习。动作幅度尽量大，每次保持 10 秒左右。

通过这一训练方法，能够使腕部的柔韧素质得到有效拉伸，进而发展和提升腕部的柔韧素质。

（4）跪撑正压腕。双膝着地，双臂直臂撑地，双手间距约与肩同宽，手指向前。呼气，身体重心前移，恢复开始姿势重复练习。动作幅度尽量大，每次保持 10 秒左右。

通过这一训练方法，能够使腕部得到有效的拉伸，进而发展和提升腕部的柔韧素质。

（三）心肺耐力训练

心肺耐力实际上就是心肺功能，具体来说，是指人体的心脏、肺脏、血管、血液等组织的功能，其受到很多因素的影响和制约，其中，较为主要的有氧气和营养物质的输送以及代谢物的清除。

对于长期处于坐姿状态的就业人员来说，身心产生疲劳的时间往往会缩短。再加上坐姿工作时常低头含胸，胸部和心血管得不到发展，就会对身体素质产生不利的影响，从而导致身体健康出现问题。鉴于此，就要求以职业的特点为依据来选择相应的运动项目进行训练，其中，较为理想的选择是步行、游泳、跳绳、健美操、爬山等有氧代谢的运动项目，究其原因，主要是由于这些项目有大肌肉群参与的慢节奏运动，能够使运动不足的问题得到弥补，使心肺功能得到锻炼和提升，体形也会有所矫正。除此之外，太极拳、气功等养生练习法也是比较理想的选择，这些对于神经疲劳的消除是非常有利的。

（四）自我放松与相互按摩训练

除了进行重点的力量耐力、柔韧素质、心肺耐力等方面的训练，还要注重放松，良好的恢复是进一步训练的重要基础，也是良好训练效果取得的重要保障。具体来说，自我放松与相互按摩的训练方法主要有以下几种。

1．按揉颈肌

坐立均可，双目微闭。双手五指交叉放于颈后两侧，自下而上用掌根按揉颈肌。主要用两拇指大鱼际按揉颈肌，动作有节奏，根据个人情况，选择按揉力度。

通过这一训练方法，能够使颈肌得到有效的放松。

2．肩绕环

两脚自然站立，稍分开，弯曲肘关节。两手中指分别点按肩颈穴，前后环绕各 4 个八拍。

通过这一训练方法，能够使肩颈肌得到有效放松。

3．放松背部肌肉

两脚自然站立，稍分开，与肩同宽。双手在背后十指交叉握住，肩膀打开，尽量往后仰至自己的极限。

通过这一方法能够使背部肌肉得到有效放松。

4．轻揉腰肌

坐立均可。先用双手轻揉腰部肌肉直至有发热感，再以双手掌根推拿腰肌 10 次，最后握空拳轻轻叩击腰部。

通过这一方法能够使腰部肌肉得到有效放松。

二、站姿类就业方向大学生的体能训练

当前，还有很多职业是要求工作人员长期处于站立状态的，较为典型的有教师、售货员、厨师、前厅接待、迎宾小姐、餐厅服务员、模特等。从事站立型职业的人员，身体常处于站立状态，因此，对他们下肢的力量与耐力有着较高的要求，因此，下肢和腰腹肌的力量就成为发展的重点。下面就对站姿类就业方向的大学生腰腹肌和下肢力量耐力训练进行阐述。

（一）腰腹肌力量耐力训练

对站姿类就业方向的大学生腰腹肌力量耐力进行训练和发展的方法主要有以下几种，要根据实际需要有针对性地进行综合运用。

1. 直腿上举

仰卧于垫子上，两腿并拢伸直，双手放于体侧。双腿直腿并拢靠腹部的力量将腿慢慢举起，保持躯干与大腿成120°左右的夹角，静止5~10秒，然后还原。

通过这一训练方法，能够使腹直肌、髂腰肌的力量得到发展和提升。

2. 搁腿半仰卧起坐

仰卧于垫子上，两小腿平行搁于凳面，双手交叉抱于头后。慢慢使双肩向膝部弯起，直至肩胛骨离地3~5厘米，保持这个姿势1~3秒，然后还原。

通过这一训练方法，能够使腹直肌上部力量得到有效发展和提升。

3. 仰卧侧提腿

仰卧垫上，然后侧提右膝碰右肘，然后侧提左膝碰左肘。反复练习。通过这一训练方法，能够使腹内、外斜肌的力量得到有效发展和提升。

4. 屈膝举腿

屈膝，两踝交叉，两掌心下放在臀侧，仰卧垫上，然后朝胸的方向举腿，直到两膝收至胸上方，还原后重新开始。

通过这一训练方法，能够使腹直肌下部力量得到发展和提升。

5. 燕式平衡

由站立开始，右脚向前一步，上体前倾，左腿后上举高于头，抬头挺胸，两臂侧举成燕式平衡，站立的腿要伸直，两脚交替进行。

通过这一训练方法，能够使后背和腹部主要肌肉的力量及稳定性都得到有效的提升。

6. 静止搭桥

平躺，脚着地，手臂放在体侧。臀部、大腿和躯干肌肉用力提起骨盆，直到肩膀与膝盖连成直线。身体缓慢下降，回到起始位置。

通过这一训练方法，能够使后背和腰部主要肌肉的力量及稳定性得到有效的增强。

7. 借球搭桥

平躺，双脚放在健身球上，膝盖微屈，手臂置于体侧，做搭桥练习，脚后跟用力压球面，保持身体平衡，然后慢慢放下身体，回到初始位置。

通过这一训练方法，能够使躯干的主要肌肉的力量以及脊柱的稳定性得到有效的发展和提升。

8．借球仰卧

跪姿，背对健身球，两脚分开夹球，手臂置于体侧，然后上体尽量往后仰，肩膀触球静止 6～8 秒。

通过这一训练方法，能够使躯干的主要肌肉的力量以及脊柱的稳定性都得到有效的发展和提升。

（二）下肢力量耐力训练

能够有效训练和发展站姿类就业方向大学生的下肢力量耐力的方法主要有以下几种。

1．踏板弓箭步

身体直立，面对踏板，左腿屈膝成弓箭步踏踏板，右腿伸直，同时两手叉腰。还原后，交换腿连续做。

通过这一训练方法，能够使股四头肌、股二头肌、小腿三头肌的力量得到有效的发展和提升。

2．搁腿深蹲

面对椅子，左腿深蹲，右腿伸直前举，脚跟放在椅子上，做上体前屈、两臂前平举动作。通过这一训练方法，能够使股四头肌、股二头肌的力量得到发展和提升。

3．踏板提踵

两脚站立于踏板上，脚跟提起，脚尖点地，两手侧平举，保持 6～8 秒。通过这一训练方法，能够使小腿三头肌的力量得到有效发展。

4．屈膝直腿

两手叉腰站立于踏板上，左腿半蹲，右腿伸直前举，停 6～8 秒，还原，交换腿继续做。通过这一训练方法，能够使股四头肌、股二头肌的力量得到发展和提升。

5．抱膝触胸

身体直立，面对踏板，然后右腿支撑站立，左脚踏在踏板，接着用力蹬踏，腿伸直，同时右腿屈膝高抬，两手抱膝触胸。还原后，交换腿连续做。通过这一训练方法，能够使股四头肌、小腿三头肌的力量得到有效提升。

6．踮脚跳跃

两脚并拢站立，两膝微屈，两手撑腰，双脚前掌原地向上纵跳，膝盖绷直，下落时，先前脚掌着地，然后全脚掌着地，再踮脚起跳。

通过这一训练方法，能够使小腿腓肠肌、股四头肌、比目鱼肌的力量得到有效发展和提升，同时，也能使身体平衡能力得到有效提高。

三、变姿类就业方向大学生的体能训练

除了单纯的坐姿类和站姿类的就业方向，还有一些职业是两者兼有的，即他们劳动

（工作）以坐、站、行走、乘车等相交替的姿势进行，换言之，就是静力性工作与动力性工作交替进行，也就是变姿类职业。较为典型的有贸易、营销类、导游、记者等。下面就对这类型就业人员的耐力素质和灵敏素质训练进行分析和阐述。

（一）耐力素质训练

要重点进行耐力素质训练的职业主要有导游、记者、消防战士，具体的训练方式主要有以下几种。

1．健身走

伸直躯干、收腹、挺胸、抬头，肘关节随走步速度的加快而自然弯曲，以肩关节为轴自然前后摆臂，同时腿朝前迈，脚跟先着地，再过渡到前脚掌，然后推离地面。

通过长期坚持健身走的训练，能够使下肢各关节、肌肉活动能力得到有效的发展和提升，心肺功能也会有所增强。

2．健身性慢速跑

跑步时，步伐要轻快，全身肌肉放松，双臂自然摆动。同时，还要配合呼吸，注意呼吸要深、长、细、缓、有节奏。呼吸的节奏以两步一呼、两步一吸或三步一呼、三步一吸为宜。除此之外，还要求尽量用腹深呼吸，吸气时鼓腹，呼气时尽量吐尽。

3．游泳

游泳运动能够大量消耗人体的能量，完成同等距离的运动，游泳消耗的能量是跑步消耗能量的 4 倍多。因此，进行游泳运动对于人体耐力的提升是有帮助的。

4．跳绳

跳绳这项运动较为剧烈，这就要求根据自身的实际情况来选择相应的运动负荷来达到既定的目标。随着训练时间的延长，可以适当延长跳绳的时间，跳绳的次数也可适当增加。

5．有氧舞蹈

有氧舞蹈形式多样，锻炼者可以自己的年龄特点、体能状况和锻炼目的等为依据来有针对性地选择或自编有氧舞蹈进行训练，受到人们的广泛欢迎。

6．登楼梯

（1）爬楼梯。爬楼梯时，弯腰、屈膝、抬高脚步，两臂自然摆动，尽可能不抓扶手。每秒钟爬一级，爬 4～5 层楼，每次往返练习 2～3 趟，每趟之间可稍作休息。开始训练的时间可以短一些，随着训练的不断进行，训练时间可以逐渐正常，训练的速度也要逐渐加快。

（2）跑楼梯。先做 30～60 秒原地跑的准备活动，然后用正常跑步的动作跑楼梯，要注意脚步用力均匀，前脚掌着地，先进行 2～3 层跑楼梯练习，往返 80～90 级台阶，逐渐过渡到 4～5 层。每趟约 3～4 分钟，每次锻炼不超过 5 趟，时间为 15～20 分钟，每趟间歇时间不超过 2 分钟。

（二）灵敏素质训练

灵敏素质训练的基本方法主要有以下几种。

（1）做各种调整身体方位的训练方法。

（2）以非常规姿势完成侧向或倒退跳远、跳深等的训练。

（3）做专门设计的各种复杂多变的"躲闪跑""之字跑""穿梭跑"和"立卧撑"4项组成的综合性训练。

（4）限制完成动作的空间训练。

（5）改变完成动作的速度或速率的训练。

（6）在跑、跳中做迅速改变方向的各种跑、躲闪、突然起动以及各种快速急停和迅速转体训练。

（7）做各种变换方向的追逐性游戏和对各种信号做出应答反应的游戏等。

四、工厂操作类就业方向大学生的体能训练

工厂操作类职业与其他3种类型的职业都有着较大的差别，这一类型的岗位职工，工作环境较为恶劣，比如高温、高湿、高寒、辐射和噪声等，且职业自动化程度相对较低，往往以手工操作为主，体力劳动需求仍然较大。除此之外，这一类型的职业还具有较为严重的职业性疾患危险因素，较为典型的有：不良姿势、过度用力和振动等。因此，这就对工厂操作类职业者的心肺功能、身体各部位的协调性和灵活性都有较高的要求，因此，非常有必要进行心肺功能、肌肉耐力以及平衡能力的训练。下面就重点对肌肉耐力和平衡能力的训练进行分析和阐述。

（一）肌肉耐力训练

肌肉长时间维持工作的能力，就是肌肉耐力。肌肉耐力不好，就会导致肌肉血液供给不足，肌肉代谢废物的及时排除就会受到影响，从而引起局部肌肉疲劳，进而导致工作效率降低，甚至工伤事故的发生。对肌肉耐力要求较高的有上举焊接、紧固螺丝和打孔等高抬举作业，因此，训练和发展这一类型职业人员的肌肉耐力是非常有必要的。肌肉耐力的发展和提升是通过力量素质的训练实现的，具体可以分为上肢和下肢肌肉力量的训练。

1. 上肢肌肉力量训练

（1）直臂体前平举哑铃。身体直立，在大腿前部双手持哑铃，手掌相对。直臂以肩关节为轴，从身体前部平举哑铃。沿原运动路线返回开始姿势，上举时吸气，放下时呼气。

通过这一训练方法，能够使三角肌前部的力量得到有效的发展和提高。

（2）持铃头后伸臂。身体直立，双手持哑铃屈肘举于脑后，掌心相对，以肘关节为轴，前臂内旋，虎口相对，将哑铃举过头顶，然后沿原运动路线返回开始姿势。上举时吸气，放下时呼气。

通过这一训练方法，能够使肱三头肌的力量得到发展和提升。

（3）侧弯举。两手或一手侧握哑铃（拳眼向前），上臂紧贴体侧，持铃向上弯起至肩前，缓慢下放还原。

通过这一训练方法，能够使前臂伸肌群和上臂前侧肌群的力量都得到有效的发展和提升。

（4）正握腕弯举。单手或双手正握哑铃（掌心朝下），握距与肩同宽，上臂紧贴体侧，向上弯举哑铃，举至极限后缓慢下放还原，前臂肌群始终保持紧张用力状态。

通过这一训练方法，能够使前臂伸肌群和上臂外侧肌群的力量都得到有效的发展和提升。

（5）反握腕弯举。坐在凳端，单手或双手掌心向上反握哑铃，持哑铃手前臂贴放在大腿上，手腕放松。用力将哑铃向上弯起至不能再弯时为止，然后放松还原。此动作可将前臂垫在平凳上做。

通过这一训练方法，能够使前臂屈肌群的力量得到有效的发展和提升。

（6）手内旋弯举。坐姿，一手持哑铃一端，另一手支撑，持铃手前臂贴大腿、平凳或斜板上，做手的内旋外转动作。

通过这一训练方法，能够使前臂肌群的力量得到有效的发展和提升。

（7）俯立臂屈伸。自然站立在凳的一端，上体前屈至背部与地面平行，左手以手掌支撑在凳上，右手持哑铃，屈肘，使右上臂紧贴体侧与背部平行，前臂下垂手持铃，上臂贴身，固定肘部位置，持铃向后上方举起至臂伸直，再慢慢放下还原。前臂往后伸时吸气，放下时呼气。

通过这一训练方法，能够使肱三头肌外侧头的力量得到有效的发展和提升。

（8）仰卧后撑。身体仰卧，两手背后撑在稍高的凳子上，两脚放在较矮的凳子上或平地上，身体其他部分悬空。呼气，两肩放松，两臂慢慢屈肘，身体尽量下沉（尤其要沉臀），稍停2~3秒，然后吸气，用力伸两臂撑起身体还原。

通过这一训练方法，能够使肱二头肌、胸大肌、三角肌和大圆肌等的力量得到发展和提高。

2．下肢肌肉力量训练

（1）颈后深蹲。两脚开立，足趾稍向外撇，两手握住杠铃并担负在颈后肩上，屈膝下蹲到大腿上面和地面平行或稍低，静止1秒，大腿和臀部用力使两脚蹬地，使身体回复到直立。重复再做。

通过这一训练方法，能够使大腿肌群、臀大肌和下背肌群的力量得到发展和提升。

（2）颈后半蹲。正握杠铃于颈后肩上，挺胸，屈膝下蹲近水平位置时，随即伸腿起立。其余要求同颈后深蹲。

通过这一训练方法，能够使伸膝肌群力量与躯干支撑力量，尤其是股四头肌的外、内侧肌，股后肌群和小腿三头肌的力量都得到有效的发展和提升。

（3）负重提踵。身体直立，颈后负铃，两脚站垫木或平地上，用力起踵，稍停再还原。通过这一训练方法，能够使小腿三头肌及屈足肌群的力量得到发展和提升。

（4）持杠铃侧弓箭步。直立，直背抬头，正握杠铃于颈后肩上，双脚并拢，向体侧迈一大步，直到大腿内侧几乎与地面平行，另一腿尽量伸直，侧移身体还原成开始的直立姿势。双腿交替重复练习。

通过这一训练方法，能够使大腿内侧和后部肌群的力量得到有效的发展和提升。

（5）持杠铃前弓箭步。直立，直背抬头，正握杠铃于颈后肩上，双脚间距较小，向前迈一大步，大腿几乎与地面平行，后腿尽量伸直。然后身体还原至开始的直立姿势；双腿交替重复练习。

通过这一训练方法，能够使股四头肌、股二头肌、小腿三头肌的力量都得到较好的发展和提升。

（6）腿弯举。俯卧于卧推凳上，使膝盖正好抵住凳缘，两腿伸直使脚跟紧贴于上托棍的下缘，双手握住凳的前端，集中收缩股二头肌的收缩力使小腿彻底收紧，保持这个静止状态 1~2 秒，然后慢慢还原。

通过这一训练方法，能够使股二头肌的力量得到有效的发展和提升。

（7）腿屈伸。坐在装有伸腿架的卧推凳上，两脚背面分别紧贴下托棍的下缘，双手握住凳的两边，使上体挺直，用股四头肌的收缩力慢慢使两腿伸直，保持这个静止收缩状态 1~2 秒，然后慢慢还原。

通过这一训练方法，能够使股四头肌的力量得到有效的发展和提升。

（二）平衡能力训练

个体对抗地心引力，维持自身动作稳定灵活的一种动作能力，就是平衡能力，也称为动态平衡。对这项能力有着较高要求的职业主要有高空建筑工、高层清洗工这些高空作业者。因此，在体能训练或运动项目选择时，就要求对前庭稳定性、下肢肌肉静力性耐力、灵敏性素质进行重点训练，从而使他们的平衡能力得到有效的发展和提升。具体来说，能够有效训练和发展平衡能力的方法主要有以下几种。

（1）急跑中听信号完成急停动作。
（2）在平衡木上做一些简单动作。
（3）在肋木上横跳、上下跳练习。
（4）发展旋转的平衡能力练习。
（5）头手倒立停一定时间。
（6）各种站立平衡。
（7）一对一面向站立，双手直臂相触，虚实结合相互推，使对方失去平衡。
（8）一对一弓箭步牵手面向站立，虚实结合互推互拉使对方失去平衡。

第10章

高校体能训练的运动营养

大学生每当适宜的体育锻炼之后，食欲总会有所增加，这是正常的生理现象。因为体育运动的特点就是人体活动量大，能量消耗也大，而且不同的运动项目对身体有特殊的影响。体育锻炼里，各种运动器官和系统活动量大大超过安静时的状态，新陈代谢旺盛，体内能量的消耗大为增加，为了维持身体"收支平衡"，必须进食更多的物质。体育锻炼与营养都是促进身体健康的重要因素。体育运动可以改善、发展与提高人体各组织器官的功能，而人们从食物中摄取的营养素，是构成和修补组织器官的原料，调节器官功能的主要物质。营养不仅与发病率及身体发育有关，而且影响运动的能力，所以体育运动与营养两者不可偏废。体育锻炼造成的能量消耗，要在运动结束后通过合理的营养膳食得到补充。

如果缺乏合理营养保证，消耗得不到补充，机体处于一种亏损状态。久而久之，健康将会受到影响，会使锻炼者生理机能及运动能力下降，出现疲劳乏力甚至疾病状态。

合理的营养基本要求应该是饮食中的营养素齐全，发热量高，食物新鲜多样化等。

第一节 不同项目运动员体能训练的营养

运动员的营养供给要根据其身体素质的特点对号入座，否则不仅不能满足其需要，而且也是一种浪费。

一、中长跑运动员体能训练的营养特点

（一）运动中适量补糖和补液体利于提高运动能力

中长跑运动员在训练中的补糖量和补糖时间一直为人们所关注。适量补糖有利于提高运动能力，但过量补糖会延长胃的排空时间，损害运动能力。1992年，Hawley等对在运动中重复补液做了研究，同时测量了胃的排空率和糖的氧化率，其结果显示：液体自胃的排空量至少是运动肌肉完全氧化糖量的2倍；70~90分钟运动后，糖氧化率峰值

的摄糖量约为 1 克/时。提示：运动中的补糖量不宜超过 1 克/千克体重。在中等强度运动的第 1 小时中，糖的氧化量不大于 30 克，运动至 90 分钟时，糖浓度可增加至 7%。国际业余田径联合会（Internalional Amateur Athletic Federation，IAAF）提倡在超过 10 千米以上的比赛时，应采用含糖、电解质饮料，提供充足的液体、糖和电解质，以补充运动中液体和能量的损失。

（二）女运动员在集训或比赛期间应注意补充铁和钙

女运动员体内的铁储备低，由于月经失血，加上不良的饮食习惯，容易发生缺铁性贫血。为改善运动员铁的营养状况，增加动物性铁的摄入，如瘦肉、猪肝、动物全血；为增加铁的吸收，还应增加维生素 C 的摄入量。必要时在医生指导下可服用铁剂，同时应注意避免过量补充。

女运动员在运动超负荷时，可发生月经紊乱，雌激素水平下降，可能发生运动性骨量减少甚至骨质疏松，应注意监测钙营养状况。女运动员每日至少应摄入钙 800~1000 毫克，闭经的女运动员是应激性骨折的易感人群，每日应摄入钙 1200~1500 毫克。

二、举重运动员体能训练的营养特点

举重运动员体重差别大（48~130 千克），营养需要差异很大，即使体重相同，营养需要也会因运动负荷不同而有差别。

（一）能量和营养素需要

国外推荐举重运动员训练期间每日能量摄入量男、女分别为 14.6~23.0 兆焦（3500~5500 千卡）和 12.5~18.8 兆焦（3000~4500 千卡），我国推荐的举重运动员能量摄入量为 14.6~19.6 兆焦（3500~4700 千卡）以上。Rogozkin 提出蛋白质的供给量应为 1.4~1.8 克/千克（占总能量的 15%~16%），碳水化合物 8~10 克/千克（占总能量的 58%~60%），脂肪 1.7~2.4 克/千克（占总能量的 25%~26%），有充足的维生素和矿物质调节细胞代谢、生物合成及修复过程等，并且膳食多样化，食物易消化吸收，适合个体生理需要，口感好等。我国举重运动员的蛋白质和脂肪的摄入量均超过 2 克/千克，而碳水化合物摄入不足，维生素 A、维生素 B1、维生素 B2 等摄入不足，主要原因是运动员肉类食物摄入过多，食物烹调用油量大和主食摄入过少。

（二）举重运动员体能训练的营养补充剂

1. 肌酸

目前肌酸已被国内外运动员广泛使用，但服用后有体重增加和肌肉僵硬两种副作用，这在一定程度上限制了使用。

2. 氨基酸

许多举重和健美运动员为增加生长激素和胰岛素分泌，采用氨基酸补充剂，常用的有精氨酸、鸟氨酸和赖氨酸 3 种。

3. 中链脂肪酸

这种脂肪酸（6~12个碳原子的脂肪酸）的吸收速度快，能量密度高，每克提供能量35.3千焦（8.4千卡）。但高剂量会引起胃肠道副作用，而且价格昂贵。

三、体操运动员的营养特点

体操运动员的特点是：①年龄偏小，优秀运动员多数在16~19岁，处于生长发育阶段。②训练时间长，每天训练可达到3~5小时，一周可达30小时。③普遍存在能量摄入不足和钙、铁缺乏等营养问题。运动员采取限制饮食措施控制体重，容易发生饮食紊乱及其他影响生长发育的健康问题，如女运动员月经异常和闭经、应激性骨折、缺铁性贫血等。④竞技体操运动是反复高强度、短时间的无氧运动，主要以糖和磷酸肌酸作为能源。⑤外伤发生率高，可能与训练、钙营养、骨健康、运动中的能量供应等多种因素有关。

（一）能量

体操运动员能量需要和摄入水平因年龄、训练水平以及控制饮食等情况不同而异，许多国家的体操运动员能量摄入量未能满足需要，我国男女体操运动员能量推荐摄入量分别为14.6兆焦/天（3500千卡/天）和11.7兆焦/天（2800千卡/天），而男女体操运动员实际能量摄入分别是13.9兆焦/天（3310千卡/天）和9.6兆焦/天（2298千卡/天）。体操运动员对低能量产生适应反应，为增加能量的储备，可能通过降低代谢率、提高胰岛素敏感性使体脂肪增加。说明限制能量摄入对维持低体脂不利，并可造成运动员进一步限制饮食的不良循环。

体操运动一般为无氧运动，主要以糖原和磷酸肌酸作能源。糖原储备量与摄入碳水化合物有关，而肌酸储备可由适量摄入肉和蛋类食物获得。根据体操运动的性质，运动员应限制脂肪的摄入量，脂肪不仅代谢慢，而且摄入过多会增加体脂。体操运动员产能营养素供能比以脂肪20%~25%、蛋白质15%、碳水化合物60%~65%为宜。

营养调查显示，体操运动员的脂肪摄入量常超出总能量的30%，而碳水化合物摄入不足。虽然碳水化合物对体操运动员很重要，但糖原负荷法对体操运动员并不适宜，因1克糖原携带2.7克水分，肌肉组织糖原过度饱和的同时水分也被带入肌肉，使肌肉僵硬和笨重，这对体操需要的技巧，如柔韧性、易适应性和弹性等不利。因此，应鼓励运动员摄入碳水化合物，但不必要进行糖原负荷。低碳水化合物饮食还会影响运动员情绪，高碳水化合物、适量蛋白质、低脂肪膳食对有氧或无氧运动都是最好的能源，并应增加复合糖，减少脂肪保证能量充足是体操运动员合理营养的基础。

（二）维生素

我国体操运动员营养调查结果显示，约20%运动员血清维生素A处于低下状况，但无明显的临床体征。约40%运动员处于维生素B1不足或缺乏状况，应选择维生素A和B族维生素含量丰富的食物，必要时可补充维生素制剂。

（三）钙

国内外体操运动员，尤其是女运动员普遍存在钙缺乏的问题。我国运动员钙摄入量不足与部分运动员不饮奶有关。体操运动员虽然钙摄入量不足，但骨密度较高，这可能与体操运动刺激钙在骨骼沉积有关。体操运动员骨密度虽高，但骨发育不良，与骨丢失有关。引起运动员骨丢失的因素包括：①女运动员原发性和继发性闭经；②运动训练所致较高的皮质醇水平；③钙摄入量低；④低体重和低身高；⑤运动员的瘦体重（肌肉）水平高，可能使骨密度不足以维持其肌肉力量。因此，体操运动员要增加的钙摄入量应以 1000～1500 毫克/天为宜，从而保证骨发育，减少骨外伤。膳食钙不能满足需要时，可适当补充钙制剂。

（四）铁

女子体操运动员铁摄入量较低，多数运动员铁摄入量未达到供给量标准。铁营养不良引起免疫能力降低，对生长发育、肌肉力量和智力均有影响，即使轻度缺铁性贫血也会影响运动能力。少年运动员处于快速生长期，同时伴有血容量扩大，铁的需要量增加。女体操运动员月经初潮后延，生长曲线相对平缓，也可能使铁的需要量减少。因此，应增加铁含量丰富的食物的摄入量，必要时可补充铁剂。

四、自行车运动员体能训练的营养特点

（一）能量

自行车运动员的能量转换率极高，其能量需要与耐力性项目运动员相似，约为15～25 兆焦/天（3500～6000 千卡/天）。膳食调查结果显示，我国运动员能量摄入量为 18.1 兆焦/天（4340 千卡/天）。如果运动员每日进行 4～6 小时的训练，在运动前 1～3 小时停止进食，加上剧烈运动抑制饥饿感使食欲降低，实际摄入的能量不能满足需要，难以维持能量平衡。因此，在自行车运动员膳食中，碳水化合物可占总能量的 65%～70%。运动后多补充一些高糖饮料有利于维持能量平衡；同时，可采用加餐措施，如饮用含糖饮料或食用水果、点心、巧克力等，尽量选用低脂肪和含有适量微量元素的食品。

（二）糖原负荷

肌肉糖原耗竭和低血糖是耐力自行车运动中疲劳发生的主要因素，但因高水平自行车运动员比赛频繁，实施规范的糖原负荷法有一定困难，故建议能量消耗高的运动员采用高碳水化合物膳食，使摄入碳水化合物量达到 600～700 克/天或 10 克/千克体重以补充糖原储备。

（三）训练和赛前的营养措施

（1）在训练和比赛前 3 天，膳食碳水化合物应达到 10 克/千克，尽可能使糖原储备

达到最大量。

（2）赛前应适当补液，保证体内充分的水合状态，如预计出汗量大，可在饮料中加入适当钠盐。

（3）赛前数日避免进食高纤维食品。

（4）赛前 2~4 小时应进食碳水化合物 200 克的膳食，以满足糖氧化和糖原分解的需要。

（5）对少数在赛前 1 小时内补糖的反应性低血糖者，可在赛前 5 分钟或即刻补糖。

（四）运动训练中的营养措施

（1）时间超过 45 分钟的剧烈自行车运动中，应补充含糖饮料，补糖量可为 60~70 克/时，但要避免高渗性糖饮料，如 8%以上的糖饮料会影响胃排空时间。

（2）应预测长时间运动中体液的丢失量，并且于运动前 5 分钟补液 6~8 毫克/千克体重。运动中，每隔 15~20 分钟补液 2~3 毫克/千克体重。

（3）大量补液后，如胃部感觉不适，可补充易消化的含碳水化合物的固体食物。长时间、低强度比赛时，可在比赛的第一期补充固体食物。

（4）运动中应避免补充高纤维素、高蛋白质、高渗透压和糖浓度较高的食物或饮料，以免引起胃肠道不适。

（五）运动后的营养措施

加快训练和比赛后的恢复是运动后营养措施的主要目的。肌糖原储备和体液平衡是决定恢复的重要因素。因此，运动后首先应尽快恢复肌糖原储备，可在运动后每两小时补充 50 克糖以满足最大糖原合成率的需要；摄入中或高血糖指数的碳水化合物，加速糖原合成；运动后立刻食用含糖饮料和易消化的食物加速糖原恢复等措施。另外，建议运动后补充含钠 25~100 毫摩尔/升的含糖-电解质饮料促进体液平衡。

五、游泳运动员体能训练的营养特点

游泳运动员包括不同类型（如自由泳、仰泳、蛙泳和蝶泳）、不同强度和不同年龄组的运动员。运动员根据其专项特长，参加不同类型的训练，如长距离耐力、间歇性、冲刺性和划水动作练习等，此外还可参加一些陆上训练，如力量或补充性的耐力训练。一次游泳训练的时间可持续 3 小时、游泳距离达万米或更多，能量消耗很大，营养需要有一定特殊性。

（一）能量

国外一些研究指出，如果运动员每日进行 4 小时游泳训练，估计男、女运动员的能量消耗分别为 16.8~22.6 兆焦/天（4000~5400 千卡/天）和 14.2~16.8 兆焦/天（3400~4000 千卡/天）。运动员能量消耗因运动量（运动强度和持续时间）、体重和运动的力学效率不同可有较大差异。我国游泳集训队运动员由于运动量不同，能量摄入差异较大。

游泳运动员不同于跑步运动员，由于低于环境温度的水温对食欲刺激，能量摄入量较高，体脂也比同年龄的跑步运动员高 4%～6%。另外，游泳运动消耗能量高，部分运动员膳食摄入的能量仍不能满足需要，且游泳运动员的能量来源也存在脂肪摄入过多和碳水化合物摄入量较低的问题。因此，长期能量不足，加上膳食碳水化合物比例低，可引起慢性肌肉疲劳，故应及时监测和预防。

（二）碳水化合物

进行大运动量训练的游泳运动员不仅能量需要大，且碳水化合物供能应占总能量的 60%或以上。竞技游泳运动员如果一次训练课后糖原再合成不完全，就会影响下一次训练课或比赛能力。要解决这一问题，应减少训练的负荷量以减少糖原的消耗，并摄入含碳水化合物至少 500 克/天的膳食，尤其是在运动后的头两小时补糖以促进糖原的再合成。肌糖原的再合成与摄糖量成正比，但在摄糖量达到 600 克/天后，肌糖原的再合成不一定继续升高。运动中补糖的个体差异很大，少数运动员在长时间运动后会出现血糖下降现象，甚至降至低血糖水平。对有低血糖倾向的运动员，应采取运动前和运动中补糖的措施，但也有主张全队在运动中都补糖的办法。运动后补糖可促进肌糖原恢复，和其他项目一样，补糖时间应在头两小时内，越早越好，并采用高血糖指数的食物进行补充，因为胰岛素是糖原合成酶有效的激活剂。最近的研究提示，运动后膳食应有适量蛋白质，可增加胰岛素对糖的反应，从而增加肌糖原的储备率。

长时间进行高强度、大运动量训练常可导致慢性肌肉疲劳。慢性肌肉疲劳与大运动量训练和训练后肌糖原未能及时再合成有关。国外游泳赛季可持续 25 周，运动员的慢性糖原耗损可达到 6 个月，赛季结束，运动量逐渐减少、肌糖原储备增加可能是运动能力提高和肌肉力量改善的原因之一。

（三）蛋白质

蛋白质分解可因慢性肌糖原耗竭和膳食能量不足而加速。蛋白质丢失会使瘦体重减少。保持瘦体重和肌肉力量对游泳运动员的比赛能力极为重要。研究表明，竞技游泳运动员经常进行大运动量的耐力和抗阻力训练，在训练期对蛋白质的需要增加，因此应增加蛋白质摄入量至 1.5～2.0 克/千克体重。

（四）营养素

在大运动量训练期，小剂量补铁有利于预防血红蛋白、铁蛋白下降。大运动量训练期应对运动员的营养状况进行定期监测。

六、冰雪项目运动员的营养特点

冰雪项目包括速滑、冰球、花样滑冰和滑雪等不同类型运动，一般具有连续性、有节奏、多次起停、方向改变等特点。冰雪项目运动员在冷环境中进行的臀部收缩和膝伸等基本动作可占到总动作的 50%以上，除冰上运动外，还有在陆地上的力量和技巧训练，涉及无氧和有氧供能系统。

（一）营养需要

我国推荐滑冰、冰球、高山滑雪运动员每日能量适宜摄入量应为 15.5~19.7 兆焦（3700~4700 千卡），越野滑雪应大于或等于 19.7 兆焦（大于或等于 4700 千卡）。产能营养素的比例，碳水化合物为 60%，蛋白质为 12%~15%，脂肪不超过 30%。

运动后 2 小时补糖 100 克以及赛后进食高碳水化合物膳食有利于糖原恢复和预防慢性糖原耗损。赛前 4 小时应进食高碳水化合物膳食，赛前如时间允许还可补充易消化的甜点。

蛋白质的摄入量应达到 1.4~1.8 克/千克体重，以保持组织蛋白质和肌肉力量。

应注意在运动前、中、后及时补水以预防脱水，训练和比赛场地应有随手可及的运动饮料。

维生素和矿物质需要同其他项目运动员。

（二）冰雪运动员的营养问题及对策

冰雪运动员由于场地的限制和训练的需要，经常到处移动，很难固定在一处训练，因此不易获得持久、合理的膳食营养。国内外的相关调查结果显示，冰雪运动员存在训练时间长而无充分时间准备和选择膳食，糖原耗损后不能及时补充，膳食中碳水化合物供能比过低而脂肪供能比过高（脂肪可高达 50%），维生素 B1、维生素 B2 和维生素 C 摄入不足等问题。我国运动员膳食蛋白质摄入量虽然已达到 101~166 克/天，占总能量的 12.4%~21.5%，但膳食必需氨基酸模式不平衡，与理想模式差距较大，可能使蛋白质的利用率减低。

建议增加膳食中主食的摄入量，减少动物性脂肪和蛋白质，多吃蔬菜、水果，鼓励运动员多喝牛奶，适量进食豆制品，并注意补糖和补液。

七、团队集体项目运动员的营养特点

团队集体项目包括篮球、橄榄球、足球、曲棍球、冰球、排球、手球等。这些项目运动员需要进行不同类型运动：多数进行高强度运动，但运动强度随时可变（例如，足球运动中，运动员可以是静止站立或冲刺跑），具有能量转换率高、间歇性、运动持续的总时间长等特点，由于运动中跑跑停停的间歇性质，运动能力不仅在运动后期因肌糖原耗损受影响，而且在训练和比赛中经过一段高强度运动后，因磷酸肌酸消耗影响 ATP 再合成速度，也可发生疲劳。集体项目运动员运动强度因动力、体能和战略战术不同，个体差异很大。

（一）能量

不同运动员能量需要差别很大。一些调查发现，足球、篮球和手球等项目运动的平均运动强度为 70%~80%VO_2max；足球运动员能量摄入量为 10.5~26 兆焦（2500~6400 千卡），平均为 20.7 兆焦（4900 千卡）。我国篮球、足球和排球运动员的能量适宜摄入量为 17.6~19.7 兆焦（4200~4700 千卡）或更多，或 272 千焦/千克（65 千卡/千克）以上。

大部分团队集体项目运动员的能量主要来自碳水化合物和脂肪氧化，间歇性运动中，肌糖原消耗很大，糖原水平低可能成为限制运动能力的因素。多数团队集体项目运动员的脂肪氧化量较高，脂肪在高强度运动后氧化，高强度运动休息期脂肪氧化的主要来源可能是肌肉甘油三酯。足球和篮球运动员在运动中蛋白质氧化供能小于10%。

适宜的能量来源为：碳水化合物占总能量的55%～65%，蛋白质占12%～15%，脂肪占25%～30%。

（二）膳食安排

高碳水化合物（包括适量主食、淀粉含量高的糕点、蔬菜、水果和饮料）膳食和保持体内良好的水合状态是合理营养的重点。高碳水化合物膳食增加肌糖原储备，促进消除疲劳，对离心运动或合理冲撞等造成的肌肉损伤后的糖原再合成也有利。蛋白质摄入量应为1.2～2.0克/千克，然而目前国内外优秀运动员从动物性食物中实际摄入的蛋白质一般都超过2.0克/千克。一般情况下，包括高强度力量训练期无须补充蛋白质制剂。运动员摄入动物性食物较多增加了脂肪摄入，应注意采用低脂肪食物，运动员进行高原训练或赛季前，应注意补充含铁丰富的瘦肉、猪肝、干坚果、豆类等食品。摄取平衡膳食情况下，不需要额外补充维生素，但在高原训练时可适量补充维生素A，热环境训练时应适量补充复合维生素B和维生素C。

脱水是间歇性运动引起疲劳和运动能力下降的主要原因，运动员应注意在运动前、中、后及时补液。运动功能饮料是运动员理想的补液饮品，运动前和运动中不要饮用含咖啡因的饮料，咖啡因饮料饮用过量影响兴奋剂检查结果，而且易引起脱水；运动中不要饮用糖浓度高的饮料，以免引起胃不适和胃排空延迟。比赛前一天和比赛当日应充分补液，补液量应大于满足口渴感觉的量，运动中应少量多次补液。运动员可自我监测尿液的颜色，以预防脱水。

第二节 体能训练的营养补充

为了有效指导体能训练和比赛期的合理营养，可将比赛期营养分为比赛前营养、比赛当日赛前一餐的营养、比赛中营养和比赛后营养。总体来讲，比赛期的膳食应是高碳水化合物、低脂肪、适量的蛋白质和充足的水分，并含丰富的矿物质和维生素。所选食物应为运动员所喜爱，避免高脂肪、干豆、含膳食纤维多的粗杂粮、韭菜等容易产气和延迟胃排空的食物，少用或不用辛辣和过甜的食物，以免刺激胃肠道，给比赛带来不良影响。

一、赛前营养与竞赛能力

运动员的比赛成绩取决于科学的训练、良好的竞技状态、心理素质和合理营养。合理营养有助于提高运动员训练效果和竞赛能力，并促进运动后体力的迅速恢复。但值得指出的是，合理营养促进竞赛能力的作用不是在短期内产生的，所以不能过高地期望赛前营养产生"奇迹"。运动员在比赛前处于高度兴奋和精神集中的生理、心理紧张应激状态，消化系统血流量减少，肠蠕动增加，使运动员消化功能减弱，可出现食欲减退和腹部不适甚至腹泻等症状。赛前合理营养为运动员保持良好的竞技状态创造条件。相反，如果比赛前饮食不当，如采用饥饿和脱水等不合理措施快速减轻体重，会使运动员的比赛能力下降，甚至出现消化功能紊乱、腹胀、腹痛、呕吐、腹泻、低血糖、疲乏无力和肌肉痉挛等症状，以致降低竞赛能力，影响比赛成绩。

二、赛前营养原则

（一）保持能量平衡，维持适宜体重

运动员在赛前均会不同程度地减少运动量，故膳食能量供应应随运动量变化而减少，以保持能量平衡。如果运动量减少而能量摄入量不变，运动员体重会增加，多余的体重和体脂限制耐力、速度和力量等素质发挥。所以，赛前的饮食应使运动员保持获得最佳竞赛能力的适宜体重和体脂。

（二）减少蛋白质和脂肪摄入

应避免在赛前添加过多高蛋白质和高脂肪食物，因为蛋白质和脂肪的代谢产物呈酸性，使体液偏酸，促进疲劳发生。赛前切忌大量补充氨基酸，大量补充氨基酸会使血氨增加、消耗丙酮酸、影响有氧代谢、刺激胃肠道，并使水分吸收减少，影响运动能力。

（三）增加碱储备

比赛前运动员应多吃蔬菜、水果等碱性食物，或在医生指导下补充碳酸氢钠，以增加体内碱储备，延缓疲劳发生。

（四）纠正维生素缺乏

过量补充维生素对运动员的运动能力无作用，但如果已存在维生素缺乏，及时纠正维生素缺乏状况有利于运动员比赛能力的发挥。维生素 B_1 临时服用对运动能力的影响不明显，至少应在比赛的 10 天至 2 周前补充，每日补充 570 毫克才有效。维生素 A 的补充量可达每日 5000~10000IU，但过量可引起中毒。因此，在比赛前应从食物中摄取各种维生素，必要时也可以补充维生素制剂。

第三节　体能训练的运动处方

一、运动处方的涵义

（一）概念和目的

运动处方是 20 世纪 50 年代美国生理学家卡波维奇提出的。1960 年，日本竹次道夫

教授首先使用运动处方这一术语。1969年，世界卫生组织（WHO）使用了这一术语，从而在世界上得到广泛运用。"处方"在医学上是指医师给病人开的药方，不同的病或同一种病而程度不同都不能使用同一处方。同样，要科学地锻炼身体，提高健康水平，预防或治疗疾病，也必须"对症下药"。运动处方，是指用处方的形式，规定体疗病人或健身运动参加者的运动内容、运动强度、运动时间和运动频率等内容。它是指导人们有目的、有计划科学锻炼的一种形式。在有效的运动处方指导下进行锻炼可以达到以下目的：

1．增进身体健康

它包括两个方面，其一是预防疾病，特别是"文明病"；其二是改善身体状态，提高对环境的适应能力。

2．提高身体机能

可以指导锻炼，使肌肉力量、耐力、爆发力、身体的灵敏性、技巧性、平衡性、柔韧性等素质和运动能力得到增强。

3．治疗疾病

把运动当作康复疗法的一种手段，严格地按处方进行，可以大大提高运动中的安全性，尽可能少地出现意外伤害事故。

（二）运动处方的种类和特点

传统的运动处方大致可分为以下两种：

1．治疗性运动处方

主要用于某些疾病或损伤的治疗和康复，它使医疗体育更加定量化、个别对待化。例如，某人中等肥胖，体重超标10千克，他需每天爬山1小时，约16周的时间体重可以降到标准范围，这就是治疗性运动处方。

2．预防性运动处方

主要用于健身防病。人过中年，身体就开始衰退，如动脉硬化就可能慢慢开始了。为了预防动脉硬化，运动处方规定了中等强度的耐力跑，使脂肪和胆固醇等物质不易沉积，从而达到预防动脉硬化的作用。这就是预防性运动处方。

另外，按照运动处方的目的区分为健身运动处方、竞技运动处方、康复运动处方3种。随着运动处方的日益普及和发展，运动处方的种类也不断增多。

3．运动处方的特点

（1）科学性强，锻炼效率高。

（2）针对性强，锻炼效果好。

（3）普及面广，锻炼收效快。

（4）计划性好，锻炼容易坚持。

二、运动处方的内容

（一）运动项目

根据体育运动参加者的目的选择有针对性的运动项目。例如，为了健身或改善心脏功能和代谢,或者为了预防"文明病"、老年病,宜选择以有氧代谢为主的走、慢跑、游泳、自行车等耐力性项目;为了增强肌肉,宜选择力量性项目;为了松弛精神,预防高血压和神经衰弱,可选择太极拳、保健按摩、散步和放松体操等。

(二)运动强度

运动强度是指在单位时间内完成的运动量。运动强度可用最大吸氧量、心率、功率、速度(米/秒)、单位时间重复次数等表示。由于运动强度对锻炼者的肌体影响最大,因此,它的安排是否恰当是影响运动处方效果的关键。

(三)运动时间

运动时间是指每次运动所持续的时间,即达到处方要求强度的持续时间。运动时间的长短,要根据个人情况、医学检查、运动频率的大小而定(表10-1)。

表10-1 运动的强度和持续时间

运动时间	运动强度	运动项目	对体能的影响性	备注
短	高	冲刺跑、重量训练等	高	着重于训练肌肉力量,对改善心肺功能影响小
中	中	快走、慢跑、有氧舞蹈、跳绳、上下台阶、游泳、骑脚踏车等	中	着重于全身体能的改善
长	低	高尔夫球、保龄球、桌球等	低	着重于运动的兴趣

(四)运动频率

运动频率是指每周运动的次数。运动间隔时间过长或过短都会影响运动处方的效果(表10-2)。

表10-2 运动频率

阶段		最初阶段		改善阶段							维持阶段
周别		1~2	3~4	5~6	7~8	9~10	11~12	13~14	15~16	17~18	19~20	20以后
频率/(次/周)		3	3	3	3	3	3	4	4	4	4	5
持续时间/分	热身运动	5	5	5	6	6	7	7	8	8	8	8
	主要运动	10	13	15	5	20	20	23	25	28	30	35以上
	缓和运动	5	5	5	6	6	7	7	7	7	7	7
	总时间/分	20	23	25	27	32	34	37	40	43	45	50以上
运动强度(最大心率百分数)		55	55	60	60	65	65	65	70	70	70	70以上

(五)运动处方的形式

运动处方可根据不同的需要采用不同的形式,但在处方中,必须指出禁止参加的运动项目、锻炼的自我监督指标及出现异常情况时停止运动的准则等。在制定和执行处方时,都必须严格遵守循序渐进、区别对待的原则,加强医务监督,充分考虑安全。

三、运动处方的制订方法

运动处方中的机能诊断包括两方面：一是对参加体育锻炼的慢性病患者进行健康诊断；二是进行运动负荷实验。诊断和实验的指标包括身高、体重、血压、心电图、心肺功能、摄氧量、血液和尿液的化验等。诊断和实验是为运动安排提供科学依据。

（一）健康诊断

健康诊断即医学检查。其目的是掌握被检查者的身体健康状况，评定其体质等级，排除体育运动禁忌症，为运动负荷实验提供有效的安全系数。

1. 运动负荷实验

运动负荷主要是测定有氧工作能力，诊断冠心病并对心脏病病情分类，测定运动中最高心率及确定运动时的安全性。实验中的运动负荷有最大负荷和次最大负荷两种。最大负荷的实验比次最大负荷实验更合乎要求，但其危险性较大，尤其是对老年人或有某些疾病的患者。

制订运动处方必须做运动负荷实验，它是最重要的检查方法之一。为了确保运动负荷实验中的安全和运动处方的有效性，常放弃最大负荷实验而采用次最大负荷实验。此外，在进行运动负荷实验时，对在医学检查中发现有潜在病患的人或可疑者，必须准备相应的应对策略。

2. 负荷前的安全检查

运动负荷试验前，首先要弄清楚有无禁忌症。由于死亡事故在心血管系统的原因较多，所以循环系统特别是心电图和血压是不可缺少的检查项目。

3. 确定当天安全性的检查

评价检查当天身体状态是非常必要的，具体检查项目包括：

（1）有没有感冒等传染性疾患。
（2）体温（腋下）不超过 37℃。
（3）安静时心率每分钟在 100 次以下。
（4）安静时收缩压不超过 120mmHg。
（5）当天未曾饮酒。
（6）有足够的睡眠。
（7）有规律地按时进餐。
（8）已接受医学诊断，并得到医师对进行运动的许可。

4. 确定运动负荷试验中的安全性

面色苍白、发抖、高度呼吸困难、胸闷、脚疼、发生外伤时应终止试验；比较安静时与运动中心电图的差异，若有 S-T 段下降、心律失常等必须终止试验，运动中如果血压过高（超过 250mmHg）就要终止运动；当增加负荷时，如果出现血压下降，这表明心脏衰弱，也应该终止运动。为了确保运动负荷试验的安全性，在最大负试验时，应预先给受试者规定一个"目标心率"，试验中一旦达到预定目标心率，就可终止运动负荷试验。目标心率因人而异，不能千篇一律。一般地说，由于最高心率随年龄增高而下降，

"目标心率"也应随之下降。尽管建立了以上安全措施，事故还有发生的可能，所以运动负荷试验只能在医师到场的情况下实施。另外，还要预先做好必要的急救准备，一旦事故发生确保有相应的对策。

（二）运动安排

要根据上述诊断检查和负荷实验的结果，合理安排运动量。

1．运动强度的确定

（1）用耗氧量确定强度：健康人、青年人用运动负荷实验中所测得的最大吸氧量的百分比来控制运动强度。例如，80%最大吸氧量为较大强度；50%～60%最大吸氧量为中等强度；40%以下为较小强度。如果是为了减肥就必须用中等强度，若是为了提高心脏的功能，增强机体的有氧工作能力，可以用50%～80%的最大吸氧量强度。

（2）用最高心率确定强度：因病或年老体弱不能测定最大吸氧时，只好用最高心率（220-年龄）确定强度。最高心率的测定也要通过运动负荷试验，只能用目标心率。例如，一位60岁的老人，安静时的心率为70次/分，目标心率=0.9×(160-70)+70=151次/分。当运动负荷试验中心率达到151次/分时就可以终止试验了。151次/分为目标心率峰值，即为上限，不可超越，如果超越就有危险。目标心率的均值=0.7×(160-70)=133次/分为有效强度的下限，不能再低于133次/分，否则就不会获得锻炼的效果。此人在运动中的心率必须控制在133～151次/分的范围内。

（3）在无条件进行运动负荷试验时，只有用170（或180）-年龄这个公式去估计适宜强度。

2．运动时间的确定

每次运动的持续时间一般要求达到有效强度后，至少持续15分以上才能见效。但是运动时间的长短与运动强度成反比，强度大，持续时间可以相应缩短；强度小，时间应延长。最短时间限度是5分，最长以1小时为宜。

3．运动频度的确定

运动频度是每周的运动次数，一般每周3～4次或隔日1次。因为每周运动2次以下，不足以使最大吸氧量得到足够的提高。偶尔参加几次只能增大软组织损伤的可能性。另外，还要考虑体力测定的准确性、运动能力的强弱等因素。对体力好、运动能力强的人来说，运动次数可以多一些。

第四节 体重管理

一、减重的生理学机制

（一）能量平衡

能量平衡公式的基本原则很简单：一个人只要能量摄取等于能量消耗，体重就不会增加或减少，如果能量摄取大于能量消耗，体重就会增加，而当能量消耗大于能量摄取，体重就会减轻。假如可以精确算出每天能量的需求量，能量摄取和能量消耗就可以达到平衡状态，然而实际情况并非全部如此，因为遗传因素和生活状态的个体差异也会影响维持体重的能量需求量。

500克脂肪相当于3500千卡热量，每个人每天每千克体重最少要消耗30千卡的热量。如果一个人每天的估计能量需求量（EER）是2500千卡，假使这个人每天减少500千卡的能量摄取，那么他在7天的时间就可以减少500克脂肪。但是研究发现，即使节食者很小心的计算能员摄取和能量消耗，体重的降低总是不如预期的。此外，即使能量摄取和能量消耗非常相近的两个人，他们体重下降的速率也很少是一样的。

（二）设定点理论

一些研究结果指出，在体重调控机制中会有一个设定点，此设定点是人体在长时间特有的饮食习惯和生活状态下逐步形成的。在相当长一段时间内，它可自动地通过调控食欲和人体能量的基础代谢率来保持人体的脂肪储存量。当我们强行改变人体的体重时，会遇到体重调控机制的反抗和阻碍，并对减轻体重带来困难。

设定点被假设为身体脂肪的调节器，它可以用来维持相当稳定的体重，因为它随时都知道目前人体内已储存的脂肪量。有些人的设定点较高，而有些人的设定点则较低。

假如一个人的体重有减少（如正在节食），设定点会知觉到这种改变，因而引发体重调控机制去增加这个人的食欲，或者促使身体尽量储存能量以维持原来所设定的体重。相反的情况也是如此。有些人为什么很难增加体重，就上面的例子而言，体重调控机制会调降这个人的食欲，或引发身体消耗较多能量以维持在较低的体重。

（三）设定点与能量摄取

每个人都有其自己固定的体脂百分比（犹如设定点所设定的），人体会试图去维持这个百分比，基因基于生存的本能，会告知身体其脂肪的储存量，因此，身体必须设定一个可接受的脂肪量。脂肪的储存量可能持久不变，也可能因不良的生活行为习惯而逐渐上升。例如，在严格限制能量摄取的情况下，人体会极力地降低新陈代谢率以维持脂肪的设定点。基础代谢率是维持生命需求的最低能量摄取标准，当人刻意使能量摄取低于基础代谢率时，基础代谢率就会明显下降，因此，体重的下降仅能维持几天或几个星期而已。

这些发现被纽约洛克菲勒大学的研究团队所证实，该研究指出，身体对于改变后的体重会有抗拒的现象。此研究以肥胖者及从未肥胖者为受试对象，当这些受试者减少10%的体重后，身体为了试图恢复所失去的体重，会补偿性的降低15%的基础代谢率（减少10%的体重后），而且肥胖者与从未肥胖者的受试者都有这样的现象。这个研究结果意味着一个人在减轻10%的体重后，必须吃得更少或运动得更多，才能平衡因基础代谢率下降而减少200~300千卡的能量消耗。

此研究也发现，当受试者再次增加10%的体重而恢复到减重前的体重时，身体又增加10%~15%的基础代谢率，因为身体企图多消耗能量以维持减重后的体重。此研究结果再次证明了人体会高度抗拒体重的改变，除非结合其他生活形态的改变，才能确保体重控制的成功。

单独使用节食的方法并不能降低设定点的值，即使节食者可因此而减轻体重和体脂，一旦恢复正常或稍低于正常的能量摄取时（此时他的体重或许已稳定了一段时间）节食者仍然会很快恢复已减轻的脂肪，因为身体本身会试图恢复原先所设定的脂肪储存量。例如，当一个人想要减掉一些体脂肪时，假设目前已达到稳定的体重，而每日平均的能量摄取为1500千卡（在这个摄取量下，体重不会增加或减少），但是为了迅速减重，这个人正采取一种极低能量的减肥法（每天能量摄取少于800千卡），或是采用近乎绝食方法，此时，身体会很快地活化它的救援机制，并且调降它的新陈代谢率。如果每天摄取量低于400kcal的节食持续数星期后，人体变成每天只要摄取1000千卡的能量就足以维持身体正常的功能。

一旦减掉期望的体重后，这个人往往会因此停止节食，为了维持减重后的体重，原本每天摄取1800千卡的热量必须稍微减少。为了适应这个新的体重，节食者将每天的能量摄取限制在1500千卡左右，结果却惊讶地发现，即便每天的能量摄取已经较原来少了，体重却仍旧以1~2个星期增加500克的速度飞升。因此，一旦停止节食的后，原先所调降的新陈代谢率必须经过几个月才会再慢慢回复到原来的水平。

基于上述说明，大家应该明白，采取极低能量的减肥法不仅会降低基础代谢率，也会剥夺每日维持正常身体功能的基本营养素。极低能量的减肥法需配合饮食增补品，且需有适当的医疗看护才能实施。此外，研究也指出，采用极低能量减肥法的人，一旦停止此种饮食法的后，很难继续维持减重后的成效。

女生如果要节食，每天的饮食摄取量不能低于1200千卡，而男生则不能低于1500千卡。因为体重的增加是慢慢累积的，而不是一夜造成的。同样的道理，减重也应该是缓慢的。

如何降低设定点，让身体在减少体脂百分比后，还能维持舒适的状态。以下这些因素可以直接影响设定点的高低：

（1）有氧运动。
（2）高复合碳水化合物的饮食。
（3）尼古丁。
（4）安非他命。

最后两项比体脂过多更危害健康，所以不是理想的替代方式（它们一样会造成心脏额外的负担，而每天抽一包香烟就如同每天多负荷25~37.5的脂肪）。从另一个角度讲，高脂和精制糖类的饮食、近乎绝食的饮食行为和人工甜味佐料等，都会使设定点上升。因此，要降低设定点并减少体脂，唯一实用而明智的方法，就是结合有氧运动与高复合碳水化合物和低脂的饮食。

节食不应被视为减重的临时工具，永久地改变饮食行为才能有效地控制体重并增进健康。此外，必须考虑增加身体活动量，因为成功的减重、乡组成，大多都是采用适当的减少能量摄取并配合规律的运动习惯。

二、节食与新陈代谢

要减少体脂肪可以通过选择适当的食物种类、运动或限制能量摄取等方式。假如一个人只试图靠节食来减重，则体内去脂体重（肌蛋白以及主要器官的蛋白质）也会跟着流失，而去脂体重流失的多少则完全依能量限制的程度而定。

当一个人采取近乎绝食的方式减体重时，所降低的体重有近一半是属于去脂体重。如果采取饮食限制并配合运动，所减少的体重中，近100%是脂肪，而且去脂体重还会增加。去脂体重的流失是一件不好的现象，因为这样会衰减器官和肌肉的功能，并且降低新陈代谢率。此外，去脂体重大量流失也会影响心脏的功能，并且伤害其他器官。同样很重要的是，不要过度采取极低能量的减肥法，这样可能会影响新陈代谢率和电解质的平衡，而引发致命性的心律不齐。

基础代谢与去脂体重有直接的关联，去脂体重越多则基础代谢率越高。由于坐式生活和身体缺乏活动的结果，去脂体重会减少而脂肪量会增加。人体每500克去脂体重会消耗一定数量的氧气，以能量消耗的观点而言，脂肪则被认为是一种代谢较迟缓的物质。即使在休息的状态，去脂体重仍旧会消耗较多的氧气。当肌肉量和器官的重量（去脂体重）减少时，休息时的能量消耗也会相对的减少。

去脂体重的流失最常发生在老年人（主要是因为缺乏运动的人）及严格限制饮食的人。去脂体重的流失说明了新陈代谢率之所以较低且需一段时间才能再回升的原因。

节食时如果每天的能量摄取低于1200千卡，很难继续维持原有的去脂体重。即使每天以这样的摄取量，除非采取节食计划与运动相结合的方法，否则去脂体重的流失是无法避免的。虽然有一些减肥法宣称不会改变去脂体重，但事实上，不管在饮食中添加什么样的营养素，采取严格的饮食限制必定会加速去脂体重的流失。

40岁以上的人如果体重仍旧与20岁时一样，很容易让他们误认为他们拥有理想的体重。在过去20年里，他们可能曾多次在没有从事运动课程下实施节食，而在中止每一次节食后，体重往往在短时间又迅速回升，而所回升的体重大部分都是脂肪。换句话说，在20岁时他们或许重75千克，但体脂百分比只有15%，现在40岁了，即使现在的体重仍然维持75千克，体脂百分比可能已高达30%。因此，它们会质疑为什么已经吃得那么少了，却仍无法维持在理想的体重。

三、运动是减重与维持体重的关键因素

要使能量平衡对自己产生有利的最好方法，是通过身体活动来消耗能量。

研究显示，结合运动和饮食控制是减重最有效的方法；而有规律的运动习惯则是长期维持减重后的体重的最好方法。

运动不仅可以维持去脂体重，就设定点理论而言，运动也可以重新设定脂肪调节器而调降设定点。设定点的调降速度也许很快，也许需花一段时间。虽然有的人通过每天运动30分钟就可以达到减重的效果，但是许多体重过重的人可能需要每天运动60分钟，

才能看到明显的减重效果。而设定点较高的人则需更有耐心和毅力。

假如一个人试图要减重，结合有氧运动和肌力训练才是最好的方式。有氧运动是调降设定点最有效的方法，而且连续长时间从事有氧运动也可以消耗较多的能量。因此，想要终生能够成功地控制体重，有氧运动是最好的方法。而肌力训练则可以帮助维持去脂体重。

采取有氧运动和肌力训练相结合的方式时，减重的效果会更快速。每增加一斤的肌肉量，每天的基础代谢率可多消耗35千卡热量。因此，经由肌力训练而增加2.5千克肌肉量的人，他每天的基础代谢率就可以多消耗 175 千克热量，相当于每年 63875 千卡（175×365），或等于9.13千克的脂肪（63875+3500）。

（一）低强度运动与高强度运动对减重的成效

以减重为目的而言，有些人认为低强度运动的减重效果优于高强度运动。与高强度运动比较时，低强度运动所消耗的能量有较高的比例来自于脂肪，运动强度愈低，脂肪作为能量来源的比例越高。从理论上而言，假如你的目的是要减少脂肪，这个原则是可以理解的，但实际上这是一种误导。基本上，当你想要减重时你就必需消耗较多的能量，一旦你每天的能量消耗多于能量摄取时，体重自然就会降低，消耗的能量越多，脂肪减少的数量也就越多。

在低强度运动时，有高达50%的能量消耗是来自于脂肪。然而，就整体而言，在高强度运动时可以消耗两倍的能量，当然就可以消耗较多的脂肪。

例如，假如以中等强度运动 30 分钟，并且消耗了 200 千卡的能量，其中大约有 100 千卡是来自于脂肪（占50%）；假如以高强度运动 30 分钟，你可以消耗 400 千卡的能量，其中有 120～160 千卡的能量消耗来自于脂肪（占30%～40%），因此，虽然在低强度运动中脂肪被消耗的百分比较高，但以总脂肪量来计算时，低强度运动所消耗的脂肪量还是比较少。再者，以低强度从事运动需花两倍的时间才能消耗掉等值的热量。高强度运动的另一个好处是，运动后身体会持续较长的时间维持在较高的新陈代谢率，并继续消耗较多的热量。

此外，高强度运动所消耗的脂肪量多于低强度运动。研究表明，从事高强度间歇训练的受试者，其减少的脂肪量多于那些从事连续性中低强度的有氧耐力训练的受试者。

在开始从事高强度的运动前，要特别小心谨慎。需先确定健康上是否有问题，且运动强度要采取循序渐进的方式。假如你已决定要从事高强度运动，一开始的运动量不要太多或增加太快，否则容易遭受运动伤害或挫折感。在从事高强度运动前最好先进行 8～12 周低强度的适应期。以上对运动的讨论，并不意味着低强度运动是一种没有效益的运动。事实上，低强度的运动也可以达到健康促进的效益，而且一般人开始运动时都比较喜欢采取低强度的运动，不但运动的意愿较高，也较能持之以恒。

（二）如何健康的增重

即使是很瘦弱的人也应该要了解如何健康地增重，最好的方法是通过运动（主要是肌力训练）。而那些企图以过量的饮食来增加体重的方法，所增加的是脂肪，而不是去脂体重，会对健康造成危害。

如果想要每周增加 500 克的肌肉组织，建议每天要多摄取 500 千卡的能量，其中蛋白质的摄取量要比饮食建议摄取量多 15 克。但就人们传统的饮食而言，则没有必要再额外摄取 15 克蛋白质，因为人们每天蛋白质的摄取量已经比饮食建议摄取量多出 30～60 克。因此，额外 500 千卡的能量摄取则应以复合碳水化合物为主。如果能量摄取的愈多而没有实施肌力训练，所增加体重将是脂肪，而不是肌肉组织。

四、安全而明智的减重法

（一）运动减重法

节食绝不是一件有趣的事情。因此，那些体重过重而且一心想要减重的人，在生活中必须结合有规律的运动，选择适当的食物种类和减少能量的摄取。

减重前应先采取预防措施。因为体脂过多是心血管疾病的危险因子之一，在进行运动训练前，应根据个人的肥胖程度先做健康检查和运动压力心电图测验，医师会针对这些测验结果提供一些意见。

体重明显过重的人所选择的运动，必须是不必支撑自己的体重而且还能有效消耗能量的运动。体重过重的人如果从事支撑体重的运动（如走路、慢跑和有氧运动），很容易伤害到关节和肌肉。

游泳对减重而言，也不是一种很好的运动。体脂较多的人通常浮力也较大，而且大多数的人并没有很好的游技可以快游以达到最好的运动效果。

一些比较好的替代方法是：骑脚踏车、在浅水池中走路、做水中有氧运动、在深水中做跑步（或踩水）动作。近几年，一些水中运动越来越受欢迎，已证实对减重有很好的效果，而且不用担心会造成运动伤害。

每次运动应该持续多久的时间呢？想要减重并维持减重后的体重所需的运动量和提升体能的运动量是不同的。为了增进健康体适能，建议尽可能每天累积 30 分钟的身体活动。如果是为了提升并维持心肺适能，建议每周运动 3～5 次，每次在理想的目标心跳数运动 20～30 分钟。如果是以减重为目的，则每星期需运动 5～6 次，每次需持续 45～60 分钟。

运动时持续较长的时间可以燃烧较多的脂肪。碳水化合物和脂肪都是能量的来源，在长时间运动中一旦葡萄糖的浓度减少，就会有较多的脂肪被利用为能量的来源。

（二）能量的摄取

除了运动与适当的食物管理外，理想的减重也应注意减少能量的摄取并加以监控。大多数的研究发现，减重时必须达到能量的负平衡。原因如下：

（1）很多人都会低估自己的能量摄取，因而吃了超过他们所该吃的份量。养成新的行为习惯需一段时间，而且大多数的人并不容易改变并调整新的饮食习惯。

（2）许多人的生理状况较差，需花较长的时间慢慢增加身体活动量，才足以调降设定点和燃烧足够的热量，以达到减少体脂的目的。

(3) 大多数成功的节食者都需小心监控每天的能量摄取。

(4) 为了达到减重的目的，必须减少能量的摄取。根据营养分析的结果显示，长期减肥者能量摄取经常不足，事实上，这些人应该增加每天的能量摄取并配合有规律的运动，才能使新陈代谢率恢复到正常的水平。

在日常生活中，人们可以通过各种手段来评估自己每天应摄取多少的能量（表10-3），但这只是一个供参考的估计值。能量需求的估计主要是依据基本的生活形态、体重和性别，并不包含运动的能量消耗。基本上，一位做粗重工作的人其每天所消耗的能量远比那些坐式工作者（如坐办公室的人）要多。

表10-3　根据生活形态和性别来预估每千克
体重每天的能量消耗　　　　　（单位：千卡/千克）

	男性	女性
坐式生活的人很少运动	26.0	24.0
中度身体活动量的人	30.0	27.0
从事粗重工作的人激烈的身体活动	34.0	30.0

注：怀孕或哺乳的妇女需另加3千卡

五、行为修正与维持体重管理计划

（一）改变行为习惯

改掉旧的行为习惯并养成新的正面行为习惯需花费一段时间。运用以下的管理技术，可以成功地改变不健康的行为并终生实践正向的体重控制计划。

(1) 对行为改变进行承诺：第一个要素是对于行为改变的渴望程度，需马上终止行为改变的无意图期和意图期，并继续向前迈进。需改变行为的理由必须比持续目前生活形态的理由更具有说服力，必须勇于承认自己有偏差的行为，并自我决定是否真的要改变这些不良的行为。

(2) 设定确实可行的目标：在设定一个确实可行的长期目标时，也应规划短期目标。长期目标可能是将体脂减至20%，而短程的目标可能是1个月减少1%的体脂。这些目标应该要定期地评估并维持良好的动机，且随时调整短期目标以达到长期目标。

(3) 减重课程需加入运动计划：选择自己喜爱的活动项目、地点、时间、器材设备和运动伙伴，可以帮助运动计划的持之以恒。

(4) 辨识饥饿和食欲的差异：饥饿是生理上对食物的实际需求。而食欲则是对食物的欲望。

(5) 少吃油质类每克脂肪可产生9千卡热量，而碳水化合物及蛋白质则只产生4千卡。

（二）培养健康的饮食习惯

(1) 在饮食中摄取可以降低食欲的食物。蛋、红肉、鱼、家禽、乳酪、豆腐、油质、脂肪和无淀粉的蔬菜，如黄苣、绿色豆类、青椒、芦笋、绿色花椰菜、香菇和芽甘蓝等。

另外，在正餐和吃点心时适量摄取可以降低食欲的食物，不但可以帮助降低对碳水化合物的强烈渴望，也可预防过量摄食而影响减重的效果。

（2）避免不自觉地吃东西。许多人会在日常活动中不自觉的吃东西。例如，在烹饪、看电视或阅读时。大部分在这些情况下所吃的都是缺乏营养价值或富含糖类和脂肪的食品。

（3）尽量保持忙碌。让身心都忙碌于与吃无关的活动，可以使人远离吃的欲望，如散步、骑脚踏车、做运动、做园艺工作、缝纫、逛图书馆、逛公园等。为了改变生活的习性，不妨培养一些其他的技能或尝试某些新奇的事物。

（4）提前规划膳食内容。为达成这个目标需明智的选购食物，最好选在吃饱的时候购物。购物的种类最好包括全麦面包和麦片、水果及蔬菜类、低脂牛奶和乳制品、瘦肉、鱼类和家禽类等。

（5）尽量少选购脂肪和精制的食品。
（6）捞除肉汁和汤中的油质。
（7）以烘焙、烧烤、煮或蒸的方式替代油炸。
（8）少食用乳酪、奶油和沙拉酱。
（9）避免使用椰子油、棕榈油和可可脂。
（10）尽量选用含有纤维的食物。
（11）饮食中要包含全麦面包、谷类、蔬菜和豆类。
（12）餐后甜点以水果替代。
（13）少喝苏打汽水、果汁和水果调味的饮料。
（14）除了少用糖外，也要拒用其他精制的糖类，如玉米糖浆、麦芽糖、葡萄糖、果糖等。
（15）补充适量的水分，每天至少 6 杯。
（16）准备的份量不要过多。
（17）试着以小容量来替代超大容量。
（18）少在外面用餐。
（19）用餐时坐在餐桌上慢慢吃。
（20）应酬场合避免大吃大喝。

（三）小结

要去除多余的体脂并维持良好的体形，并没有简单而快速的方法。只有通过培养终生的运动习惯和选择适当的食物种类，才能达成体重管理的目标。实施减重计划时必须适量减少能量的摄取，从事适当的身体活动，改正不健康的饮食习惯。

第五节　提高体能训练效果的营养食品

生命的存在，机体的生长发育，各种生命活动及体育活动的进行，都依赖于体内的物质代谢过程（机体不断地从食物中摄取新的物质和能源），这一获得与利用的过程，称为营养。营养是保证机体生命存在和延续的重要条件。

一、提高速度、力量的营养食品

在竞技体育的训练和比赛中，用以提高速度和力量的膳食主要有肌酸及其复合物，有牛磺酸、精氨酸和鸟氨酸为主的生长激素刺激剂，乳清蛋白制剂、蛋白粉等。这些食品的特点是富含磷酸原、蛋白质、氨基酸及刺激肌肉合成的有机物、铁等微量元素，对提高力量和速度有帮助。

二、提高有氧耐力的营养食品

具有这方面作用的食品主要包括：

（1）糖类食品。常用的有果糖等糖类和维生素、左旋肉碱、柠檬酸、磷酸钾、辅酶Q10等组成的糖果，含低聚糖的饮料以及磷酸果糖等。

（2）蛋白类食品。主要有高能OKC（含鸟氨酸和α-酮戊二酸）、支链氨基酸复合物（BCAA，其中添加维生素B6）、GKG（含谷氨酰胺、脱氧核糖核酸及牛磺酸等）及生长激素刺激剂等。

（3）脂肪类食品。主要包括促进脂肪分解代谢的食品，如含胆碱、肌酸、蛋氨酸、左旋肉碱的食品等；以及含不饱和脂肪酸、中链脂肪酸甘油三酯、丙酮酸盐的食品等。

（4）抗氧化物质。SOD（超氧化物歧化酶）、磷脂、维生素E、维生素A、维生素C、FDP（1，6-二磷酸果糖）、辅酶Q10等。

三、降体脂的营养手段

人们在训练和健身活动中常常需要对体脂（体内脂肪）的含量进行控制，达到增加体能、提高运动能力的目的。为了达到减少体脂的目的，有人盲目地去节食、增加排汗或服用利尿剂。这些做法不仅不科学，而且往往会对健康造成损害。运动训练期间或平时在减体脂时，更应注意合理营养。

（一）热量需要

人即使不运动，每天也有必要的热量消耗，用以维持正常生命活动（呼吸、心跳、消化、血液循环等）的需要。这些热量不能凭空产生，而是通过人们每天的进食来满足。因此，即使在减体脂过程中，每天也要摄入足以维持基本生命活动所需的能量。

（二）平衡膳食

为了达到不多摄入能量、又不损害健康的目的，应该提倡低热量的平衡膳食，并适当增加食物中蛋白质的含量，可以达到2克/千克体重。在此期间，应尽量减少食物中脂肪的比例，不吃黄油、巧克力、油炸食物和甜食，尽可能少吃含脂肪多的花生、坚果，可将食物脂肪减少到 1.4 克/千克体重。保证充足的维生素、无机盐和微量元素，必要时，可服用一些专门的维生素和微量元素制剂。

四、几种常见运动的营养特点

在群众性体育锻炼活动中，要达到提高体能的目的，也必须注意营养的调配，不同的运动项目，对营养调配有着不同的需求。

（一）跑步类

短跑是群众体育竞赛活动经常设立的一个项目，它以力量素质为基础，无氧代谢供能为特点，工作时间短，强度大，要求有较好的爆发力。在膳食中要有丰富的动物性蛋白质，以增大肌肉体积，提高肌肉质量，蛋白质的摄入量每日每千克体重应保持在 3.0 克左右。另外，要求在膳食中增加磷和糖的含量，为脑组织提供营养，改善神经控制和增强神经传递，动员更多的运动单位参加收缩。还要求在膳食中增加矿物质（如钙、镁、铁及维生素 B1）的含量，以改善肌肉收缩质量。

长跑以有氧耐力素质为基础，以有氧代谢供能为特点，要求有较高的心肺功能及全身的抗疲劳工作能力，虽强度较小但时间较长，体力消耗较大。从事长跑锻炼，要求膳食中有比较全面的营养成分，增加机体能源物质的储备，在丰富的维生素、矿物质成分中，突出铁、钙、磷、钠、维生素 C、维生素 B1 和维生素 E 的含量，这有利于提高有氧耐力。

（二）体操类

体操类动作复杂而多样，要求有较强的力量与速度素质以及良好的灵巧与协调性，对神经系统有较高的要求。其营养特点是：高蛋白质、高热量、低脂肪，维生素，矿物质应突出铁、钙、磷的含量及维生素 B1、维生素 C 的含量。需引起注意的是，参加该类项目比赛时需控制体重，但不能过分控制饮食，避免造成营养不良，特别是不能影响参加锻炼的少年儿童的生长发育。

（三）球类

球类项目对力量、速度、耐力、灵敏、柔韧等素质有较高的要求。食物中要含丰富的蛋白质、糖以及各种维生素等。球的体积越小，食物中维生素 A 的含量就应更高。足球活动时间较长且在室外活动，矿物质、水分丢失较多，应及时补充。

（四）冰雪类

由于长时间在冰雪上活动，加之周围环境温度较低，机体产热过程会增强以维持体温。由于蛋白质和脂肪消耗较多，膳食中必须及时给予补充，同时增加糖类以提供能源，增加维生素 B 族和维生素 A 的摄入。

（五）游泳类

游泳项目在水中进行，机体散热较多、较快，冬泳更是如此。游泳锻炼要求一定的力量与耐力素质，要求在膳食中含有丰富的蛋白质、糖和适量脂肪。对于老年人及在水温较低时抗寒冷的需要，膳食中可增多脂肪摄入；补充维生素以 B1、C、E 为主；矿物质摄入应增加碘的含量，以适应低温环境甲状腺素分泌增多的需要。

（六）棋牌类

棋牌类是以脑力活动为主的项目，脑细胞的能源特质完全依赖血糖提供。当血糖降低时，脑耗氧量下降，工作能力下降，随之会产生一系列不适症状，所以棋牌类项目对糖类有着特殊的需求，也可在下棋、打牌时随时补充。此外，膳食中可以增加蛋白质和维生素的供给，提高卵磷脂、钙、磷、铁的含量。膳食中应减少脂肪摄入，以降低机体耗氧，保证脑组织的氧供应。

五、不同气候条件下锻炼的营养特点

（一）冬季

冬季气温较低，寒冷的环境使机体代谢加快，散热量增加。这时，膳食中应增加蛋白质及脂肪含量。同时，增加热能充足的食物和维生素的摄入量。由于冬季穿着较多，户外活动少，接受日光直接照射的机会、时间少，还应在膳食中补充维生素 D 和钙、磷、铁、碘的摄入量。

（二）夏季

夏季气候炎热，此时锻炼应多在通风、阴凉处进行。锻炼时体内物质代谢变化很大，大量出汗使能耗增加，并使钙、钠、钾及维生素大量消耗和流失。所以，夏季锻炼时的膳食有其特殊要求，及时合理地补充水与电解质及维生素比补充蛋白质、糖、脂肪更为重要。在电解质中，氯化钠的摄入，常温下每人每天为 10~15 克，夏季高温时可再增加 10 克左右。此外，还需补充的维生素（包括 B1、B2、C、B6）、胆碱、泛酸、叶酸等。

夏季，蛋白质的补充应较平日增多，减少脂肪成分，膳食搭配应清淡可口，以增加食欲，并多吃一些蔬菜与水果，以增加矿物质、维生素的摄入。

参 考 文 献

[1] 徐海波. 大学生体能训练理论与方法解析[M]. 长春：吉林人民出版社，2020.

[2] 邹毅超. 体能训练的理论与实践研究——体能训练对大学生体质健康的影响[M]. 成都：电子科技大学出版社，2019.

[3] 史蒂坚，胡琰茹. 大学生体能训练[M]. 长沙：中南大学出版社，2019.

[4] 李鹏. 现代大学生体能训练理论与方法研究[M]. 长春：吉林大学出版社，2019.

[5] 刘少辉，吴长稳，张恩才. 大学生体能训练理论方法的创新与实践[M]. 北京：中国时代经济出版社，2014.

[6] 贾丽芹，刘海英，孙怀玉. 现代大学生体能训练新理念与实践探究.[M] 北京：中国时代经济出版社，2013.

[7] 怀亮. 大学生实用体能训练设计与方法研究[M]. 北京：中国水利水电出版社，2017.

[8] 李亮，许宇斌，高琪，等. 大学生综合体能训练与体质测试的方法[M]. 北京：中国水利水电出版社，2016.

[9] 曾理，曾洪林，李治. 高校体能训练理论与训练教学指南[M]. 北京：新华出版社，2018.

[10] 吴昌文. 体能训练新论——探析定向越野运动[M]. 北京：中国广播影视出版社，2019.

[11] 金宗强，鲍勇. 体能训练在竞技运动中的实验应用研究.[M] 天津：天津大学出版社，2018.

[12] 范军，田朝朝. 大学生体能教学与训练[M]. 哈尔滨：东北林业大学出版社，2018.

[13] 刘文，张晋. 大学生素质训练[M]. 北京：北京理工大学出版社，2017.

[14] 季锋，聂子琛，李洪一. 体能训练对大学生体质健康状况的影响研究[M]. 哈尔滨：哈尔滨工业大学出版社，2018.

[15] 何文革，高旭东. 专项训练发展分析与理论研究[M]. 石家庄：河北人民出版社，2018.

[16] 陈洪强. 大学生健身训练与体能增长[M]. 北京：九州出版社，2014.

[17] 何茂林，王丛贤. 大学生体育与健康[M]. 北京：北京工业大学出版社，2016.

[18] 窦丽作. 大学生体质健康的理论与实践研究[M]. 北京：北京理工大学出版社，2020.

[19] 张胜利，邢振超，孙宇. 高校体育教学与科学训练[M]. 北京：九州出版社，2015.

[20] 王兵，等. 大学生健康评价与运动处方高级教程[M]. 西安：西北工业大学出版社，2016.

[21] 宋久存，刘伟，等. 大学生体育与健康教程[M]. 成都：电子科技大学出版社，2014.